| 개정판 |

방송통신정책적 접근

미디어와 권력

| 탁재택 지음 |

MEDIA AND POWER

한울
아카데미

이 도서의 국립중앙도서관 출판예정도서목록(CIP)은 서지정보유통지원시스템 홈페이지(http://seoji.nl.go.kr)와 국가자료공동목록시스템(http://www.nl.go.kr/kolisnet)에서 이용하실 수 있습니다.
CIP제어번호: CIP2017021215(양장), CIP2017021050(학생판)

개정판 머리말

당초 2018년을 목표 시점으로 했던 『미디어와 권력』 개정판 작업이 초유의 대통령 파면 사건으로 1년여 앞당겨지게 되었다. 2013년 『미디어와 권력』 초판은 이명박 정부 5년 동안의 미디어정책을 다뤘다. 2017년 개정판에서는 초판 내용에 박근혜 정부 4년 동안의 미디어정책 관련 내용을 추가했다. 이명박 정부에 이어 박근혜 정부에서도 공영방송 지배구조, 방송통신정책 주무 기관, 종편PP 정책, 케이블TV 규제 완화 정책, 방송광고 정책 등 미디어정책 주요 현안을 둘러싼 사회적 논쟁은 끊이지 않았다. 한편, 박근혜 정부에서 미디어정책 이슈로 새롭게 부각된 주제들은 이동통신사의 케이블TV 인수합병, PP산업 활성화, 주파수 재분배 건 등이 대표적이다. 구성 측면에서는 초판과 개정판이 대동소이하다. 개정판에서 달라진 점은 초판의 제7장 '디지털 전환과 주파수 정책'과 제8장 '스마트TV 정책'이 제7장 '신기술 서비스 정책'으로 통합되었다는 것이다. 세부 항목에서는 지상파 부분에서 'OBS', 케이블TV 부분에서 '프로그램 사용료 책정 기준' 등이 빠졌고, 새로 추가된 내용은 규제·진흥 체계 부분의 '미래창조과학부', 신기술 서비스 부분의 '3DTV'와 'UHDTV', 방송광고 부분의 '방송광고 총량제', '중간광고', 그리고 '신유형광고 정책' 등이다. 김대중·노무현 정부 때와는 다소 다른 기조하에서 구축되었다고 볼 수 있는 이명박·박근혜 정부의 미디어산업 지형에서 새롭게 출범한 문재인 정부가 어떤 형식과 실질의 정책을 펴나갈지 귀추가 주목된다.

2017년 5월

탁재택

추천의 글

『미디어와 권력』은 미디어 관련 이슈가 가장 많았던 이명박 정부와 박근혜 정부의 방송·통신 정책을 한눈에 알 수 있도록 명료하게 정리하고 평가한 책이다. 국회의 주요 발의 법안, 방송통신위원회·미래창조과학부의 공식 발표자료, 세미나 자료 등 이명박·박근혜 정부의 방송·통신 정책과 관련된 방대한 문헌 자료들을 세밀히 검토하여 정리함으로써 정책 기록서로서의 가치가 높다. 그뿐만 아니라 정책과 관련된 이해관계자들의 입장과 의견을 모두 담아 기술함으로써 다양한 측면에서 이명박·박근혜 정부의 방송·통신 정책을 조명하였다. 또한 저자는 결어 부분에서 이명박·박근혜 정부의 방송·통신 정책을 미디어와 정치, 자본 권력의 관점에서 통찰력 있게 평가함으로써 앞으로 한국 방송·통신 정책을 수립하는 데 교훈으로 삼아야 할 시사점들을 제공하였다.

유세경(이화여자대학교 커뮤니케이션·미디어학부 교수)

추천의 글

이 책은 학술적·정책적으로 우리에게 '이미 이야기된 것'을 의심하고 '새롭게 이야기해야 할' 인식을 제공한다는 점에서 미디어 정책 연구자는 물론이고 정책담당자와 산업종사자가 반드시 읽어보아야 할 책이다. 이 책은 첫째, 이명박·박근혜 정부라는 특정 시기의 미디어 정책을 다룬다는 점에서 역사 연구로서의 의의를 갖는다. 둘째, TV 시대에서 포스트TV 시대로 넘어가는 전환기를 다루고 있다는 점에서 향후 공고화될 인터넷 중심의 미디어 정책 지형에 대한 탐색으로서의 의의가 있다. 셋째, 법률, 규제기구의 공식 발표자료, 세미나·토론회·포럼 등 학술자료, 언론보도, 수용자 반응 등 다양한 자료를 동원하여 정책 평가에 활용하고 있다는 점에서 새로운 담론 구성 작업이라는 의의를 갖는다. 넷째, 미디어 정책을 주요 이슈별로 당사자들 사이의 역학 관계와 상호작용에 초점을 맞춰 기술하고 있다는 점에서 '어젠다 다이내믹스' 분석으로서의 의미를 갖는다.

미디어와 권력의 관계는 역사적 조건 속에서 구현된다. 이명박·박근혜 정부 시기는 신구 미디어 패러다임이 갈등하는 전환기로, 미디어 기구는 물론이고 법제, 정책, 수용자 모두 '인식의 공백'을 드러낼 수밖에 없었다. 탁재택 박사의 이 책은 단순히 미디어 정책에 대한 정치중심적 해석에 머물지 않고 한발 더 나아가 미디어 역사라는 폭넓은 맥락에서 미디어와 권력의 관계를 다룬다는 점에서 미디어 이론가에게도 깊은 통찰을 제공하고 있다.

이재현(서울대학교 언론정보학과 교수)

초판 머리말

이 책은 이명박 정부 기간 동안의 미디어 정책 전반을 성찰하는 데 목적을 두고 있다. 이명박 정부는 역대 정권 중에서 가장 많은 미디어 정책 이슈들을 만들어낸 정권이었다. 이 과정에서 정부 정책에 대한 사회적 논쟁 또한 첨예하게 나타났다. 이런 면들을 종합적으로 볼 때, 이명박 정부의 방송미디어 정책은 향후 한국 사회 미디어 정책 논의 전반에 많은 시사점과 교훈을 줄 것으로 믿는다.

학식과 경험이 충분하지 않으면서 세상에 책을 내놓는다는 것은 부끄러운 일일 수 있다. 그럼에도 필자가 이 책의 출간을 결심하게 된 것은 한국 사회의 미래 미디어 정책 논의에 조금이라도 기여할 수 있는 실증적 자료를 남기고자 함이다. 또한 이 주제에 대한 고찰이 시기적으로 지금이 아니면 더 어려워질 수 있겠다는 판단에서였다. 이러한 연유를 여러 선생님들과 선배님들께서 너그러운 마음으로 이해해주셨으면 하는 바람이다.

필자는 우여곡절 끝에 스물두 살에 독일 유학길에 올라 본격적인 배움의 길에 들어섰다. 학위를 마치고 귀국해서는 대학 강단과 방송 현업에서 또 많은 것을 배우고 경험하는 기회를 가졌다. 지난 세월을 돌이켜보면 '영풍파랑(迎風破浪)'의 시간이었다는 생각이 든다. 이 과정에서 참으로 많은 분께 신세를 졌다. 이번 기회를 빌려, 그동안 필자에게 음으로 양으로 도움을 주신 모든 분께 진심으로 감사의 인사를 올린다.

필자의 은사이신 독일 뮌헨대학교 하인츠 퓨러(Heinz Puerer) 교수님, 필자를 독일 유학의 길로 이끌어주신 독일 본대학교 알브레히트 후베(Albrecht Huwe) 교수님, 유학 기간 동안 필자에게 많은 도움을 주신 독일 뮌헨한인회 송준근 회장님, 그리고 유학을 마치고 돌아온 필자를 방송 현업의 길로 인도해주신 박권상 전 KBS 사장님과 장영수 전 KBS 정책기획실장님께 특별히 감사드린다. 또한 학위 과정 내내 장학금을 지원해준 독일 콘라드 아데나워 재단(Konrad-Adenauer-Stiftung)에 진심으로 감사드린다. 이번 출간의 기회를 마련해주신 방일영문화재단에 사의를 표하며, 출간을 맡아 애써주신 한울엠플러스의 김종수 사장님과 관계자 여러분께도 감사의 뜻을 전한다.

끝으로 자식을 위해 평생 헌신만 하신 부모님의 은혜에 머리 숙여 감사드린다. 또한 힘든 여건 속에서 온갖 뒷바라지로 지금의 필자를 있게 해준 아내 아현과 자신들의 길을 준비해가고 있는 사랑하는 두 딸 유라와 주리에게 미안함과 고마움을 전한다.

2013년 10월

탁재택

차례

제1장 / 서언

현대사회에서 미디어는 중요한 사회적 소통의 도구이다. 정보 제공과 여론 형성, 사회 환경 전반에 대한 비판·감시와 사회화 기능을 수행하기 때문이다. 미디어는 이외에도 오락과 광고 기능 등을 수행한다. 미디어는 사회 구성원들의 일상생활과 분리할 수 없는 밀접한 관계에 있다. 현대사회가 다원화되어갈수록 미디어의 기능과 역할은 더욱 강조된다. 사회 내 제반 하부 체계 간에 유기적인 관계를 형성하기 위해서는 미디어의 기여가 필수적이기 때문이다. 미디어가 사회적으로 공익적 기능을 수행하기 위해서는 올바른 미디어 정책의 수립과 집행이 중요하다. 사회 내 모든 이해관계에서 벗어나 초연한 입장을 견지할 수 있는 미디어 환경 조성은 건강한 사회 발전의 초석이다. 이를 위해서는 공공성에 기반한 법적·제도적 형식과 이에 걸맞은 실질적 내용들이 안정적으로 뒷받침되어야 한다.

한 국가사회의 미디어 정책이 올바르고 발전적인 방향성을 갖기 위해서는 여러 조건이 충족되어야 한다. 국내 현실에 비추어볼 때, 가장 중요한 것은 미디어 사업자와 종사자의 가치관과 의지이다. 행정부·입법부 등 미디어 정책 진흥·규제 기관들의 미디어에 대한 올바른 철학 또한 중요하다. 이와 함께 미디어에 대한 전문가 그룹인 학계, 미디어의 공공적·공익적 가치를 중시하는 언론시민사회단체, 그리고 미디어 소비의 주체인 이용자들의 미디어에 대한 성찰적 자세와 역할도 빼놓을 수 없다. 이러한 복합적 요소들이 유기적으로 협력하고 작동할 때, 올바른 미디어 정책의 담보가 더욱 용이할 것이다.

한국의 방송미디어는 그동안 양적·질적으로 많은 성장을 해왔다. 한국 라디오 방송은 1927년에 첫 서비스를 시작하여 90여 년의 역사를 가졌고, TV 방송의 경우 1961년에 서비스를 시작하여 60여 년의 역사를 기록하고 있다. 한국의 TV 방송은 1961년 12월 31일에 5·16 군사정권에 의해 KBS TV가 국영방송 형태로 개국하면서 시작되었다. 이후 1964년에 최초의 민영 TV인 동양방송(TBC)이, 1969년에는 두 번째 민영 TV인 MBC TV가 개국했다. 이로써 한국의 초기 TV 서비스 구도가 KBS, MBC, 그리고 TBC로 구성된 1국영 2민영 체제로 형성되었다. KBS는 1973년에 국영방송 시대를 종식하고 공영방송 '한국방송공사'로 재출범했다.

이후 1980년에는 전두환 정권에 의해 언론통폐합 조치가 있었다. 언론사들이 난립해 과당경쟁을 벌이고 이로 인해 사회문화 전반에 부정적 영향이 나타난다는 것이 정권이 내세운 이유였다. 전두환 정권의 이러한 결정으로 방송사, 뉴스통신사, 신문사 들이 물리적으로 통폐합되었다. 이러한 통폐합 방식으로 동양방송(TBC)이 KBS2TV로 편입되었다. MBC는 1988년 '방송문화진흥회법'(방문진법) 제정으로 특수재단 형태의 공익법인 방송문화진흥회(방문진)가 출범함으로써 민영방송에서 공영방송으로 위상이 바뀌었다.

1991년에는 민영방송인 SBS가 개국했다. SBS의 개국으로 국내 지상파TV 방송 구도는 KBS, MBC, SBS 구조로 재편되었다. 지상파TV 3사를 중심으로 발전해온 국내 방송미디어는 1995년 케이블방송과 지역 민영방송이 도입되고, 2002년 디지털 위성방송 스카이라이프가 출범하면서 뉴미디어 시대로 진입했다.

케이블방송과 위성방송의 등장은 본격적인 다채널 방송 구도가 형성되는 계기가 되었다. 2000년에 제정된 통합 '방송법'은 KBS를 국가기간방송으로 명시했고, 같은 해 '한국교육방송공사법'이 제정됨으로써 문교부 산하 교육방송국이었던 EBS가 공사화되었다.

지상파방송, 케이블방송·위성방송에 이어서 2005년과 2008년에는 방송과 통신의 융합기술에 기반한 DMB(Digital Multimedia Broadcasting) 서비스와 IPTV(Internet Protocol Television) 서비스가 각각 상용화되었다.

이어 2010년에는 사회적 논란 속에 신문과 방송의 겸영을 허용하는 것을 주 내용으로 한 (통칭) '미디어 법'이 발효되어, 2011년 12월을 기해 종합편성채널 PP(program provider) 4곳과 보도전문채널 PP 1곳이 개국을 했다. 종합편성채널은 전문편성채널과 달리 보도, 교양, 연예, 오락 등 모든 장르를 편성할 수 있어, 사실상 지상파채널에 준하는 사회적 영향력을 가진다. 이와 같은 종합편성채널이 동시에 4개나 출범한 것은 1980년 언론통폐합 이후 지난 40여 년 동안의 국내 방송미디어 역사에서 가장 큰 사건이라고 할 수 있다.

2016년에는 지상파다채널방송서비스 제도가 허용되어 EBS2TV가 개국했고, 2017년에는 지상파방송사들이 UHDTV(수도권) 본방송을 시작했다.

현재 국내 방송미디어 지형은 지상파방송, 뉴미디어, 융합미디어, 스마트미디어 등이 공존하는, 말 그대로 다플랫폼·다채널 지형을 형성하고 있다. 이러한 미디어 환경의 변화는 국민들에게 실익을 담보해준 측면도 있지만,

일부 정책의 추진 과정에서 사회적 논란을 일으키기도 했다.

이 책에서는 역대 정권 중 가장 많은 미디어 관련 이슈들이 제기되었다고 할 수 있는 이명박 정부와 이어 등장한 박근혜 정부의 미디어 정책 전반을 살펴보는 데 목적을 둔다. 미디어와 정치·자본 권력 간의 구조적 관계에 착안하여 이명박·박근혜 정부가 추진해온 주요 미디어 정책 이슈들의 형식과 내용을 살펴보고, 이에 기초해 미래 미디어 정책 논의에서 우리가 교훈으로 삼아야 할 시사점들을 고찰하고자 한다.

이 책은 총 9장으로 구성되며, 살펴보게 될 주요 논제들은 방송통신 규제·진흥 체계, 지상파방송 이슈, 종편PP 정책, IPTV와 DMB 정책, 케이블TV와 위성TV 정책, 신기술 서비스 정책, 방송광고산업 정책 등이다. 문헌연구 차원에서는 국회의 주요 발의 법안, 방송통신위원회·미래창조과학부가 발표한 공식 자료, 세미나·토론회·포럼 자료가 주로 활용되었다.

이 책은 방송을 공부하는 학생과 업계 종사자뿐만 아니라 미디어와 정치·자본 권력의 구조적 관계에 관심 있는 한국 사회 일반 독자층까지를 함께 고려하고자 했다. 따라서 여기에서 다룰 주제들은 개론적 특성이 강하며, 특히 지난 이명박·박근혜 정부의 미디어 정책 논의 전반을 살펴본다는 취지에서 팩트(fact) 중심의 정책 리뷰의 성격을 가진다.

제2장

방송통신 규제·진흥 체계

1. 이명박 정부

1) 정부 조직개편 논의

2007년 12월 19일 치러진 제17대 대통령선거에서 당시 야당이던 한나라당의 이명박 후보가 당선되었다. 대통령선거 일주일 후인 12월 26일에는 서울 삼청동 금융연수원에서 대통령직인수위원회가 출범했다. 이명박 당선인은 2008년 2월 25일 대한민국 제17대 대통령으로 취임했다.

대통령직인수위원회가 마련한 정부 조직 개편안에 따라, 이명박 정부의 정부 조직은 2원 15부 2처 18청 3실 5위원회(45개 기관)로 구성되었다. 이는 노무현 정부의 2원 18부 4처 18청 4실 10위원회(56개 기관)에 비해서 11개 기관이 줄어든 것이었다.

이명박 정부는 '작고 효율적인 정부'를 추진한다는 명분에 따라 과학기술부, 해양수산부, 정보통신부 등을 다른 부처와 통폐합시켰다. 정보통신부의 주요 기능이 방송위원회와 통합되어 방송통신위원회(방통위)로 출범했다. 방통위 출범으로 정보통신부가 폐지되면서 기존의 정보통신부 업무는 지식경제부(ICT산업정책), 문화부(디지털콘텐츠정책), 행정안전부(전자정부 정책 및 정보보호), 방통위(방송통신정책) 등으로 분산·배치되었다.

2) 방송통신위원회

2008년 1월 21일 한나라당 의원 130명이 참여하고 안상수 의원이 대표발의한 방송통신기구법 '방송통신위원회의 설치 및 운영에 관한 법률안'이 국회에 제출되었다. 이 법안은 신규 플랫폼의 등장과 방송통신 융합이라는 새로운 환경에 적극적으로 대응할 필요가 있다는 기본 인식하에 방송과 통신에 관련한 정책 업무를 일원화하는 것을 골자로 했다. 방송통신위원회의 기구 성격을 대통령 직속 합의제 행정기관으로서 합의제 기구로 한 이유는 사업자의 인·허가, 제재, 분쟁조정 등과 관련해 규제집행 행위의 타당성을 담보하고, 방송미디어의 독립성과 자율성 및 다양성과 가치 다원성 등을 보장한다는 취지에서였다(이원우, 2009).

방통위의 업무 범위는 방송·통신·전파 관련 정책 및 규제 분야로 정했으며, 운영 방식은 5인 상임위원제를 골격으로 했다. 대통령이 위원장과 위원 1명을 지명하고, 나머지 3명은 국회의장 추천(여당 1, 야당 2) 후 대통령이 임명하는 형식이었다. 위원 임기는 3년이며 1회 연임이 가능하고, 위원장 임명 과정에는 청문회 절차를 두었다.

이 법안은 2008년 2월 26일 국회 본회의에 상정·통과되었고, 즉시 공포·

시행되었다. 그리고 3일 후인 2월 29일 방통위가 공식 출범했다.

방통위의 초대 위원장에는 이명박 대통령의 멘토로 불리면서, 대선 과정에서 기여도가 컸던 것으로 알려진 최시중이 임명되었고, 2008년 3월 26일 취임식을 가졌다. 최시중은 재임 기간 동안 정치적 논란을 야기하기도 했다. 방송의 공공성·공익성을 보장해야 할 책임이 있는 방통위의 수장이 이른바 정권 실세로서 정무적 발언들을 하기도 하여 이에 대한 비판이 있었던 것이나. 그는 3년의 임기 후 연임에는 성공했으나, 부하 직원의 금품비리 연루 의혹 등으로 2012년 1월 27일에 사퇴를 발표했다. 최시중의 후임으로는 정보통신부 출신 이계철이 2012년 3월 9일 취임했다.

방통위는 방송위원회와 정보통신부 인력의 결합에 기초한 조직으로, 정보통신부 출신 인력 약 70%와 방송위원회 출신 인력 약 30%로 구성되었다. 이로 인해 '한 지붕 두 가족'이라는 수식어가 따라다니기도 했다.

이명박 정부의 방통위에 관해서는 '합의제' 기구적 성격이 가장 큰 논란거리였다. 이 과정에서 합의제 행정기구로서의 한계를 극복하는 방안으로 독임제 부처 설립의 필요성이 제기되기도 했다.

2012년 9월 7일 방송통신 관련 3학회(한국방송학회·한국통신학회·한국정보통신학회)가 공동 주최한 '방송통신 미디어 생태계와 거버넌스'를 주제로 한 공동 심포지엄에서 방통위 1기와 2기 모두 참여한 양문석 방통위원은 기조연설을 통해 다음과 같이 말했다.

> 1기 방통위는 정치 편향성이 강해 위원회의 합의제 정신이 실종되었다. 2기에 들어와서는 발전적 모습을 보이고 있기는 하나, 여야의 3 : 2 정파적 구성이라는 한계는 계속해서 나타나고 있다. 3 : 2 구조는 절차적 민주성은 있어 보이긴 하나, 책임이 분산되는 관계로 인해 위원회 운영에 있어 책임 소재의 불명

확성이라는 문제점이 뒤따르는 게 현실이다. 따라서 향후 독임제 논의가 업무의 책임 소재를 좀 더 명확히 한다는 측면에서 필요할 수도 있다고 본다.

방통위 2기 이계철 위원장도 '정보통신기술 독임제 기구의 필요성'을 공개적으로 언급했다. 그는 2012년 10월 9일 열린 국정감사에서 정보통신기술 발전을 위해 통합 부처의 필요성을 강조했다. 정보통신기술 발전을 위해서는 정보통신기술 전담 독임제 부처가 필요하다는 논리였다. 그는 4개 부처로 관련 업무가 분산된 구조로는 방송통신산업 진흥과 규제의 시너지 효과를 유발하는 데 한계가 있을 수밖에 없다고 주장했다. 그러나 야당인 민주당 등의 반응은 이에 대해 긍정적이지 않았다. 방통위가 법률적으로는 합의제 행정기구라지만, 대통령이 방통위원 임명권을 갖고 있고, 위원장이 국무회의에 참석하는 등 방통위가 정치 독립적으로 운영될 수 없는 구조라는 견해였다. 방통위가 겉모양만 독립적 합의기구이지, 실질적으로는 정치적 독임제 정부 부처의 성격이 강하다는 인식이었다.

일례로 당시 대통합민주신당의 김효석 원내대표는 2008년 1월 29일 국회 본회의 교섭단체 대표 연설에서 '정보통신부 폐지에 대한 재검토와 방송통신위원회의 대통령 직속 기구화 부당성'을 지적한 바 있다. 당시 야당은 신정부 조직 설계 논의 초기부터 정보통신부의 해체에 반대 입장을 당론으로 표명했다. 하지만 결국에는 신정부 인수위원회 보고안대로 방송통신정책과 규제 집행을 총괄하는 기구로서 방송통신위원회가 탄생했다.

방통위의 기능과 역할에 대한 문제 제기는 이명박 정부가 중반부로 들어서면서부터 본격화되었다. 2010년 4월 13일 당시 김형오 국회의장은 기자간담회 발언을 통해 '정보통신 총괄 부처가 필요하다'면서 정보통신부 부활론에 힘을 실어준 바 있다.

그 이후 방통위의 위상 및 기구 성격에 대한 수많은 논쟁이 이어졌으며, 특히 대통령 선거가 있는 해인 2012년에는 급격히 확대되었다. 특히 일반인들의 스마트미디어 이용 환경이 빠르게 조성되면서 현행 방송통신 규제·진흥 체계의 한계점을 지적하는 의견들이 강하게 대두되었고, 새로운 정보통신기술 생태계 재편 논의가 빠르게 확산되었다(권남훈, 2012).

논의 과정에서 가장 먼저 지적된 것은 방송통신위원회, 행정안전부, 문화부, 지식경제부 등 4개 정부 부처로 분산된 방송통신정책의 비효율성 문제였다.

먼저 방통위와 관련해서는 합의제 기구의 한계로 급속한 정보통신기술의 발전과 환경 변화에 능동적으로 대응하기 어려울 뿐만 아니라 컨트롤타워의 부재로 정보통신기술 진흥 정책을 추진하기에 부적합하다는 평가가 많았다.

전자정부 및 정보보호 업무를 담당하는 행정안전부에 대해서는 일반 행정과 지방자치단체 지원 등이 주된 업무인 관계로 고도의 정보통신기술력이 요구되는 전자정부와 정보보호 업무를 수행하는 데 부적합한 측면이 있다는 의견이 대두되었다. 일례로 디도스 사태 등의 문제가 발생하였을 당시 방통위가 나서서 대책을 세우고 관련 업무를 수행한 바 있다. 정보통신기술 분야의 해외협력사업도 행정안전부 본연의 업무와 관련성이 떨어진다는 의견이 있었다.

디지털콘텐츠 정책 업무를 담당하는 문화부의 경우에는 이미 문화, 예술, 체육, 관광, 종무, 도서관, 박물관 등 다양한 전통적인 업무 분야가 있는데 급변하는 디지털콘텐츠 업무 분야를 관리하는 데 어려움이 있을 수 있다는 주장들이 나왔다. 디지털콘텐츠 업무는 소프트웨어 분야와 긴밀한 공조관계가 필요한데 소프트웨어 업무는 지식경제부의 소관으로 되어 있어 시너지 효과를 내는 데 구조적 한계가 있다는 의견들이었다.

정보통신기술 산업 정책을 담당한 지식경제부과 관련해서는 자동차, 조선 등의 분야에서 정보통신기술 융합 정책 추진에 대한 일부 긍정적 평가가 있었으나, 전통 산업, 전력, 에너지, 자원, 무역 등 담당하는 업무 영역이 방대해 급변하는 정보통신기술 정책에 집중하는 데 한계가 있다는 지적이 대두되었다.

정보통신부의 해체로 정보통신기술 컨트롤타워 부재의 문제점이 드러나자 보완책으로 대통령 소속 국가정보화전략위원회의 기능을 강화하고 청와대에 IT 특보 체제를 운영했으나 그 효과는 미미한 것으로 평가되었다(임주환, 2012).

정부의 컨트롤타워 부재로 인한 방송통신정책의 비효율성 문제에 대한 비판과 함께 정보통신기술(ICT) 독임제 부처 신설에 대한 요구가 커져갔다. 이와 관련해 김대호 인하대학교 교수는 "우리나라는 1994년 정보통신부를 설치해 ICT 인프라 강국의 토대를 만들었다. 2008년의 제2차 개편을 통해서는 통신과 방송의 융합을 반영해 방송통신위원회를 설치했다. 이제는 제3차 개편을 통해 부처별로 분산되어 있는 방송, 정보화, 콘텐트, ICT 산업 등을 모두 포괄하는 미래 지향적 설계를 해야 할 시점에 와 있다"라고 주장했다(≪중앙일보≫, 2012.5.16).

이처럼 정보통신기술 독임제 부처 신설에 대한 사회적 공감대가 형성되어가면서 방송 분야에 대한 규제형식을 어떻게 하느냐가 중요한 문제로 대두되었다. 독임제 부처에서 방송 정책 업무를 관장할 경우, 방송의 정치적 독립성이 위협받을 수 있다. 이런 측면에서 학계와 정부 산하 연구기관 일각에서는 정보통신기술 독임제 부처와 별도로 부처 산하에 민간 조직으로 방송 규제와 콘텐츠 심의 등을 담당하는 합의제 위원회를 두어 정치 중립성을 담보해야 한다고 주장했다. 구체적으로 말하자면 규제위원회에는 공영방송의 이사 선임, 방송의 재원 정책, 방송의 다양성 확보, 시청자 보호 관련 업무를 맡기고 심의위원회에는 현 방송통신심의위원회와 영상물등급위원회 등을 통합한 심의 업무를 맡기자는 주장이었다.

이 같은 주장은 일견 타당해 보이나, 독임제 정부 부처와 산하 위원회 간의 관계 설정이 난해한 문제가 될 수 있다. 또한 독임제 정부 부처에서 규제위원회 구성 시 임명권을 갖게 될 경우, 방송 정책 업무의 정치적 독립성이 보장될 수 있느냐가 문제가 된다. 다시 말해 방송통신 주무 기관이 독임제 형식으로 바뀌게 된다면, 이 과정에서 어떤 형식으로든 방송영역에 대한 독립성 담보가 중요한 전제가 되어야 한다는 것이다. 그렇지 못할 경우, 방통위 구조의 실질적 개선안이 되기 어려울 것이다.

박명진 서울대학교 교수는 방통위 개편 방향 관련 논의 상황을 대체로 세 가지 방향으로 정리할 수 있다고 했다. "첫째, 독임제(獨任制) 기구의 설립이다. ICT 기능을 방통위에 통합시켜 정보통신산업 정책의 컨트롤 타워로 기능을 하게 하자는 안이다. 둘째는 합의제 위원회의 병행 안이다. 방송 정책 기능 등을 분리해 독임제 정부 부서와 병행해서, 혹은 그 산하에 합의제 위원회를 만들어 맡기자는 안이다. 세 번째는 정치권으로부터의 독립이다. 위원회의 구성에서 전문성과 다양성을 강화하자는 것이다(≪동아일보≫, 2012.9.21)"라고 압축적으로 정리하고 있다.

방통위의 위상과 관련해 이명박 정부 동안의 핵심적 논쟁 사안은 바로 위원회 인적 구성의 '정치성' 요소였다. 이명박 정부의 방통위 성과를 돌아보면 여러 부정적·비판적 시각이 존재하는 것이 사실이며, 이러한 시각의 본질은 특정 인사들의 왜곡된 정치적 행보로 인해 방통위가 정치와 정책이 제대로 분리되지 못한 채 운영되었다는 것이다. 이런 측면에서 볼 때, 방송통신 규제기구 운영의 기본 원칙은 '탈정치성', 즉 인적 구성 시 업무 전문성,

국민 대표성, 정치 독립성 등의 요소에 기초하는 것이 중요할 것이다

조직 설계 문제와 관련해 늘 제기되는 것이 제도냐 운영이냐의 논쟁이다. 이명박 정부의 방통위 활동에 대한 평가는 제도 문제뿐만 아니라 운영의 측면에서도 이루어져야 한다. 다시 말해 방통위 구성에 일부 정치적 인물을 필두로 한 정치성과 정파성이 과도하게 개입되어 있었다는 평가를 성찰해볼 필요가 있다.

지난 2012년 8월 28일 언론법학회 주최로 열린 '차기정부 방송통신정책' 세미나에서 유의선 이화여자대학교 교수는 다음과 같은 주장을 편 바 있다.

> 이명박 정부의 방통 정책은 구조적 문제가 있었으며, 이는 제도의 문제라기보다는 사람과 운영의 문제였다. 전문성과 직업윤리의 결여가 큰 문제였다. 사회적 감시기능이 제대로 작동하지 않는다면, 제도는 실제적 효용성을 갖지 못한다는 점을 시사한다. 규제체계에서는 통치가 아닌, 협치 개념이 확대되어야 한다.

이러한 논의 속에서 방송통신 규제기구의 인적 구성상 정치적 독립성을 강화해야 한다는 국회 차원의 움직임도 나타났다. 제19대 국회 개원 직후인 2012년 6월 18일, 새누리당 남경필 의원은 ('방송법'·'방송문화진흥회법' 개정안과 함께) '방통위원회의 설치 및 운영에 관한 법률 개정안'을 발의했다. 남경필 의원은 이 법안 발의 취지를 다음과 같이 설명했다.

> 언론의 공공성과 다양성을 확보하고 방송통신위원회의 위원장 및 위원의 임명에 있어서 정치적 중립성을 강화하고자 방송통신위원회 위원장 및 위원의 결격사유에 정당의 당적을 보유하였던 사람과 공직선거로 취임하는 공직에서

퇴직한 날부터 3년이 지나지 아니한 사람, 대통령선거에서 자문이나 고문 역할을 한 날부터 3년이 지나지 아니한 사람, 대통령직인수위원회의 위원장·부위원장·위원이었던 사람을 포함하도록 하는 등 결격사유를 강화하고자 한다.

이런 측면에서 볼 때, 방송통신 관련 정부 조직 개편은 하드웨어(조직 구조) 뿐만 아니라 소프트웨어(조직 운영) 측면에서도 이뤄져야 하고, 그 핵심은 정부 조직 수장 인사에서 '정치인 배제'가 원칙이 되어야 한다는 것이 국민들의 기본 인식이 되었다(김성철, 2012).

방통위가 출범한 지 5년이 경과한, 2012년 대선을 전후로 방통위 활동의 성과에 대한 평가가 엇갈렸다. 일각에서는 IPTV 상용화 등 한국 방송산업이 활성화되는 데 중요한 역할을 했다는 의견을 내놓은 반면에, 또 다른 한편에서는 방송문화 전반의 공공성이 붕괴되었다는 진단도 내렸다. 이에 따라 방통위의 유지론과 해체론이 공존했다. 유지론자들은 플랫폼의 인터넷 기반화 등 방송통신 융합현상을 고려할 때, 그리고 '콘텐츠-플랫폼-네트워크-디바이스(C-P-N-D)' 생태계의 통합적 관리 차원에서 정책적으로 방통위는 앞으로도 존속되어야 한다는 입장이었으며, 방통위를 해체하는 것은 방송통신 융합 심화라는 시대 흐름에 역행한다는 것이었다. 또한 사회적 다원성을 고려해 합의제 형식도 유지되어야 한다는 입장이었다. 반면에 해체론자들은 방송이 정치권력의 영향력에 휘둘리고 있는 현실에서 방송 영역을 방통위 구조에서 떼어내야 한다는 입장이었다.

이러한 대립적 관점들을 놓고 볼 때, 방통위 존속 여부와 관계없이 중요한 문제는 규제질서 체계의 공공성 확보일 것이다. 공영방송의 이사·사장 선임 방식 등의 지배구조, 수신료 인상과 관련한 절차, 신규 서비스 허가 문제 등 정치적 이해관계가 얽혀 있다고 볼 수 있는 사안에 대해서는 정치권의 관여 장치를 최소화하는 방향으로의 제도 개선이 중요해 보인다. 이를 통해 방통위가 정치권의 세력 간 힘겨루기 장으로 변질되는 구조적 측면을 막을 수 있을 것이다. 독임제적 요소는 정보통신기술 영역에서는 중요한 근간일 수 있으나, 방송 영역에서는 무엇보다 독립성 요소가 담보되어야 할 것이다.

'방송통신위원회의 설치 및 운영에 관한 법률' 제1조는 "이 법은 방송과 통신의 융합 환경에 능동적으로 대응하여 방송의 자유와 공공성 및 공익성을 높이고 방송·통신의 국제경쟁력을 강화하며 방송통신위원회의 독립적 운영을 보장함으로써 국민의 권익보호와 공공복리의 증진에 이바지함을 목적으로 한다"라고 기술하고 있다.

이렇듯 방통위는 법적으로 방송의 공공성·공익성과 독립성에 기초해 한국 사회의 공공복리에 기여해야 하는 기구이다. 하지만 위원회는 이명박 정부 5년 동안 정파성 시비에 끊임없이 휘말려왔던 것이 사실이다. 따라서 이명박 정부의 방송 정책 평가에서 지적될 수밖에 없는 것은 무엇보다 규제기관의 정치적 독립성·중립성이라는 기본적인 조건이 충족되지 못한 상태에서 사회세력·정치세력 간 자신의 정파적 입장에서만 방송통신 미디어를 바라보고 있었다는 점일 것이다(이인호, 2012).

지난 2012년 10월 30일 정보·방송·통신발전을위한대연합과 미래IT강국전국연합이 공동 주최한 '18대 대선 후보 초청 간담회'에 참석한 박근혜 당시 후보는 '정보통신기술 강국 도약을 위해 전담 부처를 만들겠다. 정보통신 생태계 조성, 콘텐츠 산업 육성, 방송 공공성 강화, 미디어 산업 육성, 통신비 부담 완화 등을 위해 노력하겠다. 공영방송 지배구조 개선을 위해 공론의 장을 마련하겠다. 공영방송사장 선출 문제도 국민이 납득할 수 있는 선에서 해결하겠다'라고 말한 바 있다.

박근혜 대통령 취임 후, 사회적 논란 속에 '정부 조직법' 개정안이 2013년

3월 22일 국회에서 통과되었다. 신정부의 방통위 구조는 결국 지상파방송·종합편성채널·보도 PP 등의 업무를 관장하는 방통위와 케이블방송·위성방송·IPTV 등의 업무를 관장하는 미래창조과학부로 이원화되었다.

3) 방송통신심의위원회

이명박 정부 출범과 함께 방통위 조직과는 별도로 방송통신심의위원회가 2008년 5월 15일 출범했다. 방송통신심의위원회는 옛 방송위원회의 심의부분과 정보통신윤리위원회가 맡았던 방송과 통신 콘텐츠 심의 기능을 이관받은 기구였다. 대통령 직속 기구로 출범하는 방통위가 방송 내용 심의 업무를 담당하는 것은 위헌적 소지가 있다는 의견에 따라, 민간 독립기구 형식으로 방송통신심의위원회가 출범하게 된 것이다. 방송통신심의위원회의 인적 구성은 위원장과 부위원장 그리고 7인의 위원 등 총 9인(상임 3, 비상임 6)으로 되어 있었다. 대통령이 3인을 지명하고, 국회의장이 교섭단체대표와 협의를 통해 3인을 추천하고, 국회 소관 상임위원회가 3인을 추천하는 방식이었다. 결국 대통령이 3인, 국회가 6인을 추천하는 구조였다.

방송통신심의위원회 출범 직후부터 위원회의 조직 형식과 운영 내용에 대한 논란이 끊이지 않았다. 그 이유는 무엇보다 정당 추천을 받은 방송통신심의위원회 일부 위원들이 정치권에 대한 '임명의 빚'(강형철, 2016)을 떨쳐내지 못했기 때문이다. 방송통신심의위원회가 (합리적) 의사결정 과정에서 임명 구조에 내재된 정파성이라는 한계를 드러낸 것이다. 이런 배경에서 2012년 8월 29일 민주당 최민희 의원은 '방통위원회 설치 및 운영에 관한 법률 개정안'을 대표 발의하기도 했다. 최민희 의원은 이 법안에서 방송통신심의위원회의 여야 6 : 3 위원 구성을 여야 동수로 바꾸자고 주장했다. '9명의 심의

위원을 여당이 4명, 야당이 4명을 각각 추천하고 나머지 1명은 여야가 합의한 사람으로 추천하도록 하자'고 제안했다. 또한 방송통신심의위원회 위원의 결격사유를 명시하자고도 했다. 당원 경력이나 대선캠프 특보 등 정치적 편향성이 확인되었거나 방송통신 분야 사업자의 이해관계에 흔들릴 가능성이 있는 사람은 심의위원이 될 수 없도록 하자고 제안했다. 이외에도 방송통신심의위원회의 회의 공개 의무화를 주장하기도 했다.

이명박 정부 5년 동안 방송 심의에 관한 규정 중에서 '공정성' 문제가 가장 뜨거운 쟁점 사항이었다. 공정성 관련 심의는 제9조 제2항과 제3항에 기반을 두고 있는데, 제2항에서는 "방송은 사회적 쟁점이나 이해관계가 첨예하게 대립된 사안을 다룰 때에는 공정성과 균형성을 유지하여야 하고 관련 당사자의 의견을 균형 있게 반영하여야 한다"는 내용을, 제3항에서는 "방송은 제작기술 또는 편집기술 등을 이용하는 방법으로 대립되고 있는 사안에 대해 특정인이나 특정 단체에 유리하게 하거나 사실을 오인하게 하여서는 아니 된다"는 내용을 담고 있었다. 이에 대해 비판론자들은 해당 조항 적용에 '위헌 소지'가 있을 뿐만 아니라 방송통신심의위원회가 사실상 행정기관인 관계로, 구조적으로 여당과 정부에 유리한 결론을 내릴 수밖에 없다는 주장을 폈다. 더 나아가 공정성 심의가 표현의 자유와 언론의 자유를 현저히 침해할 수 있다는 논리까지 전개했다.

이명박 정부 5년 동안 방송통신심의위원회 결정과 관련하여 공정성 논쟁을 불러온 대표적 사례로 미국산 쇠고기 수입 협상 관련 (광우병) 방송 심의, 4대강 관련 방송 심의 등을 꼽을 수 있다. 이러한 정부 비판적 방송 내용에 대해서 방송통신심의위원회가 결과적으로 정부·여당에 우호적인 심의 결정을 내리자, '친정부 편향 심의'라는 비판적 목소리가 나왔다. 방송통신심의위원회가 사실상 행정기관의 위상을 가지고 있는 관계로, 권력 비판적인 방송에 대해서 '검열 기관' 같은 역할을 하고 있다는 것이 비판론자들의 주요 관점이었다.

한편 이명박 정부 5년 동안 지속된 공정성 심의 논란은 심의 자제, 심의 최소화, 사업자의 자율심의 확대 등의 이슈로 확대되었다.

심의 규제 제도의 축소와 관련해서, 2009년 11월 26일 '뉴미디어 시대의 이용자 보호와 향후 과제'를 주제로 한 방송통신심의위원회 세미나에서 최우정 계명대학교 교수는 방송통신 융합 시대에는 내용 심의 전반이 자제되어야 한다고 주장했다. 청소년보호 차원에서 폭력물과 음란물 등에 대해서는 내용 심의 규제제도가 필요하겠으나, 기본적으로는 국민 간 자유로운 소통, 다양한 정보 유통, 매체의 자유로운 활동을 보장해주는 방향이 중요하다는 관점이었다.

안정민 한림대학교 교수도 2012년 11월 16일 콘텐츠진흥원이 주최한 '콘텐츠산업 법제도 개편 방안'을 주제로 한 토론회에서 전체적인 심의 방향은 자율규제가 확대되는 쪽으로 가야 하고, 자율심의 문화를 정착시키기 위해서는 합당한 심의 기준 마련과 교육시스템 정비 등이 중요한 과제라고 주장한 바 있다.

한편, 국가인권위원회는 2010년 9월 30일 통신 심의를 예로 들면서, 국가기관에 의한 검열의 위험성을 지적하는 내용의 권고문을 발표하는데, 권고문에서 인권위는 방송통신심의위원회가 '구성 방식, 운영 방식, 재원 구조' 등의 측면에서 행정기구라면서, 심의 권한을 민간자율심의기구에 이양할 것을 권고 형식으로 주장했다.

심의 절차에 대한 비판도 적잖게 제기되었다. 이는 민간 독립기구를 표방하는 방송통신심의위원회가 심의 결과를 보고하면, 이에 대해 대통령 직속 기구인 방통위가 최종 규제권한을 행사하는 구조에 대한 비판이었다. 법상으로 방송통신심의위원회는 독립적 기구로 규정되어 있다고는 하지만, 방송통신심의위원회의 의결 사항은 방송통신심의위원회가 자체적으로 행정처분을 내릴 수 있는 구속력과 권한이 없고 방통위에 행정 처분을 요청해야 하는 구조였다.

방송통신심의위원회의 위상 및 역할과 관련해서 방송통신심의위원회 박만 위원장은 2012년 11월 30일 기자간담회에서 다음과 같이 발언했다.

> 방송통신심의위원회를 상부 기관인 방통위로부터 독립시켜 중립적 기구로 가져가야 한다. 이를 통해 조직에 대한 정치적 오해와 편견 등을 불식시킬 수가 있다. 방송통신심의위원회는 콘텐츠 규제기관으로서 준사법적 기능을 수행하지만, 민간기구 특성상 심의 의결권만 있고 행정 명령권이 없어 문제다. 심의기구에 대한 별도 법이 마련되어, 독립적 권한을 행사할 수 있는 구조가 바람직하다. 대통령과 여야가 각각 3명씩 총 9명의 위원을 추천하는 방식도 헌법재판소처럼 대통령과 국회, 대법원장이 추천하는 제도로 바꿔 정치중립성을 강화해야 한다. 심의 기관장의 인사청문회 절차도 필요하다. 방통위가 관장하는 방송통신발전기금을 사용하고 있는 것도 문제다. 방송통신심의위원회가 독자적인 예산 편성권을 가져야 한다.

방송통신심의위원회 구조에 대한 이명박 정부 5년 동안의 쟁점들을 종합한 발언으로 이해할 수 있다.

2. 박근혜 정부

1) 정부 조직개편 논의

2012년 12월 19일 치러진 제18대 대통령선거에서 당시 여당이던 새누리당의 박근혜 후보가 당선되었다. 박근혜 당선인은 2013년 2월 25일 대한민국 제18대 대통령으로 취임했다. 박근혜 대통령은 2017년 3월 10일 헌법재판소가 헌정 사상 처음으로 '대통령 탄핵 인용'을 결정함으로써 임기 1년여를 남기고 파면되었다.

박근혜 정부의 정부 조직은 이명박 정부의 15부 2처 18청에서 17부 3처 17청으로 개편되었다. 경과를 간략히 살펴보면, 2013년 1월 30일 새누리당 이한구 원내대표는 동월 15일 대통령직인수위원회가 발표한 정부 조직 개편안에 기초해 박근혜 정부 정부 조직 개편안을 대표 발의했다. 개편안의 특징은 과학기술과 정보통신기술을 창조경제의 원천으로 활용한다는 차원에서 미래창조과학부(이하, 미래부)를 신설하는 것 등이었다. 이는 미래부 신설 시 미래부 장관이 과학기술정책의 수립·총괄조정평가, 과학기술의 연구개발·협력·진흥, 산학 협력 및 과학기술 인력 양성, 국가정보화 기획·정보보호·정보문화, 방송통신의 융합·진흥 및 전파관리, 정보통신산업, 원자력 안전, 우편·우편환 및 우편대체에 관한 사무 등을 관장하는 구조였다. 미래부 신설안은 기존의 방송통신정책 총괄부처인 방송통신위원회(이하, 방통위)의 기능 축소를 의미하는 것으로, '방송법'과 '방통위설치법' 등의 개정을 전제로 했다. 당시 여당 안대로 방송통신 분야의 진흥 정책 기능 등이 미래부로 이관될 경우, 방통위는 규제 업무와 이용자 보호 업무 등을 맡게 되는 형식이었다.[1]

이에 대해 당시 야당인 민주당은 대통령직인수위의 정부 조직 개편안 발표 직후부터 크게 반발하는 모습을 보였다. 무엇보다 방송정책 전반에 독임제 부처 성격의 미래부가 관여하는 것에 우려를 나타냈다. 민주당 전병헌 의원은 다음과 같은 주장을 폈다. "김대중 정부 들어 공보처[2]가 겨우 폐지되고 방송개혁위원회[3]를 만들어 '방송법' 전면 개정을 통해 과거 방송위원회와 종합유선방송위원회를 통합하여 방송위원회를 출범시키면서 비로소 '방송 정책'이 합의제 기구에서 다뤄질 수 있는 역사의 진전이 있었다. 그 후 민

---

1) 2013년 3월 27일 발간된 제18대 대통령직인수위원회 백서 「박근혜정부 - 희망의 새 시대를 위한 실천과제」에는 미디어 정책과 관련해 구체적인 내용이 포함되어 있지 않았다. 한편, 박근혜 대통령은 대선 기간 중이었던 2012년 10월 30일 '정보방송통신 발전을 위한 대연합'과 '미래IT강국 전국연합'이 공동 주최한 '18대 대선 후보 초청 간담회'에 참석, 'ICT 강국 도약을 위해 전담 부처를 만들겠다. 정보통신 생태계 조성, 콘텐츠 산업 육성, 방송 공공성 강화, 미디어 산업 육성, 통신비 부담 완화 등을 위해 노력하겠다. 공영방송 지배구조 개선을 위해 공론의 장을 마련하겠다. 공영방송 사장 선출 문제는 국민이 납득할 수 있는 선에서 해결하겠다. 유료방송 규제 완화와 방송법·통신법·IPTV법 등의 통합법제 마련 방안에도 역점을 두겠다'라고 말한 바 있다.

2) 김영삼 정부 시절에는 공영방송을 담당하는 방송위원회와 유료방송 영역을 담당하는 종합유선방송위원회가 있었지만, 방송정책을 실질적으로 관장한 곳은 공보처였다.

3) 김대중 대통령이 1998년 12월 14일 위원 14명을 위촉함으로써 대통령 직속 민관 합동 자문기구 성격의 방송개혁위원회(이하, 방개위)가 발족되었다. 방개위는 동월 17일부터 이듬해인 1999년 2월 27일까지 두 달여 동안 활동했다. 활동을 종료할 때는 방송 개혁 기본 방향, 방송 독립성·공공성 확보 방안, 방송 구조 개혁 방안 등을 담은 자문보고서 「방송개혁의 방향과 과제」를 내놓았다. 방개위 자문보고서는 '방송이 정치권력과 자본의 영향력으로부터 자유롭지 못했던 과거에 비추어볼 때, 개혁 작업의 일차적 목표가 방송규제기구의 독립성을 확보하는 것이어야 한다'면서, 새롭게 구성되는 규제기구 방송위원회는 '행정부처로부터 직무상 독립된 독립규제위원회의 성격을 지니되, 실정법상 합의제 행정기구의 형태를 가져야 한다'고 제안했다(≪미디어스≫, 2013.2.3). 이로써 김대중 정부 초기 방송정책 관리권은 공보처에서 문화부로 잠시 넘어갔으나, 방개위 활동 내용에 기초한 방송위원회가 2000년에 설립되면서 문화부의 방송정책 관리권은 다시 방송위로 이관되었다. 노무현 정부 때까지 방송정책 전반을 총괄하던 방송위는 이명박 정부의 정부 조직 개편 과정에서 정보통신부와 함께 방송통신위원회로 새롭게 통합되었다.

주당 당론에서 많이 벗어나가긴 했으나 방송통신융합이라는 시대적 조류에 부합하는 방송통신융합기구로 방송통신위원회를 만들었다. 이제 다시 방송 정책을 독임제 부처로 이관한다는 것은 시대역행적 처사가 아닐 수 없다… 방송정책은 결코 독임제 부처인 미래창조과학부에 맡길 수 없다. 언론의 자유와 독립, 방송의 공공성을 지키는 것은 산업진흥을 대가로 희생될 수 있는 교환의 대상이 될 수 없기 때문이다"(≪미디어스≫, 2013.1.27).

여야 간 협상 과정은 지난했다. 야당인 민주당은 2013년 2월 11일 정부 조직 개편 관련 6개 요구 조건을 발표했다. 여기에는 '방송통신위원회 독립성 보장' 항목이 들어 있었다. 이는 여당의 미디어 정책 관련 정부 조직 개편안을 받아들일 수 없다는 강경한 입장의 표명이었다. 민주당은 미래부 신설 시 (지상파·유료방송·뉴미디어·융합서비스 분야) 방송정책과 통신규제 정책을 방통위가 계속 관할하도록 하고, 미래부 쪽으로는 통신 진흥 정책 부분만 이관시키자는 입장을 견지했다.

긴 협상 끝에 여야는 2013년 3월 21일 밤 정부 조직개편안 관련 합의에 도달했다. 골자는 미디어 정책과 관련해서는 미래부를 신설하되, 방통위를 합의제 중앙행정기관으로 남겨두는 안이었다. 세부적으로는 미래부가 SO, 일반PP, 위성TV, IPTV, 스마트TV, 방송진흥정책 업무 등을 관장하고[4], 방통위는 지상파[5], 종편PP, 보도PP 관련 정책권을 갖는 형식이었다. 전파·주

4) 여야는 독임제 부처인 미래부의 '방송 공정성 침해' 가능성에 대한 일종의 견제장치 성격으로 미래부의 SO·위성TV 정책에 대해 방통위가 '사전 동의권'을 갖는 것으로 합의했다. 방통위의 '사전 동의' 범위는 허가, 재허가, 변경허가, 법령 제·개정까지를 포함시켰다. SO·위성TV와는 달리 IPTV 허가에 대해선 방통위가 사전동의권을 갖지 않는 것으로 했다. 일반PP도 미래부(장관) 등록사항으로 되어 있어, 방통위의 '사전 동의' 대상에서 제외되었다.

5) 방통위가 방송국의 허가·재허가와 관련한 무선국 개설에 대한 기술적 심사를 미래부에 의

파수 관련 사항은 전체적으로 미래부로 이관하되, 현행 통신용 주파수 관리는 미래부 소관으로 하고, 방송용 주파수 관리는 방통위 소관으로 했다. 다만, 신규 및 회수 주파수의 분배·재배치 관련 심의를 위해 국무총리 산하에 국무조정실장을 위원장으로 하는 중립적인 (가칭)주파수심의위원회를 설치하기로 했다. 또한, SO 등의 이관에 따른 방송의 공정성 확보 방안과 관련하여 여야는 3월 임시국회에서 여야 동수의 (6개월 한시적) '방송 공정성 특별위원회'[6]를 구성하고, 위원장은 야당인 민주통합당이 맡기로 했다. '방송 공정성 특위'에서는 SO와 PP의 공정한 시장 점유를 위한 장치 마련, 방송의 보도·제작·편성의 자율성 보장, 공영방송 지배구조 개선 방안 등을 논의하기로 합의했다. 이외, (가칭)'ICT진흥특별법'[7]과 ICT산업 발전에 걸림돌이 되는 규제 관련법을 6월 임시국회에서 제·개정하기로 했다. 이 밖에 (1조 2000억 원

뢰하면, 미래부가 심사를 진행하고 그 결과를 방통위에 송부하면, 방통위가 미래부의 심사 결과에 기초해 방송국의 허가·재허가 여부를 최종 결정하는 구조로 여야가 합의를 보았다.

6) 방송공정성특위는 출범 후 '방송규제 개선 및 공정성 보장 소위원회'와 '공영방송 지배구조 개선 소위원회' 등 2개 소위를 구성했다. 민주당 쪽 의원들은 공영방송 이사 추천과 사장 선임 등 인사 절차에 있어 특별다수제를 도입하자는 입장이었다. 반면, 여당 쪽에서는 '민주주의 절차에서 과반 다수결 원칙은 존중되어야 한다'면서 특별다수제 도입에 반대하는 입장이었다. 방송공정성특위는 활동 시한을 당초 9월 말에서 11월 말로 두 달을 연장해 활동했지만, 끝내 아무런 합의를 도출하지 못하고 활동을 마쳤다.

7) 박근혜 정부의 핵심 국정목표인 창조경제를 뒷받침한다는 목적하에 새누리당 조해진 의원에 의해 대표 발의된 '정보통신 진흥 및 융합 활성화 특별법'(ICT진흥특별법) 제정안은 2013년 7월 2일 국회 본회의를 통과했다. 제정안은 국무총리실 산하에 범정부 ICT정책 컨트롤타워 성격의 '정보통신전략위원회'(가칭)를 설치하고 총리가 위원장을 맡는 것 등을 골자로 했다. 정보통신전략위원회는 정보통신 진흥 기본·실행계획을 심의·의결하고, 부처간 정보통신 정책조정, 연구개발 우선순위 권고, 정보통신 진흥 걸림돌인 규제 개선 등을 권고하는 기능을 맡도록 했다. 'ICT특별법'은 2013년 8월 13일 공포되었고, 2014년 2월 14일부로 시행되었다.

규모의) 방송통신발전기금 관리권은 방통위와 미래부가 2013년 6월까지 정리하기로 했다.[8] 국회 상임위원회 운영과 관련해서는 문화체육관광방송통신위원회는 미래창조과학방송통신위원회로 명칭을 변경하고, 교육과학기술위원회는 교육문화체육관광위원회로 명칭을 변경하며, 미래창조과학방송통신위원회는 미래창조과학부와 방송통신위원회에 속하는 사항을 소관으로 하기로 했다.

미디어 정책 분야는 여야 간 정부 조직법 개편 논의 과정에서 입장이 가장 첨예하게 대립했던 분야 중 하나였다. 박근혜 정부 정부 조직 개편안은 새누리당이 안을 제출한 지 52일 만인 2013년 3월 22일 오전 국회 본회의에서 처리되었다. 다음 날인 23일 0시를 기해 박근혜 정부 정부 조직이 15부2처18청에서 17부3처17청으로 최종 개편되었다.

2) 방송통신위원회

이명박 정부 시절의 방송통신위원회 구조가 박근혜 정부 출범 이후 미래부와 방통위로 이원화된 가운데, 박근혜 정부의 방송통신위원회는 광화문 청사 시대를 마감하고 과천 정부종합청사에 새 둥지를 틀었다. 그 규모는 초기 1실(기획조정실) 3국(방송정책국, 이용자정책국, 방송기반국) 200여 명 정도였다. 이후 방통위 조직은 2016년 9월 13일 자 조직개편에서 1처 3국 1관 체제로 개편되었다.[9] 기획조정실장(1급)을 사무처장(1급)으로 전환하고 기획조정실

8) 양 부처는 사업예산에 대한 편성·관리 권한을 독자적으로 행사하기로 최종 합의했다. 개정된 '방송통신발전기본법 시행령'에 따라 방송사업자별 분담금 징수율 결정주체가 세분화되었는데, 지상파 및 종편·보도 PP의 분담금 징수율은 방통위가 정하고, 케이블·위성방송·IPTV 및 홈쇼핑 PP의 분담금 징수율은 미래부 장관이 정하는 방식으로 결정되었다.

장이 담당하던 기획·조정, 행정법무, 홍보협력업무 등을 관장하는 기획조정관 직을 신설했다.

박근혜 정부 출범과 함께 방통위원장으로 취임한 이경재 위원장은 2014년 3월 25일 (잔여) 임기를 마쳤다. 이로써 2기 방통위 3년 임기가 마감되었다. 2기 방통위는 3명의 위원장이 맡아 수행했다. 1기 방통위에 이어 연임된 최시중 위원장의 경우, 부하 직원 금품비리 연루 의혹 등으로 중도 하차했다. 후임 이계철 위원장은 이명박 정부 임기 종료와 함께 자진 사퇴했다. 박근혜 정부 출범 이후 임명된 이경재 위원장은 방통위 2기 임기 종료와 함께 물러났다. 사실상 1년 단위로 위원장이 바뀐 형국이었다. 2기 방통위 3년의 공과에 대해서는 평가가 엇갈린다. 미디어산업 육성 측면에서는 기여가 있었다는 평가와 방송의 공공성 담보 등의 측면에 있어 합의제 본연의 취지에 충실하지 못했다는 평가가 공존한다.

박근혜 정부에서 방통위를 대표하는 인물은 2014년 4월 8일 3기 위원장으로 취임한 최성준 방통위원장이라 할 수 있다. 최 위원장 취임 이후 방통위 3기 위원회는 2014년 8월 4일 「3기 위원회 비전 및 정책과제」 자료집을 발표했다. 자료집에서 방통위는 지상파 방송광고 총량제 허용, 지상파 다채널서비스(MMS) 본방송 실시, UHD방송 활성화, 유료방송 규제체계 일원화 등에 정책적 역점을 두겠다고 했다. 이에 기초해 이후 박근혜 정부에서는 지상파 방송광고 총량제와 (EBS에 국한된) 지상파 다채널서비스가 허용되었다. UHD 본방송은 당초 '2017년 2월 개시'에서 시점이 미뤄져 5월 31일 자로 시작되었다. 유료방송 규제체계 일원화는 케이블TV, 위성TV 관련 내용을 담고 있는 방송법과 IPTV 관련 내용을 담고 있는 '인터넷멀티미디어사업

9) 공정위, 금융위 등이 합의제 정부기구로서 사무처 제도를 운영 중에 있다.

법'(IPTV법)을 통합하는 것으로, 20대 국회에 계류 중인 상황이다.

전체적으로 최성준 위원장 중심의 방통위 3기에 대한 평가는 엇갈리고 있다. 표면적으로는 방송광고총량제가 허용되었고, EBS에 다채널방송이 도입되었으며, 지상파 UHD본방송이 시작되었다. 지상파 중간광고의 경우, 논의가 지속되는 상황이다. 지상파 다채널방송의 경우, KBS가 제외되었다는 데에 대해 비판 여론도 존재하는 형국이다. 또 방통위 3기 임기 동안에 KBS, MBC 등 공영방송 이사진 선임 과정에서 일부 편향성 논란도 야기되기도 했다(≪피디저널≫, 2017.4.10).

박근혜 정부 임기 동안 방통위의 위상, 위원 구성과 운영 방식 등과 관련해 야당을 중심으로 여러 유형의 법안 발의가 있었다. 관련 법안을 대표 발의한 의원들은 유승희, 최민희, 신경민, 이상민, 임수경, 노웅래, 박홍근, 최명길, 남인순 의원 등이다.

2013년 8월 23일 유승희 의원이 대표 발의한 '방통위설치법 개정안'의 골자는 '방통위원장 임명 과정에 국회 동의 절차를 두자'는 것이었다. 2013년 9월 25일 최민희 의원이 대표 발의한 '방통위설치법 개정안'의 골자는 '방통위 위원을 여야가 각각 2명을 추천하고 두 교섭단체가 합의하는 1명을 추천하여 대통령이 임명하도록 하고, 위원장과 부위원장은 위원 중에서 호선하자'는 것이었다. 2014년 2월 4일 신경민 의원이 대표 발의한 '방통위설치법 개정안'의 골자는 '방통위 부위원장을 야당 측 인사가 추천하는 사람 중에서 호선하도록 하자'는 것이었다. 2014년 2월 17일 이상민 의원이 대표 발의한 '방통위설치법 개정안'의 골자는 '대통령선거 후보자의 자문·고문 등의 역할을 한 사람의 경우 3년의 기간이 경과하기 전에는 방통위원이 될 수 없도록 하는 등 방통위원의 자격 기준과 결격사유를 강화하자'는 것이었다. 2014년 4월 3일 임수경 의원이 대표 발의한 '방통위설치법 개정안'의 골자는 '방통위의 지상파, 종편 등에 대한 재허가 과정에서 가중된 의결정족수(4/5) 제도를 도입하자'는 것이었다. 2016년 7월 7일 노웅래 의원이 대표 발의한 '방통위설치법 개정안'의 골자는 '방통위의 KBS 이사 추천권과 방송문화진흥회 이사 임명권을 국회 교섭단체 등으로 이관하자'는 것이었다. 2016년 7월 21일 박홍근 의원 등 162명의 의원들이 발의한 '방통위설치법 개정안'[10]의 골자는 2016년 7월 7일 자 노웅래 의원의 법안 발의 내용과 유사한 것으로, 'KBS 이사 추천, EBS 임원 및 이사 임명 및 방송문화진흥회 임원 임명 관련 방통위의 권한 사항을 삭제하자'는 것이었다. 2016년 8월 19일 최명길 의원이 대표 발의한 '방통위설치법 개정안'의 골자는 '방통위의 소관 사무와 심의·의결 대상에 방송편성 관련 규제 또는 간섭의 조사·제재에 관한 사항을 추가하자'는 것이었다. 끝으로 2016년 11월 23일 남인순 의원이 대표 발의한 '방통위설치법 개정안'의 골자는 '방통위 위원 구성 시 여성 참여를 확대하는 차원에서 특정 성별이 전체 위원 수의 10분의 6을 초과하지 않도록 하자'는 것이었다.

이 법안들 가운데, 이상민 의원이 2014년 2월 17일 대표 발의한 '방통위설치법' 개정안이 2015년 1월 12일 국회 본회의에서 통과되었다. 통과된 개정안의 주요 내용은 '대통령선거에서 후보자의 당선을 위하여 방송, 통신, 법률, 경영 등에 대하여 자문이나 고문의 역할을 한 사람 및 대통령직인수위원회 위원으로 활동한 사람에 대하여는 3년의 기간이 경과하기 전에는 방송통신위원회 위원이 될 수 없도록 한다'는 것이었다.

---

10) 참고로, 이 법률안은 2016년 7월 21일 박홍근 의원이 대표 발의한 '방송법 일부개정법률안', '방송문화진흥회법 일부개정법률안', '한국교육방송공사법 일부개정법률안'의 의결을 전제로 하는 것이었다.

이렇듯, 박근혜 정부 기간 동안 방통위 위원 구성과 운영 방식의 변화를 유도하려는 야당의 노력은 지속되었고, 그 결과물로서 방통위 상임위원의 자격 기준과 결격사유가 강화되었다.

박근혜 정부 기간 동안에도 방송산업 관련 규제기관의 정책에 대해 사업자들의 불만은 줄지 않았다. 성회용 SBS 국장은 2015년 6월 29일 '미디어인사이트포럼'이 주최한 '미디어산업의 발전 전략과 정책 방향' 포럼 행사에서 '정부 부처의 규제 기능이 축소되어야 산업이 발전하게 된다. 규제를 줄여야 하는데, 이와 반대로 규제를 강화하게 되면, 사업자들에게 좋은 영향을 주지 못할 것이다'면서, 방송사업자들에 대한 정부 차원의 규제 축소의 필요성을 역설하기도 했다.

3) 미래창조과학부

박근혜 정부를 대표하는 상징적인 부처로 신설된 미래부는 2013년 4월 19일 과천 정부청사에서 현판 제막식을 갖고 본격적인 활동에 들어갔다. 미래부는 '창조경제' 이념을 앞세운 박근혜 정부가 이명박 정부 시절의 방송통신위원회, 지식경제부, 교육과학기술부, 국가과학기술위원회 등에 흩어져 있던 ICT, 과학기술 관련 업무 등을 하나로 묶어 만든 조직이었다. 방송정책과 관련해서는 미래부가 SO·일반PP, 위성TV, IPTV, 스마트TV, 방송진흥 정책 등과 관련한 업무를 관장했다.

부처 출범 직후인 2013년 4월 21일 미래부는 한국과학기술단체총연합회, 한국과학창의재단, 현대경제연구원 등 3개 기관 전문가그룹을 대상으로 실시한 '창조경제 인식도 설문조사' 결과를 발표했다. 그 결과에 따르면, 응답자의 87.1%가 '정보통신기술과 과학기술력 강화, 새로운 먹을거리 제시, 벤처·중소기업 육성, 창의성의 공정한 보상' 등 창조경제와 관련한 정부 역할에 대해 '공감한다'고 답했다. 반면, '창조경제가 이전의 경제와 다르다고 생각하느냐?'라는 질문에는, 응답자의 55.5%가 '다르지 않다'라고 응답했다. 이는 응답자들이 '창의산업' 분야에 대한 정부의 역할을 중요하게 인식하면서도, '창조경제' 개념에 대해서는 특별히 새로운 것으로 인식하고 있지 않음을 나타내주는 것이라 하겠다.

한편, 이 설문조사 과정에서 미래부는 '창조경제'의 뜻을 '창의성에 핵심가치를 두고 과학기술과 정보통신기술의 융합을 통해 산업과 산업이 융합하고, 산업과 문화가 융합해 새로운 부가가치를 창출해내고 일자리를 만들어내는 경제'라고 설명했다. 이 같은 미래부의 '창조경제' 개념 설명 노력에도 불구하고, '창조경제' 개념은 박근혜 정부 임기 내내 전문가그룹과 일반인들 사이에서 쉽게 이해가는 주제가 아니었다. 일례로, 국회 입법조사처는 2013년 6월 18일 발표한 '창조경제' 관련 ≪이슈와 논점≫ 보고서에서 박근혜 정부의 핵심 정책 기조인 '창조경제' 개념에 대해 비판적 의견을 내놓았다. 요지는 'creative economy'를 잘못 번역했다는 것이다. '창조'가 아니라 '창의'로 하는 것이 옳다면서 번역 오류로 인해 '전문가 집단도 창조경제 개념을 잘 이해하지 못하는 등 국민적 혼선이 발생하고 있다' 주장했다. 입법조사처 보고서는 대안 제시에서 '(장기적 성격의) 과학기술 정책과 (단기적 성격의) ICT 정책 간 불협화음과 에너지 분산을 막는 차원에서, 단순한 물리적 결합을 배제하고 미래부의 업무와 조직 구조를 근본적으로 재정비해야 한다'는 의견을 내놓았다.

박근혜 정부의 미래부는 1, 2차관제로 되어 있었다. 이명박 정부 시절 과학기술부 과학기술정책 등의 업무가 1차관실에 주로 배속되었고, 방통위 ICT 정책 등의 업무가 주로 2차관실에 속해 있었다. 이런 구조하에서 박근혜 정부 기간 내내 양측 간 정책목표 통일 등 화학적 결합에 어려움이 있었던 것으로 보인다.

미래부 폐지론도 대두되었다. 더불어민주당 소속의 문미옥 의원은 '미래부를 폐지하고 과학기술부와 정보통신부를 부활시키자'는 내용을 골자로 한 '정부조직법 개정안'을 2016년 8월 17일 대표 발의했다. 법안은 '2013년 정부 조직 개편 시 미래부가 신설되었으나, 가시적 성과 강조로 인하여 진정한 국가 발전을 위해 필요한 기초과학 연구가 도외시되고 혁신적·창조적 연구를 위한 과학기술 행정의 자율성이 저해되고 있는 실정이다. 또한, 현재의 미래부는 시시각각 변화하는 정보통신기술의 성격상 단기적인 측면에서 강력한 정책 추진이 요구되는 정보통신정책과 장기적인 관점에서의 접근이 필요한 과학기술정책을 함께 수행함으로써 정보통신정책 분야에서의 정책 추진력을 제때 발휘하지 못하고 있다는 비판에 직면해 있다'면서, '부총리급의 과학기술부를 신설하여 과학기술정책의 수립·총괄 등에 관한 사무를 관장하도록 하고, 산업통상자원부에서 담당하는 산업기술 연구개발정책을 과학기술부로 이관하여 과학기술 소관 부처를 일원화하자. 정보통신부를 신설하여 국가정보화기획·정보보호·정보문화, 정보통신산업, 방송·통신의 융합·진흥 및 전파관리 등의 사무를 담당하도록 하자'고 제안했다.

박근혜 정부 임기 내내 '창조경제' 개념·정책의 모호성과 구체성의 결여로, 창조경제 구현의 실효성이 크지 않았다는 것이 일반적인 평가이며, 이는 SO·일반PP, 위성TV, IPTV, 스마트TV 등 방송진흥정책 전반에서도 마찬가지였다고 볼 수 있다. 한 가지 특이점은 박근혜 정부가 미래부를 중심으로 'PP산업 활성화'를 위해 노력을 기울였다는 점이다(제6장 제2절 참조).

4) 방송통신심의위원회

이명박 정부에 이어 박근혜 정부 들어서도 방심위의 기능과 역할에 대한 사회적 논란은 지속되었다. 무엇보다 '공정성'[11]이 핵심 쟁점이었다. 박근혜 정부를 대표하는 방심위는 2014년 6월 17일 출범한 제3기 박효종 위원장 체제였다. 제3기 방심위는 2014년 11월 4일 '제3기 방송통신심의위원회 비전 및 정책과제'를 발표했다. 이 가운데, 가장 핵심적인 내용 중의 하나는 바로 '심의의 공정성을 확보하겠다'는 것이었다. 이 같은 방심위의 의지 표명에도 불구하고, 박근혜 정부 임기 내내 '방송심의에 관한 규정' 제9조 '공정성'에 대한 사회적 논란은 여러 심의 안건들에서 끊이지 않고 지속되었다.

'공정성' 이슈와 관련하여, 학계의 다양한 세미나와 입법부의 법안 발의 등도 이어졌다. 2014년 2월 10일 한국방송학회 '방송 저널리즘 연구회' 주최로 열린 '방송의 공정성 심의는 공정한가?' 세미나에서 주제발표를 맡은 배진아 공주대 교수는 공정한 공정성 심의를 위한 방안으로 무엇보다 방심위 구성상의 '여야 6 : 3 구조의 개선', '공정성 심의 만장일치 의결제 도입' 등을 주장했다. 2016년 5월 18일 발표된 국회 입법조사처의 ≪이슈와 논점≫ 「방송의 선거보도 공정성 확보를 위한 과제」에서도 공정성 시비 해소를 위한 방안으로 '방심위 위원 여야 구성 비율(6 : 3) 조정'이 제안되었다.

신경민, 이상민, 남인순 의원 등 야당 쪽 의원들의 법안 발의도 이어졌다. 2014년 2월 4일 신경민 의원이 대표 발의한 방통위설치법 개정안의 골자는

---

11) 미국의 경우, 연방통신위원회(FCC)는 1949년에 제정된 방송 '공정성 원칙(Fairness Doctrine)'을 표현의 자유와 언론의 자유를 침해할 소지가 있다는 이유 등으로 1987년 폐지한 바 있다.

'방심위의 구성을 여야 6 : 3이 아닌 5 : 4 구조로 변경하기 위하여 여당이 5인을 추천하고 야당이 4인을 추천하여 대통령이 위촉하도록 하고, 위원장의 경우 여당에서 추천한 인사가, 부위원장의 경우는 야당에서 추천한 인사가 맡도록 하자'는 것이었다. 2014년 2월 17일 이상민 의원이 대표 발의한 '방통위설치법 개정안'의 골자는 '대통령선거 후보자의 자문·고문 등의 역할을 한 사람의 경우 3년의 기간이 경과하기 전에는 방통심의위원이 될 수 없도록 하는 등 방통심의위원의 자격 기준과 결격사유를 강화하자'는 것이었다. 2016년 11월 23일 남인순 의원이 대표 발의한 방통위설치법 개정안의 골자는 '방심위 위원 구성 시 여성 참여를 확대하는 차원에서 특정 성별이 전체 위원 수의 10분의 6을 초과하지 않도록 하자'는 것이었다.

이 법안들 가운데, 이상민 의원이 2014년 2월 17일 대표 발의한 '방통위설치법 개정안'은 2015년 1월 12일 국회 본회의에서 통과되었다. 통과된 개정안의 핵심은 '대통령선거에서 후보자의 당선을 위하여 방송, 통신, 법률, 경영 등에 대하여 자문이나 고문의 역할을 한 사람 및 대통령직인수위원회 위원으로 활동한 사람에 대하여는 3년의 기간이 경과하기 전에는 방송통신심의위원회 위원이 될 수 없도록 한다'는 내용이었다.

한편, 방심위 노조는 박근혜 정부 말기인 2017년 2월 6일 발표한 '방송통신심의위원회 구조적 편파성 이대로 방치할 수 없다' 성명서에서 '지난 9년 동안 방송통신심의위원회가 공정했는가? 이명박·박근혜 정권 9년 동안 언론계가 권력에 길들여지는 과정에서 방심위가 일말의 책임이 없는지 되돌아볼 때, 말할 수 없는 부끄러움을 느낀다. 현행 6 대 3 방심위 구조는 편파적이다. 현재 논의되고 있는 공영방송 지배구조 개선 입법 사항(여야, 7 : 6)이 방심위의 편파성을 해소하는 모든 해결책이 될 수는 없지만, 방심위 위원 위촉 절차에도 동일하게 적용될 필요가 있다'라고 주장했다. 방심위 내부에서

조차 방심위 위원 구성상의 여야 비율 조정의 필요성을 언급한 것이다.

방심위의 법적 위상에 대한 논란이 박근혜 정부 4년 동안 지속된 가운데, 윤성옥 경기대 교수는 2017년 3월 17일 언론 관련 3대 학회와 야권 등이 공동 주최한 '미디어 주권자의 권리 – 표현의 자유와 심의제도' 세미나에서, '표현의 자유 확대를 위한 심의제도 개선 방안' 발제를 통해 다음과 같이 주장한다.

> '법원은 방심위를 합의제 행정기관으로 보고 있지만, 방송법제는 방심위를 민간 독립기구의 성격으로 간주하고 있다. 법 개정을 통해 이러한 혼란을 바로잡아야 한다. 방심위 위상을 '독립된' 합의제 행정기관으로 재정립하고, 심의제재 결정 및 행정처분 명령까지 가능하도록 개선해야 한다.'

한편, 서울고등법원은 방심위의 법적 위상과 관련하여 2012년 5월 3일 "공권력 행사 주체인 국가 행정기관이라고 봄이 타당할 것"이라고 판결한 바 있다(윤성옥, 2017). 그 이유로 재판부는 방심위가 방송법에 의해 설립된 기관이라는 점, 방심위 위원의 경우 대통령이 위촉하고 구성과 운영에 관한 사항도 대통령령으로 정하도록 했다는 점, 기금 이외의 국고에서 필요한 경비를 지급받을 수 있게 되어 있는 점 등을 꼽았다. 법원은 또 방심위의 직무가 정보의 심의 및 시정 요구, 제재조치 등에 대한 심의·의결, 심의 규정의 제정 및 공표 등이라는 점이 방심위가 국가기관임을 뒷받침한다고 밝혔다.

한편, 스마트 미디어 시대를 맞아 방심위의 심의 범주가 확대되어야 한다는 주장도 제기되고 있다. 방송학회와 언론학회가 2017년 4월 24일 공동 주최한 '스마트 미디어 시대의 방송통신 내용규제 방향' 세미나에서 김수아 서울대 교수는 발제에서 '유튜브, 넷플릭스, MCN 등 콘텐츠 유통 경로가 다양해지는 상황에서 신규 서비스를 포괄하는 방향으로의 방송통신규제체계가 새롭게 정비될 필요가 있다'고 주장했다.

3. 소결

대통령 직속 합의제 행정기관으로 출범한 방통위는 독립성과 자율성 및 다양성과 다원성과 같은 당초의 설립 취지를 충분히 구현해내지 못함으로써 이명박 정부 5년 내내 줄곧 정파성 시비에 휘말려야 했다. 특히 일부 인사의 정무적 발언들은 방통위 위상과 관련한 정치적 논란을 증폭시킨 면도 있다. 합의제 기구 성격과 관련하여 책임 소재가 명확하지 않다는 문제점도 대두되었다. 이에 대한 대안으로 독임제 기구의 필요성이 언급되기도 했다. 독임제 논의는 정보통신기술 발전이라는 측면에서 탄력을 받기도 했다. 합의제 기구로는 급속한 정보통신기술 기술 발전과 환경 변화에 대응하는 데 한계가 있다는 논리에서였다. 이명박 정부에서의 방통위 역사는 방송 분야에 대한 규제감독 형식에 정치 독립성 담보가 중요한 요소임을 시사해주었다. 또한 제도 못지않게 인사와 운영의 원칙이 중요하다는 것을 교훈으로 남겼다.

방송통신심의위원회 구조에서도 정당 추천제로 인해 의사결정 과정의 정파성 논란이 끊이지 않았다. 이 과정에서 공정성 논쟁이 첨예하게 나타나기도 했다.

박근혜 정부에서는 이명박 정부의 방통위 모델이 '미래부'와 '방통위'로 이원화되었다. 방송통신 관련 정책이 두 개 부처로 나눠지면서, 박근혜 정부 출범 직후부터 방송통신 정책에 대한 종합적인 정책 수립과 집행의 한계가 일정 부분 노정되어 있었다. 여러 분야의 쟁점들에 있어 양 부처가 협의 과정 등을 통해 담보해야 했던 효율성의 문제, 이중 규제, 정책 혼선[12] 등에 대한 비판이 박근혜 정부 4년 동안 지속되었다. 또한, 독임제 정부 부처가 방송정책을 관장하는 것이 바람직한 구조인가에 대한 논란도 수그러들지 않았다. 결국 박근혜 정부의 상징적 부처로서 여러 부처의 기능과 업무를 모아서 출범한 미래부는 핵심 국정 과제라 할 수 있는 '창조경제'를 주도했지만, '창조경제' 개념의 모호성과 정책의 불명확성 등으로 인해 당초 의도했던 소기의 목적을 달성하는 데 한계가 있었던 것으로 보인다. 미래부는 차기 정부 출범 시 정부 조직 개편 논의과정에서 우선적으로 다뤄질 개연성이 있어 보인다. 박근혜 정부에서의 방심위 구조도 계속해서 정파성 논란의 대상이 되었다. 위원회의 기능과 역할에 대한 문제 제기와 함께, '공정성' 시비가 지속되었다. 이런 맥락에서 방심위 위원 구성상의 여야 비율 조정 필요성 등의 주장이 지속되었다. 향후 방심위가 인적 구성상의 정치 독립성 강화, 예산권의 자율성 확보 등과 같은 문제들을 어떻게 풀어나갈지 주목된다.

박근혜 정부 탄핵 정국 속에서 2017년 상반기 여러 기관들이 주최한 정부 조직 개편 관련 논의들이 있었다. 다양한 모델과 의견들이 개진되었다. 여기에서 한 가지 숙고해봐야 할 점은 방송통신을 진흥·규제하는 주무 기관의 위상이 너무 자주 변화하는 것이 아닌가 하는 것이다.[13] 시대적 상황 변화

---

12) 미래부와 방통위 간 정책혼선의 한 예로 방통위의 '사전동의' 절차 등이 회자된다. 방통위는 미래부가 유료방송 인허가와 관련한 법을 개정할 경우 방통위에 사전동의 요청을 하고 관련 동의를 받아야 함에도, 미래부가 '위성방송의 SO 소유제한 폐지', 'SO 복수 지역채널 허용' 등 방송법시행령과 고시를 개정하면서 방통위에 '사전동의' 절차를 구하지 않았다고 주장했다. 이에 대해, 미래부는 SO 소유규제 등에 관한 방송법시행령 개정은 재허가와 관련한 사항이 아니기 때문에 '사전동의' 사항이 아니며, 부처 의견 조회 형식으로 족하다는 입장을 보였다(≪미디어스≫, 2017.3.22).

13) 이와 관련해 김석주 선문대 교수는 "1948년 이후 70년간 무려 61차례의 정부 조직 개편이 있었다. 대부분 기존 정부 부처나 산하기관의 기능을 통폐합하는 방식으로 진행됐다"고 주

에 맞게 정부 조직이 능동적으로 변화해가야 하는 것은 당연한 이치이다. 하지만, 하나의 제도가 사회적으로 정착하고 뿌리를 내리는 데는 최소한의 숙성 기간을 거쳐야 한다는 점도 유념할 필요가 있다. 이것은 특히 한국처럼 5년 단임의 대통령제를 표방하고 있는 나라의 경우 더더욱 그러하다. 방송미디어 제도 관련 거버넌스의 주기가 짧을 경우, 제도 운영의 평가가 심층적으로 이뤄지지 못할 수 있고, 또 무엇보다 정책의 연속성이 담보되기 어렵다는 면도 있다. 조직 운영의 효율성에 대한 비판이 제기될 수 있다는 것이다.

박중훈 한국행정연구원 박사는 2016년 10월 발표한 「역대 정부 조직개편에 대한 성찰」 보고서에서 '공무원과 전문가 그룹 314명을 설문조사한 결과, 응답자의 43.5%가 '개편 목적 대비 효과 달성' 여부에 대해 '부정적'이라고 답했고, '긍정적'이라고 답한 비율은 15.9%에 불과했다. 응답자들은 가장 큰 문제점으로 '물리적인 개편만 있고 화학적 개편 작업이 뒤따르지 못했다'고 지적했다.

장한다(≪조선일보≫, 2017.4.13).

제3장

지상파방송 관련 논의

1. 지상파방송 경영 상황

그동안 국내 지상파방송은 사회적 공공재인 전파 희소성에 근거하여 무료의 보편적 서비스 정신을 바탕으로, 방송의 공공성과 공익성 및 다양성 등의 공적 가치를 추구하는 데 역점을 두고 발전해왔다. 이 과정에서 국내 지상파방송은 경쟁력과 영향력 측면에서 타 매체와 비교할 수 없는 절대적 위상을 유지해왔다.

그러나 근래 들어 지상파방송은 방송기술의 혁신적인 발달로 인하여 전파의 '희소성' 명분이 약화되고, 유료 매체의 급성장 등으로 방송 산업 전반에서 상업성 기조가 확대되면서, 새로운 전기를 맞고 있다. 방송산업 지형 전반이 다플랫폼·다채널 구조로 빠르게 재편되면서 지상파방송의 시청점유율과 광고 수입이 계속 줄어들고, 경쟁력 전반이 빠르게 하락하고 있기 때문이다. 반면 IPTV를 위시해 신규 플랫폼들은 사업 출범 초기의 고전 상황을 극복해가면서 안정적 성장세를 이어가고 있다.

지상파방송의 경영 상황을 시청률과 광고 데이터를 중심으로 살펴보자.

먼저 시청률을 보면, 방송 패러다임이 디지털, 모바일, 스마트, 개인화 양상으로 변하면서 개인별 지상파방송 시청시간은 정체를 보이는 데 반해, 이용자들의 플랫폼 교차시청은 증가하는 추세다. 이로써 지상파방송 중심주의에 변화가 나타나고 있으며, 이는 광고경쟁력 등에도 영향을 주고 있다.

2000년 이후 지상파방송의 시청률 경쟁력은 계속해서 하락하고 있다. 이에 반해 유료방송 쪽의 시청률은 지속적인 상승세를 보이고 있다.

2000년 19.1%에 불과하던 비지상파채널의 시청점유율은 2016년 49.6%로 급성장한 반면, 지상파방송은 2000년 80.9%에서 2016년 50.4%로 하락했다. 사실상 50 : 50 구도를 보이고 있다. 앞으로 신규 미디어의 시청률 경쟁력이 계속 높아질 것으로 예상되어 지상파방송은 향후 더욱 어려움에 처할 것으로 보인다(〈그림 3-1〉).

지상파채널의 평균 시청률은 2003년 이후 감소 추세다. 2003년 평균 9.1%를 기록했던 지상파채널의 가구시청률은 2016년에 6.3%를 기록하고 있다(〈표 3-1〉).

연령별 시청률 추이 비교에서는 지상파방송 시청률 감소세가 확연히 나타나고 있다. 2003년부터 2016년까지의 비교에서 온라인·모바일 매체의 주 이용자층인 어린이부터 30대까지의 지상파방송 시청률은 현저히 낮아졌다. 어린이와 10대의 지상파 잔존율은 40%대에 와 있고, 20대와 30대의 잔존율은 30%대에 와 있다. 반면 40대 및 50대 이상에서는 잔존율이 60%대에 머물고 있다. 가구시청률이 13년 전과 비교해 약 70% 선을 기록하고 있는 것은 40대 이상의 시청자 층에 기인하고 있다 하겠으며, 30대 이하의 지상파방

〈그림 3-1〉 지상파와 비지상파 채널의 서울수도권 전 시간대 시청점유율 비교

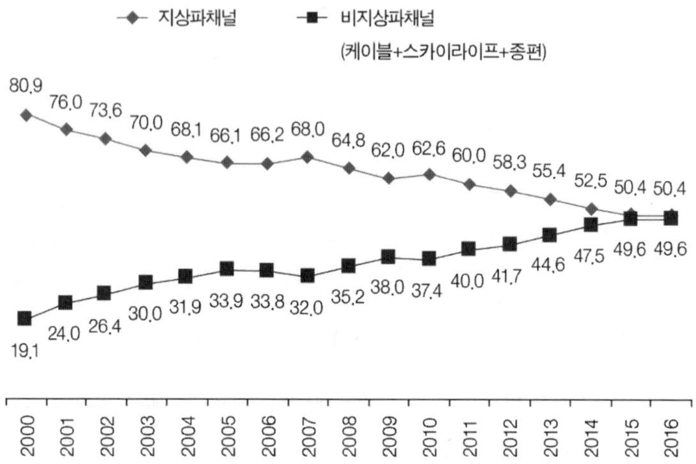

출처: 닐슨코리아

〈표 3-1〉 2003~2016 지상파방송 가구시청률 변화와 연령별 시청률 변화 비교

	'03	'04	'05	'06	'07	'08	'09	'10	'11	'12	'13	'14	'15	'16	잔존율 %
가구	9.1	8.7	8.1	7.8	8.4	8.3	8.1	8.2	7.7	7.4	7.1	6.8	6.3	6.3	69.0
어린이	2.2	1.8	1.5	1.5	1.4	1.3	1.2	1.1	1.0	0.9	1.1	1.1	1.2	1.0	46.6
10대	2.5	2.2	2.1	1.7	1.7	1.5	1.4	1.4	1.2	1.2	1.1	1.1	1.0	1.1	43.0
20대	2.5	3.4	2.1	2.0	1.8	1.6	1.6	1.5	1.4	1.3	1.1	0.9	0.9	0.9	34.0
30대	4.0	3.9	3.5	3.1	3.2	3.0	2.7	2.4	2.1	2.0	1.9	1.7	1.5	1.3	31.3
40대	4.6	4.2	4.3	4.0	3.9	3.6	3.4	3.5	3.3	3.3	3.1	3.1	2.8	2.9	62.5
50대 이상	6.6	6.4	5.9	5.6	5.7	5.6	5.3	5.3	5.0	5.0	4.6	4.3	4.2	4.2	64.0

출처: 닐슨코리아

송 시청률 감소 및 지상파방송 이탈 추이는 특별한 주목이 필요한 상황이다. 결론적으로 현재 지상파방송 시청자 층은 빠른 속도의 고령화[1])가 진행되고 있는 것이다. 이 추이는 보도, 교양, 오락 등 전 장르에 걸쳐 사실상 동일한 현상을 보이고 있다(김창조, 2012).

이러한 현상은 스마트 미디어 시대를 맞아 본방송 시청률이 감소한 것이 주원인으로 보인다. 지상파TV 외에도 스마트폰, 태블릿 PC 등 스마트기기가 TV 시청의 도구로 이용되고 있다는 것이다. 지상파방송이 관리할 수 없는 다양한 채널의 존재는 비실시간 방송의 가치를 의미하는 것으로서 실시간 방송의 시청률과 광고비 하락의 원인이 될 수 있다(황성연, 2011).

IPTV, 스마트미디어의 확산 등으로 기존의 지상파 플랫폼 중심의 방송 콘텐츠 이용 패턴에 많은 변화가 나타나고 있다는 증거는 국민생활시간조사 결과에도 나타나고 있다. 5년 주기로 실시되는 국민생활시간조사 통계에 따르면 국민들의 지상파방송 시청 시간은 2000년 이후 계속해서 줄고 있는 양상이다. 반면 그 기간 인터넷 이용 시간과 유료방송 시청 시간은 늘어나는 추세다. 이러한 상황에서 종편PP의 성장세는 국내 방송미디어 지형을 새로운 다채널 구조로 바꾸고 있다. 그동안 케이블방송은 지상파방송 콘텐츠의 재방송 소비구조로 고착되면서 일정 부분 왜곡된 다채널 구조였다고 한다면, 자체 콘텐츠를 생산하는 구조의 종편사들의 시장 안착은 실질적인 다채널 구도를 형성해가고 있는 측면이 있다고 하겠다(김창조, 2012).

문화체육관광부 (2기)여론집중도조사위원회가 2016년 1월 21일 발표한

1) 고령화 양상 속에 2010년 지상파 평균 시청 연령이 40대 초반이었던 것이 2016년에는 KBS1TV가 62세, MBC가 51세, KBS2TV가 49세, SBS가 47세로 나타나고 있다. 반면, JTBC는 46세, tvN은 42세의 평균 시청연령을 보이고 있다.

'TV, 라디오, 신문, 인터넷 등 4대 매체사의 뉴스시사정보 이용점유율 및 집중도와 매체계열별 매체합산 여론영향력 점유율' 산정 결과가 최근의 상황을 여실히 보여주고 있다. 매체(신문+TV+인터넷뉴스+라디오)합산 여론영향력 점유율에서 KBS계열 17.5%, 조선일보 계열 11.1%, 연합뉴스 계열 9.9%, 동아일보 계열 9.7%, MBC 계열 7.6% 등으로 나타났다(포털사이트 합산 시 여론영향력 점유율은 네이버 18.1%, KBS 17%, ≪조선일보≫ 8.9% 등이었다). 'TV 2015년 이용점유율'에서는 KBS 29.9%, MBC 11.2%, TV조선 10.6%, 채널A 10.5%, SBS 10.5%, YTN 7.8% 순으로 나타났다(각 사별 대표 종합뉴스 프로그램 시청률은 KBS 〈뉴스9〉 5.73%, MBC 〈뉴스데스크〉 2.41%, SBS 〈8뉴스〉 1.78%, JTBC 〈뉴스룸〉[2] 0.63%, MBN 〈뉴스8〉 0.62% 순이었다). '라디오 2015년 이용점유율'에서는 MBC 40.2%, KBS 25.3%, SBS 11.2%, YTN 3.6%, CBS 2.7% 순이었다. 한편, '신문 2015년 이용점유율'에서는 ≪조선일보≫ 24.6%, ≪중앙일보≫ 15.7%, ≪동아일보≫ 14.2%, ≪매일경제≫ 7.3%, ≪한겨레≫ 7.1%, ≪경향신문≫ 6.2% 순이었다. '인터넷뉴스 생산자 2015년 이용점유율'에서는 연합뉴스 18.5%, ≪조선일보≫ 8.7%, ≪동아일보≫ 7.7%, ≪중앙일보≫ 5.7%, ≪머니투데이≫ 4.4% 순이었다. '인터넷뉴스 이용창구 2015년 이용점유율'에서는 네이버 55.4%, 다음 22.4%, 네이트 7.4% 순이었다. 전체적으로 보았을 때, 포털, 종편 등의 영향력 상승세가 뚜렷하고, 또한 '뉴스 생산자에 대한 직접 접속이 감소하고, 디지털 뉴스 중개자의 영향력이 증대'하고 있다고 하겠다.

광고 경쟁력 면에서도 지상파방송은 신규 미디어의 도전으로 인해 하락

2) 2016년 '최순실 게이트' 보도 등으로 시청률이 급상승한 JTBC 〈뉴스룸〉 등 종편사들의 경우, 여론집중도조사위원회가 2019년 발표하게 될 자료에서 보다 실질적이고 구체적인 상황정보를 얻게 될 것이다.

세를 보이고 있다. 이에 반해 온라인과 모바일 등의 점유율 상승세는 뚜렷하게 나타나고 있다.[3] DMB를 제외한 TV와 라디오 매체의 광고성장률을 보면, 2009년을 기해 온라인과 케이블방송 매체가 지상파방송을 추월했다. 특히 모바일 광고시장이 급성장하고 있어, 향후 스마트미디어 시장이 본격적으로 형성되면 지상파방송의 광고시장 경쟁력은 낙관적으로 보기 어렵다.

특히 신규 서비스의 등장으로 개인별 지상파방송 시청시간의 정체 현상은 더욱 심화되고 플랫폼 간 교차시청이 증가하고 있어, 향후 지상파방송의 광고 성장은 더욱 힘든 상황에 처할 것으로 보인다. 여기에 2011년 출범한 종편사들의 경영이 점차 안정세로 접어들면서 방송사업자 간 광고 수주 경쟁은 더욱 치열해질 전망이다.

매체별 광고 규모를 보면, 지상파방송이 2003년 2조 6000억 원대에서 2009년 1조 8000억 원대로 급락한 반면, 2003년 5000억 원 규모에 불과했던 케이블방송과 온라인 광고는 2005년 1조 원대를 돌파한 데 이어, 2011년에는 3조 원대를 돌파했다. 케이블방송과 온라인, 모바일 등의 광고시장은 광고주들의 의견을 종합할 때 앞으로도 지속적인 성장세를 보일 것으로 전망된다.

이와 함께 또 한 가지 주목할 점은 지상파방송 시청자 집단에서 30대 이하 젊은 층이 대폭 축소하고, 중장년층 위주로 시청자 층이 빠르게 노령화하면서 지상파TV의 광고효과가 축소되고 있다는 것이다. 이로써 지상파방송의 광고성장률이 영향을 받게 된다는 점을 주목할 필요가 있다.

---

3) 미래부가 2017년 1월 31일 발표한 '2016년 인터넷이용실태조사' 결과에 따르면, (만 3세 이상) 우리 국민의 88.3%(2015년 대비 3.2%p 상승)가 인터넷을 이용하고 있다. 가구 인터넷접속률은 99.2%(2015년 대비 0.4%p 상승)를 보이고 있고, ITU의 ICT발전지수 1위를 기록하고 있다. 스마트폰은 (만 6세 이상) 국민의 85%(2015년 대비 2.5%p 상승)가 보유 중이다.

〈그림 3-2〉 매체별 광고시장 점유율 변화 추이

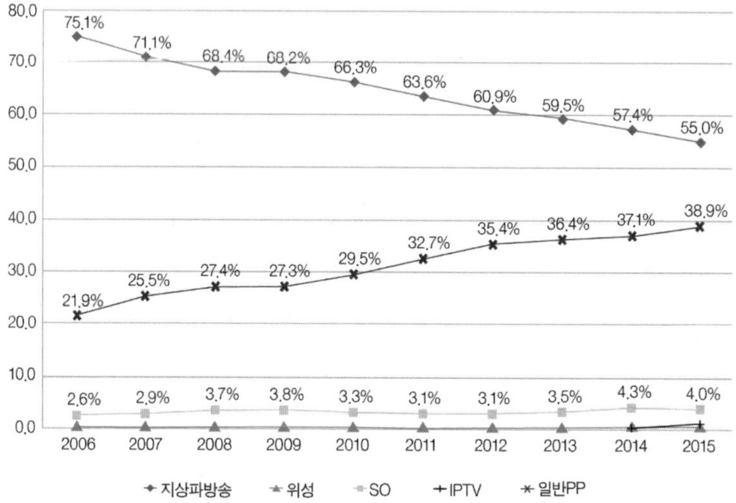

자료: 제일기획

특히 방송광고 시장이 25~49세의 소비세대에 타깃을 맞추고 있어 지상파방송 시청층의 노령화에 따른 광고 타깃 시청률 감소는 앞으로 중요한 변수가 될 전망이다. 지상파방송의 광고 수입 하락도가 심화될 경우, 수익 증대 차원에서 오락 장르의 콘텐츠 집중도가 높아질 수 있다. 이 과정에서 일부 교양 콘텐츠의 오락화 경향이 나타나고, 장르 파괴 현상이 심화될 수 있다. 사업자와 심의 규제 기관 간 콘텐츠 장르 구분과 관련한 갈등도 지속되는 상황이다.

이 같은 미디어 지형 전반의 변화는 지상파방송의 위상과 영향력에 타격을 주고 있다. 향후 방송미디어 시장은 기존 지상파방송 주도 질서에 스마트

〈표 3-2〉 2015~2017년 매체별 총광고비 현황 (단위: 억 원, %)

구분	매체	광고비			성장률(%)		구성비(%)	
		2015년	2016년	2017년(F)	2016년	2017년 (F)	2016년	2017년 (F)
방송	지상파TV	19,702	16,576	16,906	-15.9	2.0	15.2	15.1
	라디오	2,967	2,890	2,977	-2.6	3.0	2.7	2.7
	케이블/종편	17,768	18,655	18,581	5.0	-0.4	17.1	16.6
	IPTV	801	768	780	-4.1	1.6	0.7	0.7
	위성, DMB 등 기타	1,043	1,110	1,101	6.5	-0.8	1.0	1.0
	방송 계	42,281	39,999	40,345	-5.4	0.9	36.8	36.1
인쇄	신문	15,011	14,712	14,520	-2.0	-1.3	13.5	13.0
	잡지	4,167	3,780	3,662	-9.3	-3.1	3.5	3.3
	인쇄 계	19,178	18,492	18,182	-3.6	-1.7	17.0	16.3
디지털	PC	17,216	16,372	15,358	-4.9	-6.2	15.0	13.8
	모바일	12,802	17,453	21,493	36.3	23.1	16.0	19.3
	디지털 계	30,018	33,825	36,851	12.7	8.9	31.1	33.0
옥외	옥외	3,592	3,512	3,406	-2.2	-3.0	3.2	3.1
	극장	2,120	2,251	2,318	6.2	3.0	2.1	2.1
	교통	4,339	4,328	4,544	-0.3	5.0	4.0	4.1
	옥외 계	10,051	10,091	10,268	0.4	1.8	9.3	9.2
제작		5,742	6,425	6,005	11.9	-6.5	5.9	5.4
총계		107,270	108,831	111,651	1.5	2.6	100.0	100.0

자료: 제일기획

미디어 등이 가세하면서 사업자 간 경쟁구도가 더욱 치열하게 전개될 것으로 전망된다. 또한 이 과정에서 방송사, 통신사, 신문사, 대(大)자본 간의 치열한 각축전이 전개될 것으로 보인다.

살펴본 바와 같이 향후 지상파 광고는 더욱 어려움에 처하게 될 것으로 전망된다. 제일기획이 2017년 3월 7일 발표한 '2016년 국내 총 광고비 결산 및 2017년 전망' 자료에 따르면, 2016년 광고비[4] 집행 1위 매체는 케이블·

4) 제일기획 자료에 따르면, 2016년 국내 총 광고비는 10조 8831억 원으로, 전년 대비 1.5% 증

종편 방송이었다(전년보다 5% 성장해 1조 8655억 원을 기록함). 2위는 모바일 광고로 나타났다(전년보다 36.3%나 증가해 1조 7453억 원을 기록). 지상파의 경우(전년보다 15.9% 감소해 1조 6576억 원을 기록)는 1위에서 3위로 밀려났다. 2017년의 경우, 모바일 광고가 20%대 성장률로 2조 원대에 도달해 1위를 기록할 것으로 제일기획은 전망하고 있다. 모바일 광고의 지속적인 성장세는 동영상콘텐츠 수요 증가 등에 기인한 것으로 풀이된다.

한편, 정부는 지상파의 경영난을 고려해, 2015년 9월 21일 '방송법 시행령'을 개정한 바 있다. 시행령 개정으로 지상파에 방송광고총량제가 허용되고, 이명박 정부 시절 도입된 가상광고의 허용 범위가 확대되었다. 또 2016년 2월 24일 '협찬고지에 대한 규칙' 개정을 통해 협찬고지 내용 및 시간·횟수, 협찬 허용 상품 범위, 공공기관 협찬 유형 범위 등이 확대되기도 했다. 그럼에도 방송광고총량제 등의 효과가 미미하게 나타나는 관계로, 지상파의 경영난은 지속되는 상황이다. 이러한 상황에서 지상파는 중간광고가 배제된 총량제는 큰 의미가 없다면서, 지상파에 중간광고를 허용해줄 것을 요구하고 있다.

현재 공영방송, 지상파 상업방송, 종편, 일반 PP의 재원구조가 거의 비슷한 양상으로 나타나고 있다. 협찬, 기타 수익 증가 등으로 재원구조의 질이 점차 악화되고 있다고도 볼 수 있다. 바람직한 재원정책의 방향은 공적재원 비중 확대, 광고재원 재분배, 유료방송 이용료·프로그램 사용료 비중 확대 등으로 보인다. 공영방송은 수신료 중심으로, 지상파 상업방송과 종편은 광고 중심으로, 일반 유료PP는 가입료 중심으로 가는 것이 바람직하다는 것이다. 수신료 인상은 국내 방송시장 재원구조 정상화의 계기가 될 것이다. 수신료 인상 시

가에 그쳤다.

유료방송 이용료도 자연히 오를 것으로 예상된다. 수신료 인상으로 공영방송의 광고 비율이 일정 부분 축소되면, 방송광고시장 내 신(新)수요를 창출하게 될 것이다(강명현, 2016). 수신료 인상 정책은 국내 방송시장 재원구조 정상화의 중요한 계기가 될 수도 있다.

2. 지상파방송 구도 개편 논의

1) 이명박 정부

이명박 정부는 정권 초기부터 '지상파방송 구조개혁' 이슈를 제기했다. 논의의 중심 화두는 공영방송 KBS와 MBC의 개혁 문제였다. 이명박 정부는 인수위원회 백서 등을 통해 공영방송 구조개혁 이슈를 주요 방송 정책 기조로 삼고 있음을 천명했다. 실제로 2008년 이명박 정부 출범 이후부터 2009년 상반기까지 공영방송 구조개혁 논의가 상당히 포괄적으로 진행되었다. 2009년 하반기에 국회에서 신문·방송 겸영 허용을 골자로 한 미디어 관련법이 여당에 의해 단독 처리되고, 공영방송 사장(KBS 김인규 사장 2009년 11월, MBC 김재철 사장 2010년 3월 각각 취임) 교체 등의 변화들이 나타나면서, 지배구조 문제를 포함한 공영방송 구조개혁 논의는 수면 아래로 가라앉았다. 이후 공영방송 구조개혁 이슈는 대선이 있는 해인 2012년도에 들어서 MBC 민영화, 정수장학회 문제 등과 맞물리면서 잠시 재점화되는 양상을 보이긴 했으나 논의 자체에 동력은 없었다.

이명박 정부 5년 동안 제기되고 논의되었던 공영방송 지배구조 개선, 수신료·광고제도, 민영화 논란, 사장 자격론 등을 중심으로 살펴보자.

먼저 지배구조 문제다. KBS의 경우 현행 '방송법'상 사장은 이사회의 제청으로 대통령이 임명하는 구조이다. 이사회는 방통위가 추천하고 대통령이 임명하는 이사장을 포함한 이사 11인으로 구성되어 있다. KBS 이사를 추천하는 것은 방통위 위원들로, 전체 5인 중 위원장을 포함한 2인을 대통령이 지명하고, 나머지 3인에 대해서는 대통령이 소속되거나 소속되었던 정당의 교섭단체가 1인을, 그 외 교섭단체가 2인을 추천하는 등 국회가 추천권을 갖고 있다. 이는 정치적 중립성을 확보하기 어려울 뿐만 아니라 이사회가 제청하는 KBS 사장의 정치적 중립성 또한 담보하기 어려운 구조로, 이로 인해 사회적 논쟁이 지속되었다.

이런 배경에서 공영방송의 독립성과 자율성을 제고하는 차원에서 KBS 이사회 구성과 사장 선임 절차의 공정성과 객관성을 강화하는 것을 목적으로 한 지배구조 관련법 개정의 목소리가 대두되었다.

우선 2008년을 전후로 있었던 공영방송 구조개혁 논의를 살펴보면, 그 핵심은 KBS와 EBS 등을 하나로 묶는 '공영방송법 제정안' 건이었다. 이 논의는 제17대 국회인 2004년 11월 24일 당시 한나라당 박형준 의원이 대표 발의한 '국가기간방송법안'에 상당 부분 기초하고 있었다. 당시 박형준 의원이 대표 발의한 법안의 골자는 경영위원회(9인) 도입과 국회의 공영방송 예산 통제권 강화, 공영방송의 공적 재원 비율 확대 등이었다. 경영위원회의 경우, 위원 구성은 국회의장이 추천하고 대통령이 임명하는 방식으로 하고, 경영위원회에 공영방송 사장·부사장·감사 임명권 등을 주어 감독 권한을 강화할 수 있도록 했다. 이를 통해서 공영방송 지배구조의 공영성을 강화해나간다는 취지였다. 이러한 법안 내용에 대해 당시 논의 과정에서는 부정적 견해도 제기되었다. 무엇보다 국회 추천으로 경영위원회가 구성될 경우 정파성 요소가 내포될 수밖에 없다는 관점이었다. 이와 함께 당시 국회 문화체육관광방송통신위원회 내부에서는 '국가기간방송'의 개념과 범주가 불명확하다는 주장도 나왔다. 공영방송이 '상업적 공영'이라는 비판 속에서 나온 '국가기간방송법안'은 공영방송을 '관영적 공영'으로 묶을 수 있다는 비판에 직면하기도 했다.

박형준 의원의 법안 발의 내용 등에 기초해 이명박 정부 초기 공영방송 구조개혁 관련 논의가 진행되었다. 당시 비공식적 논의체에 참여했다고 주장하는 자문그룹 인사들의 발언을 종합해보면, 그 주요 방안은 '(가칭) 공영방송 경영위원회[5]를 상임위원 5명으로 구성하고, 여당에서 2명, 야당에서 2명, 대통령이 1명을 추천하는 방식으로 한다. 공영방송 경영위원회는 사장 선임권을 갖고, 수신료를 운영 재원으로 하는 KBS와 EBS에 대한 감독 권한을 행사한다. 공영방송의 광고 한도를 20%로 설정하는 방안을 검토한다. 수신료 인상 문제와 관련해, 경영위원회 산하에 독일식 재정수요조사위원회를 신설하는 방안을 검토한다' 등이었던 것으로 보인다. 이런 측면에서 본다면 당시 논의되었던 공영방송 구조개혁 논의의 기본 방향은 공영방송의 지배구조와 재원구조 변화에 있었던 것으로 해석된다.

이러한 방향에 기초해서 지난 제18대 국회에서는 여야 의원들로부터 여러 유형의 법안 발의가 있었다. 이계진, 정장선, 허원제 의원 등이 '방송법' 관련 개정 법안들을 발의했지만, 이 법안들은 회기 종료로 자동 폐기되었다. 2012년 6월 개원한 제19대 국회에 들어와서도 남경필, 배재정, 신경민, 최민

---

5) 공영방송 위원회 형식의 모델 논의 시 MBC의 범주화 문제가 늘 제기되어왔다. 논의의 핵심은 MBC가 상업적 재원에 의존하는 관계로 실질적인 공영방송으로 분류될 수 있느냐 하는 것이다. 이런 이유로 일각에서는 논의의 효율성을 담보하는 차원에서 MBC를 배제한 공영방송 위원회 형식을 주장하고 있다. 일례로 '방송공사위원회' 모델이 바로 그것이다. '방송공사위원회' 모델로 갈 경우, 그 대상은 자연스럽게 '한국방송공사'(KBS)와 '한국교육방송공사'(EBS)가 된다는 논리다.

희 의원 등이 공영방송 제도 관련 법 개정안을 국회에 제출했지만, 이 법안들 또한 제19대 국회 회기 만료로 자동 폐기되었다.

새누리당 남경필 의원이 2012년 6월 18일 제출한 '방송법 개정안'의 골자는 KBS 이사회의 정원을 12명으로 증원하고, 이사는 국회 교섭단체가 추천하는 사람과 사회 각 분야의 대표성을 고려하여 방송통신위원회가 추천하는 사람을 대통령이 임명하고, KBS 사장의 임명 제청은 이사회 재적 이사 2/3 이상의 찬성으로 의결하도록 하자는 것이다.

민주당 배재정 의원이 2012년 7월 31일 대표 발의한 '방송법 개정안'의 주요 내용은 KBS 이사회를 12인으로 구성하되, 이사는 전문성·지역성·대표성을 고려해 국회의 추천(여 6, 야 6)을 받아 대통령이 임명하도록 하는 것이다. 또 국회 문화체육관광방송통신위원회(이하 문방위)가 이사후보추천위원회(15인)를 운영, 3배수 범위에서 이사 후보자를 선정하자는 것이다. 이와 함께 KBS 사장은 이사회의 사장후보추천위원회(15인) 추천(3배수)과 이사회 제청(2/3 동의로 선출) 과정을 거쳐 대통령이 임명하도록 하자는 것이다.

민주당 신경민 의원이 2012년 8월 16일 대표 발의한 '방송법 개정안'에서는 KBS 이사회의 회의 공개와 속기록 작성·공개를 의무화하고 있다. 또 속기록 비공개가 필요할 경우에는 사유를 법률로 명시하도록 하자고 주장하고 있다.

민주당 최민희 의원이 2012년 9월 17일 대표 발의한 '방송법 개정안'은 KBS 이사회 구성을 15명으로 늘리고, 여·야가 각각 6명씩, 방송통신위원회가 나머지 3명을 추천하는 방식을 주장하고 있다. 방송통신위원회 추천에 대해서는 KBS 노동조합 등 사내구성원으로부터 2명을 추천받도록 하고 있다. 또한 이사의 자격 요건을 신설해 정당 당원 경력자, 공직선거 출마자, 대선캠프·인수위원회 참여 인사를 배제할 것을 주장하고 있다.

민주당 전병헌 의원이 2013년 1월 2일 대표 발의한 '방송법 개정안'은 '공영방송 3사(KBS·EBS·MBC방문진)의 이사회를 여당 추천 5명, 야당 추천 5명, 노사합의 2명 등 12명으로 구성하자. 사장 선임은 이사회 재적 3분의 2의 찬성(특별다수제)으로 하자. 노사합의로 편성규약을 제정하자. 편성위원회와 조정위원회를 설치해 이 위원회의 의결 사항 불이행 시 5000만원 이하의 벌금을 징수하는 등 편성의 독립성을 보장하자' 등이었다.

전체적으로 볼 때 KBS 이사회 구성 원칙의 개선, 사장 임명 제청 과정에서의 재적 이사 2/3 이상 찬성 등 이사회 의사결정 과정의 특별다수제 도입, 이사회 회의 운영 방식의 투명성 제고 등 공영방송 거버넌스 전반의 정파성을 배제하고 전문성 및 대표성을 강화하자는 것이 기본 골자다. 이러한 요소들은 향후 KBS 이사회 제도 운영 과정에서의 사회적 신뢰를 담보하는 데 중요한 방향타가 될 것으로 보인다. 특히 이사회가 일방적 정파성 구조에 집착해 운영될 경우, 법적으로 보장된 자신들의 위상과 권위를 스스로 떨어뜨리는 상황이 반복될 수밖에 없다는 점에 주의할 필요가 있다.

한편 이러한 입법부의 동향에 대해 사회적으로 냉소적인 시각도 존재한다. 현실 정치의 역학관계상 여·야 정치권이 얼마나 진정성을 가지고 자신들의 기득권과 이해관계를 포기하면서까지 공영방송 지배구조 개선 논의에 실질적으로 임하게 될지 지켜볼 일이라는 것이다.

공영방송 이사회는 여권의 추천인사가 과반을 점하고 있어 사장 선임 방식의 불공정성·정파성 시비가 지속되어온 것이 사실이다. 이러한 문제 인식하에서 공영방송 사장 임명제청 조건을 2/3, 3/4, 3/5 등 '특별다수제'로 전환하자는 주장이 제기되었다. 덧붙여서 공영방송사 임원 자격도 정치권에 몸담았던 인사를 배제하는 등 요건을 강화해야 한다는 의견들이 지속적으로 제기되었다. KBS의 경우 1973년 공사 체제로의 전환 이후 상당 기간 동안 여야의 권력 지형이 뒤바뀌는 상황에서 정파성·불공정성 시비에 휘말려왔다. 이로써 사회적 갈등을 중재해야 할 공영방송이 사회적 갈등의 당사자가 되기도 했다. 이러한 구조적 현실 속에서 제도냐 운영이냐의 논란이 있을 수는 있지만, 공영방송의 법과 제도의 개선이 필요하다는 시각이 상당수 존재하는 것도 현실이다. 공영방송 사장 선임에 야당의 최소한의 동의 없이는 임명될 수 없도록 하자는 이사회의 사장 추천 과정에서의 특별다수제 도입도 쟁점이 되었다.

다음은 수신료·광고 등 재원 정책 기조를 보자. 공영방송의 재원 정책 측면에서는 수신료 현실화가 최대 화두였다. 제17대, 18대 국회에서 수신료 인상안이 제출되고 사회적 논의가 진행되었다. 하지만 이는 공영방송의 정파성·불공정성, 비효율성 시비 등으로 연이어 좌초되었다. 이로써 공영방송 수신료는 1981년 이후 동결되어 있는 상태로 남았다. 수신료 인상 노력이 반복적으로 실패함으로써 독일식 수신료산정위원회(공영방송 재정수요 조사를 목적으로 설립된 독립기구) 도입 등이 하나의 대안으로 대두되었다. 적정한 수신료 인상 금액을 제3의 기구에서 산정하도록 함으로써 수신료 인상 논의의 객관성과 투명성을 제고해야 한다는 것이다. 이러한 기구 신설에 대한 요구는 학계, 시민사회단체, 정치권 일각 등에서 지속적으로 제기되어왔다. 반면에 방송사 내부에서는 외부기관의 경영 간섭으로 인한 방송의 독립성 침해 위험성을 우려해 신중한 입장이다. 이와 함께 중장기적으로는 영국 BBC가 적용하고 있는 '물가연동제'(수신료를 물가인상률에 맞춰 올려나가는 제도)를 검토할 필요가 있다는 의견도 있다.

광고 문제와 관련해서 한나라당 허원제 의원은 2008년 11월 5일 국회 본회의 대정부질문을 통해 '국가기간방송법(안)' 제정을 촉구하면서, '수신료 인상을 통해 KBS2TV의 연간 6000억 원 규모의 광고를 일반시장으로 내줘야 한다'라고 주장했다. 그는 이를 통해 IPTV 등 여타 매체의 광고 재원을 안정적으로 확보해줘야 한다는 관점을 피력했다. 광고 수입은 시청률 경쟁이나 프로그램의 상업화를 유발할 수 있으며, 광고주의 영향력 증대 측면에서 문제가 될 수 있다. 그런 점에서 광고 수입의 한계를 설정하는 것은 필요할 수 있다. 하지만 수신료 현실화에 대한 구체적 청사진 없이 단순히 광고재원 축소만을 추진하는 것은 공영방송의 경쟁력을 현저히 위축시킬 것이라는 게 대체적인 의견이었다. 따라서 공영방송 재원 정책의 방향은 수신료 수입을 주 재원으로 하고 광고 수입을 보조 재원으로 하는 수신료와 광고 수입의 결합이 가장 이상적인 구조라 하겠다. 재원 정책과 관련하여 일각에서는 공영방송은 수신료 중심으로, 민영방송은 광고 중심으로, 유료매체는 가입비 중심으로 가는 것이 전체적인 틀에서 바람직하다는 의견도 내놓았다.

다음은 민영화 논란이다. 이명박 정부 5년 동안 일부 공영방송 채널의 민영화 주장도 지속적으로 제기되었다. 그럼에도 공영방송의 민영화 쟁점은 사회적 파장이 크고 논의 규모 또한 광범위해서 실체적 논의가 어려운 측면이 있었다. 이명박 정부는 대선 과정에서부터 줄곧 KBS2TV와 MBC 등의 정체성과 효율성을 문제시하면서, 새로운 '일공영·다민영' 체제의 지상파방송 구조개혁의 필요성을 강조해왔다. 이러한 논의의 연장선상에서 정치권 일각에서는 KBS2TV와 MBC의 민영화를 생각했던 것으로 보인다. KBS2TV의 민영화 논란은 채널의 정체성 약화에서 기인하는 측면이 큰데, 이는 재원 문제와 연결되어 있다. 즉, KBS의 재원구조가 광고재원을 주 재원으로 하는 상황에서는 KBS2TV의 채널 정체성에 대한 의문은 불가피한 측면이 있다는 것이다. 그러나 공영방송의 민영화 논의가 이에 대한 옳은 해법은 아니라고 생각된다. 공영방송의 개혁은 방송의 공적 가치를 확대하는 방향으로 가는 것이 더 바람직하다고 보기 때문이다. 공영방송 민영화 논의는 사회적 공론장을 훼손하는 행위라는 의견이 제기될 수 있다. 1987년 프랑스의 TF1 민영화도 정치적 이유에서 출발했지만, 지금은 방송의 상업화를 가속화시켰다는 비난을 받고 있다. KBS2TV 등 정체성에 논란이 있는 공영방송에 대한 정책 검토는 재원구조의 건전성을 강화하는 방향으로 유도하는 것이 필요하다. 공영방송의 민영화 논란은 기득권 층의 시각을 대변하는 것으로, 민영화를 통해 권력 비판적 프로그램들을 제어하기 위한 목적이 내재되어 있다는 시각도 있다(강형철, 2012a). 방송구조개혁 논의 과정에서 일부 공영방송 채널의 민영화 이슈는 계속해서 잠복 중인 상황으로 이해된다.

다음은 공영방송 사장 자격에 관한 논란이다. 공영방송의 정파성 논란과 관련해 공영방송 사장의 인물론도 이명박 정부 5년 동안 단골 메뉴로 등장했다. 여러 유형의 자격 요건, 결격사유 등과 관련한 법안 발의가 있었고, 이에 기초해 사회적 논의가 이어졌다. 전체적인 흐름은 한국적인 현실에서 공영방송이 제 기능을 하려면, 공영방송 사장·이사 선임 방식의 개선이 필요하고, 이를 통해 정치 중립적인 인물이 임명되어야 한다는 것이다. 이에 따라 사장후보추천위원회와 특별다수제 도입이 필요하고, 결격사유 등 자격 조건을 구체화하자는 주장들이 제기되었다. 사장후보추천위원회와 관련해, 2009년 9월 14일 당시 한나라당 이계진 의원은 '방송법 개정안'을 발의한 바 있다. 개정안의 골자는 '이사회 대신 (15~20명의) 사장후보추천위원회 구성·운영을 통해 정치 중립적으로 KBS 사장을 선출하자'는 것이었다. 법 절차적인 면에서는 법안 제50조의 3에 사장후보추천위원회 구성 규정을 신설하고, 내용 면에서는 이사회(1명), 방통위(1명), 노조(1명), 여야 정치권(각각 2명) 등에서 추천한 인물로 위원회를 구성하고 위원 추천권은 방송·언론, 교육, 문화, 종교, 법률, 인권, 복지, 시청자 단체 등에 부여하는 것이었다.

또한 특별다수제 도입은 과반 제도에서보다 정치성, 정파성을 배제하는 데 더 용이할 수 있다고 본다. 물론 이 구조에서도 이사회 내 합의정신 부재로 해외 공영방송사에서도 종종 발생하는 사장 선임 과정의 진통 및 논의 장기화, 사장 장기 공백 사태가 발생할 가능성은 배제할 수 없다.

결격사유 문제와 관련해서 새누리당 남경필 의원은 2012년 6월 18일 '방송법 개정안'을 발의한 바 있다. 이 법안에서 남경필 의원은 공영방송 임원 자격과 관련하여 결격사유를 명시하고 있다. 요지는 대선 캠프에 참여한 인사는 공영방송 사장이 될 수 없도록 하는 것이었다. 정치권의 낙하산 인사를 막자는 것이었다. 구체적으로 당원 및 당적을 이탈한 날로부터 3년이 지나지 않은 사람, 공직선거에 의해 취임하는 공직에서 퇴임한 날로부터 3년이 지나지 않은 사람, 대통령선거에서 후보자의 당선을 위해 방송·통신·법률·경영 등에 대해 자문·고문 역할을 한 사람 등을 공영방송 사장의 결격사유로 규정했다. 발의 배경으로 남 의원은 '낙하산·측근 인사로 국민이 방송과 정권에 등을 돌리고 있다. 정권의 낙하산 인사와 이로 인한 공정성 문제가 시급히 해결되어야 한다'라고 주장했다.

민주당 배재정 의원도 2012년 7월 31일 '방송법 개정안' 발의를 통해, 사장 결격사유로 대통령 선거에서 후보자의 당선을 위해 방송·통신·법률·경영 등에 대해 자문이나 고문 등의 활동을 한 자, 대통령직 인수위원회의 위원장·부위원장·위원이었던 자 등을 명시한 바 있다.

2) 박근혜 정부

박근혜 정부가 들어선 이후 KBS·MBC 구조개혁 등 지상파 구도 개편 논의가 집중적으로 부각되는 양상은 아니었다. 김서중 성공회대 교수는 박근혜 정부에서 지상파방송 구도 개편 논의가 활발히 이뤄지지 않았던 이유를 다음과 같이 설명한다. "박근혜 정부는 미디어 정책에 대한 뚜렷한 원칙과 철학이 드러나지 않아 현안 해결을 위한 논쟁도 없다. 이명박 정권의 틀을 그대로 활용해 유야무야 시간을 끄는 전략을 택할 것이다"(≪한겨레신문≫, 2013.6.6).

한편, 다른 일각에서는 박근혜 정부가 미디어 정책에 있어 이명박 정부에 비해 소극적이었던 이유를 박근혜 대통령이 여전히 정수장학회(MBC지분 30% 보유) 문제로부터 자유롭기 못하기 때문이라는 주장을 편다. 즉, 정수장학회 논란이 완전히 가라앉지 않은 상황에서 박근혜 정부가 방송정책 이슈가 여론에 부각되고 이슈화되는 것에 부담을 느끼고, 큰 잡음 없이 기존의 미디어 정책을 유지하는 전략을 취했다는 관점이다.

그럼에도 공영방송 지배구조 등 지상파방송 정책 이슈는 박근혜 정부 4년 동안 정치권과 시민단체, 학계 등을 중심으로 끊임없이 제기되고 논의되었다. 지배구조 관련 논의가 사회적으로 지속되었다는 것은 정치사회 세력들 간 지상파방송을 바라보는 시선의 간극이 컸다는 것을 의미한다고 하겠다. 아울러, 지상파방송 내부 종사자들의 방송 독립성과 취재제작 자율성을 요구하는 목소리는 쉼 없이 지속되었다.

박근혜 정부에서 지상파 방송과 관련한 정치권의 움직임을 보면, 야당 등 정치권의 공영방송 지배구조 개선 요구는 강력했다.[6] 더불어민주당은 2016년 6월 1일 당내에 '공정언론특별위원회'(공정언론특위)를 설치하고 그 해 연말까지 운영했다. 공정언론특위는 공영언론 지배구조 개선을 당론으로 채택하고, 국회 처리를 위해 노력했으나 뜻을 이루지 못하고 활동을 마쳤다.

---

6) 국회 입법조사처가 2017년 3월 2일 주최한 '언론개혁의 방향과 입법과제' 세미나에서 윤석민 서울대 교수는 '한국사회 헤게모니 싸움의 응축물이 공영방송 이슈다. 제도로만 풀 수 없다고 본다. 총체적 점검과 논의가 수반되어야 한다'고 주장한다.

공정언론특위와 언론개혁시민연대 등이 2016년 7월 14일 주최한 '민주적 여론 형성을 위한 법제도 개선 사항' 관련 토론회에서 김성수 의원은 발제에서, 공영방송 이사 국회 추천(여당 7인, 야당 6인), 사장추천위원회 구성·운영, 사장후보 제청 시 이사회 특별다수제 도입, 사업자와 종사자가 5 : 5 구조를 이루는 편성위원회(편성규약 제·개정권 보유) 구성·운영, 이사회 회의록 공개 등을 제안했다. 이날 세미나에서 참석한 변재일 더불어민주당 정책위 의장은 '통상 야당은 국정원, 검찰, 공영방송을 공격한다. 그런데 정권이 바뀌면 이 기관들을 옹호하고 전리품으로 활용하고자 한다. (이런 면들을 고려할 때) 차기 정권 창출 구도가 불분명한 상황인 지금이 지배구조 개선의 적기다'라는 주장을 폈다.

공정언론특위 등의 토론회 일주일 뒤인 2016년 7월 21일 박홍근 의원 등 162명의 의원들은 '방송법 개정안'·'방송문화진흥회법 개정안'·'한국교육방송공사법 개정안'을 발의했다. 개정안들의 골자는 일주일 전 김성수 의원의 발제 안과 흡사한 것으로, '공영방송 이사 수를 11명에서 13명으로 늘리고, 국회에서 여야가 7 대 6의 비율로 추천하자. 이사회의 사장 임면제청 시 재적이사 3분의 2 이상의 특별다수제를 도입하자. 사업자와 종사자를 5 대 5의 동수로 편성위원회를 구성해 운영하자'는 것 등이었다.

이후 이러한 개정안 내용과 관련해 여러 유형의 발언과 주장들이 나왔다. 2016년 7월 13일 국민의 당이 주최한 '언론의 정치적 종속과 그 대안은?' 정책토론회에서 성재호 KBS본부노조 위원장은 '국회에서 여야가 7 대 6 비율로 추천하는 방식과 관련해 우려가 있다. 이는 KBS에 대해 국회가 국정감사, 결산, 청문회와 함께 이사 추천권까지 갖게 되는 형식이다.[7] 국회의 권

---

7) 공영방송 KBS는 최고의사결정기구인 KBS이사회 외에도 '방송법', '감사원법', '국회법' 등에

한 강화 시 KBS가 정상적 상황으로 돌아왔을 때, 국회에 대한 KBS의 보도가 어려움을 더 겪게 될 수도 있다. 국회의 권한 강화 시 여야 간 7 대 7 등 동수 구조가 (7 대 4, 7 대 6보다) 훨씬 낫다고 본다. 객관적 보도가 더 용이하다는 것이다'라고 주장했다.

주호영 바른정당 원내대표는 2017년 1월 11일 한국PD연합회 등의 방문을 받는 자리에서 '공영방송 이사 구성 시 여야 추천을 7 대 6으로 하는 것은 기존의 불균형을 완화하는 효과는 있겠지만, '여야'가 들어가는 구조는 정치 이슈화가 불가피하다. 특별다수제 제도는 극단을 막을 수 있다는 장점은 있지만, 어느 한편도 자신이 원하는 사람을 뽑지 못할 수 있고, 책임경영도 어려워지는 문제가 있을 수 있다'는 관점을 피력했다(≪PD저널≫, 2017.1.11).

우상호 더불어민주당 원내대표는 2017년 1월 12일 국회 공정언론실현특별위원회가 '박근혜-최순실 게이트와 방송 공공성의 확보 방안'을 주제로 개최한 토론회 인사말에서 '영국의 경우, 공영방송 지배구조 구성에 정치권이 관여는 하지만, 임명과 동시에 자율적으로 간다고 해외 출장에서 들었다. 7 대 4, 7 대 6, 어찌 보면 사실 다 무망하다고 본다. 여야 구분 없이, 진보 보수 구분 없이 권력의 속성인 방송 장악 유혹을 차단하는 방법이 핵심이라고 본다'고 말했다.

국회 미래창조과학방송통신위원회가 2017년 1월 18일 개최한 '방송법 개정안' 공청회에 참석한 진술인들의 견해도 갈렸다. 강상현 연세대학교 교수는 '공영방송 제도가 사회적 비난에 봉착한 상황이다. 공영방송의 시청점유

따라 방통위, 감사원, 국회 등으로부터 직·간접적 통제를 받는 다층적 지배구조하에 있다. 이에 대해 일각에서는 이러한 구조가 공영방송의 독립성과 자율성 담보 차원에서 과하다는 주장을 한다. 공영방송에 대한 규제·감독 방식은 권력의 영향력 구조를 최소화하고, 대신 공적 재원을 부담하는 국민들의 방송에 대한 감독권한을 강화해나가야 한다는 관점이다.

율이 급격히 하락하고, 전문가 집단의 '질적' 평가도 부정적으로 바뀌는 상황에서 대통령의 공영방송 사장 인사권 등 지배구조 개선의 필요성이 대두된다'고 주장했다. 최진봉 성공회대학교 교수도 '공영방송 사장 선임 방식의 정치적 중립성 담보 장치가 필요하다면서, 이사회 구성상 7 대 4나 6 대 3 구조[8]보다는 7 대 6 방식이 '균형성'을 제고한다는 차원에서 기여도가 높을 것'이라고 말했다. 반면, 이창근 광운대학교 명예교수는 '법 개정을 성급하게 논의하기 보다는 통치제도 변화 등을 고려해 큰 틀에서 접근하는 것이 필요하다면서, 미시적 조정보다는 공영방송 지배구조에 개입하는 정치 제도 전반에 대한 성찰과 함께 포괄적으로 접근할 필요가 있다'고 주장했다. 또, '2000년 '통합방송법' 제정처럼, 전체적인 그림을 그리는 작업이 필요하고, 경영진과 종사자 외, 국민 주권 등이 함께 고려되는 구조가 바람직하다'고 말했다. 또 국회가 공영방송 이사 13명을 모두 추천하는 방식[9]과 관련해서는 '견제와 균형이라는 측면을 고려할 때, 재고될 필요가 있다'고 주장했다. 한편, 지성우 성균관대학교 교수는 '공영방송 이사 수를 늘리는 것은 문제가 없다고 보나, 13인 전원을 국회가 추천하는 것은 이사회가 '미니(mini) 국회'가 될 가능성이 있다'고 주장했다. 또 '국회가 공영방송 이사 추천권을 독점할 경우, 공영방송의 국회 감독 기능이 위축될 수 있다'고 지적했다. 편성위

---

8) 공영방송 이사회 구성과 관련해 현행 방송법과 방송문화진흥회법에는 KBS이사 11명, MBC 이사 9명 등 인원만 명시돼 있을 뿐, 여야 추천 비율과 관련해서는 어떤 규정도 없는 상황이다.

9) 2000년 김대중 정부 당시 통합방송법이 제정되고 방송위원회(방송통신위원회의 전신)를 합의제 행정기구로 독립시키면서, 국회가 관장하던 KBS·MBC 이사 선임권이 방송위원회가 추천권 등을 행사하는 형식으로 바뀌었다. 당시 방송위원회 위원은 대통령(3인)과 국회의장(교섭단체 협의 3인, 문화관광위원회 3인)이 추천해 대통령이 임명했다.

원회 제도와 관련해서 지 교수는 '경영책임이 누구에게 있는가의 문제를 유발할 것'이라면서, '노사갈등 관계는 노동법으로 해결하는 게 바람직하다'고 말했다. 또 지 교수는 편성위원회 제도 도입 시, '편성 자체가 어렵게 되거나, 상시적 파업 위험성 등이 있다'면서, '편성규약이 존재하는 독일도 경영권은 사측에 있는 현실이다'라고 주장했다. 한편, 이날 국회 미래창조과학방송통신위원회 신상진 위원장은 '인적 규모가 상대적으로 큰 독일 공영방송의 지배구조에 관심이 간다'면서, '다수 인사가 참여하는 이사회가 운영될 경우, 관리의 어려움은 있겠지만 다양성을 많이 섞으면 지배구조의 정치성을 감소시키는 효과가 있지 않겠느냐'는 의견을 피력했다.

한편, 김동민 한양대 겸임교수는 ≪한국일보≫ 2014년 6월 3일 자 "KBS 사태의 본질을 생각한다" 기고문에서 특별다수제 제도와 관련하여 공영방송의 독립성과 자율성은 "편협한 전문성을 앞세운 언론학의 논리로는 답이 나오지 않는다. 이 문제는 정치의 영역이다. 자잘한 제도의 형식적인 변화로 근본을 바로 잡는 것은 어불성설이다. 제도보다는 운영이 중요하다…따라서 본질은 정부의 의지에 있지, 특별다수제 따위의 제도에 있지 않은 것이다"라고 주장하기도 했다.

≪조선일보≫는 2014년 6월 6일 자 "KBS 사장만 해임한다고 공영방송이 바로 서겠는가" 사설에서 "KBS를 공영방송으로 유지하고 싶다면 정치권이 사장 임명을 좌지우지하고 편집과 보도에 개입하려는 풍토를 바로잡아야 한다. 지금 여당이든 야당이든 공영방송 사장을 집권 전리품으로 여기거나 자기 영향력 아래 두려는 사고방식부터 버려야 한다. 사장 선임 방식이 우리와 그리 다르지 않은 영국 BBC가 모범적 공영방송이 된 것은 정치권이 뽑은 사장이 정치로부터 독립해 중심을 잡아온 덕분이다. KBS 사장이나 임원·간부 자리를 노리는 사람들도 정치권에 줄을 대려는 생각을 아예 지워야 한다. 정

치적 중립을 지킬 수 있고 경영 능력이 있는 인사를 KBS 사장에 앉히는 것이 공영방송을 바로 세우는 첫걸음이다"라고 주장한 바 있다.

현실적으로, 공영방송 지배구조 논란의 본질적 문제는 공영방송 사장 선임 방식으로 귀결된다는 관점이 다수다. 공영방송 제도에 "임명의 빚을 중심으로 한 후견주의(Clientelism)의 관례가 실질적 제도로 기능"하고 있다는 것이다(강형철, 2012a).

공영방송의 인물론과 관련해 양성희 ≪중앙일보≫ 기자는 2008년 2월 16일 자 칼럼을 통해 공영방송의 사장은 '정치논리에서 벗어나 미디어 환경변화를 견인할 수 있는 사회적 명망가, 어른의 자리'여야 한다는 주장을 펴기도 했다.

공영방송에 대한 정치권의 이해관계는 여야 구분이 어려운 상황이다. 다시 말해 여권은 사장 선임제도 등을 통해서 공영방송 지배구조에 나름대로 영향력을 행사하고자 했던 것이 지금까지의 현실이었다. 야권 또한 국회 결산, 국정감사 등을 통해 공영방송의 문제점들을 정쟁화, 또는 사회적으로 이슈화하려 한 측면이 있어왔다. 보수와 진보를 표방하는 시민사회단체도 정치권과 비슷한 프레임을 보여준 측면이 있다. 수신료 문제가 대표적인 사례일 것이다. 이런 면에서 볼 때 정치권과 시민사회 등의 공영방송 제도에 대한 진정한 성찰 없이는 공영방송 제도 개선 작업은 요원할 수도 있다. 문재완 외국어대학교 교수는 '거의 모든 언론과 시민단체가 정파적 경향을 보이고 있는 현실을 고려하면, 외형상으로 정치적 중립성을 표방하는 인물을 선정하는 방식의 제도 개선은 한계가 있다. 이런 면에서 공영방송의 의사결정 구조를 숙의 및 투명성 제고로 전환하는 것이 중요하다'라는 의견을 폈다(문재완, 2012).

이창근 광운대 명예교수는 "각 국의 방송의 문화는 상당 부분 그 나라의 정치문화적 수준이나 시민사회의 민도와 맥을 같이 한다고 본다"면서, 다음과 같은 주장을 한다.

> 그럼에도 시민들의 정치의식이 현저히 높아져가고 있는 작금의 한국사회 현실에서 수십 년 째 크게 나아가지 못하고 있는 공영방송의 지배구조와 운영구조의 법제적 개선에 대한 사회적 인식 수준과 구조 개선에 대한 정치권 등의 관철 의지는 중요한 요소다. 또한 공영방송 종사자들의 사회와 국민에 대한 책무(accountability)의식, 섬김의 자세도 중요한 요소다. 제도가 모든 문제의 해결책이 될 수는 없지만 법제를 마련해 준수하다 보면 행동이 변하고 정신도 변화하게 될 것이다. 미디어는 정당 서비스(party service)가 아니라 공공 서비스(public service)에 충실해야 한다(이창근, 2015).

'뉴스타파' 토크프로그램 〈뉴스포차〉(2017년 1월 25일 방송분)에 출연한 노종면 YTN 해직기자는 '종편 부상 이후 공영방송 무용론'과 관련해, 'JTBC가 잘하니까, 이미 여러 대안 매체가 있으니까, 공영방송이 필요 없다고 생각하는 건 잘못된 것'이라면서, '좋은 게 하나일 때보다 두 개일 때가 좋다. 두 개보다 서너 개가 더 좋다. JTBC보다 좋은 방송을 할 언론사를 늘려가는 것이 바람직하다'는 견해를 피력했다. 또 '확률적으로 사주가 있는 언론사에 기대하는 것이 나을까, 아니면 시민이 주인인 언론사에 기대하는 게 나을까'라고 물으면서, 'KBS와 MBC는 우리(시민)의 것인데 왜 망가져도 된다고 그럴까. 다시 되돌려서 제대로 써먹어야 한다'고 주장했다. '공영방송이 과연 예전으로 돌아갈 수 있을까'라는 질문에 노종면 해직기자는 '그런 생각도 채찍질을 하는 방법 중 하나인 것 같다. '너희 없어도 돼' 이런 말은 정말 버리겠다는 게 아니라 '조금 더 힘을 내달라'는 뜻이라고 생각한다'고 답했다(≪미디어오늘≫, 2017.1.29).

한국 사회에서 공영방송 제도에 대한 다양한 '애증'의 의견들이 있는 가운데, 공영방송의 가치 구현에 있어 결국 중요한 것은 공영방송 내부 종사자들의 자세와 의지라고 할 수 있다.

한편, 박근혜 정부 4년 동안 이명박 정부에서 제기되었던 MBC와 KBS 2TV의 민영화 이슈는 부각되지 않았다. 지상파 재원 정책과 관련해서는 공영방송 수신료 제도가 계속 동결되었다. 다만 광고 정책 측면에서는 지상파 방송에 광고총량제가 허용되고, 가상·간접 광고 허용 범위가 확대되었다. 지상파방송사들이 꾸준히 요구해온 중간광고는 허용되지 않았다.

3. KBS

1) 이명박 정부

국내 지상파방송과 공영방송 관련 논의에서 KBS는 지난 이명박 정권하에서 중심적 의제였다. 이명박 정부 시절 KBS를 둘러싼 주요 정책 이슈들은 사장 선임 문제, 수신료 현실화 문제, 다채널서비스 등으로 압축될 수 있다.

먼저 사장 선임 이슈를 살펴보자. 이명박 정부하에서 정연주, 이병순, 김인규 등이 KBS 사장을 역임했다. 이들은 모두 취임·퇴임 과정에서 사회적 논란의 중심에 섰다. 노무현 정부가 들어선 후 박권상 사장이 물러나고, 2003년 6월 신문기자 출신 정연주가 KBS 사장으로 임명되어 취임했다. 이후 5년여의 시간이 흐르고 이명박 정부가 들어선 2008년, 정연주 사장 거취 문제가 쟁점이 되었다.

2005년 정연주 사장은 KBS가 국세청을 상대로 벌여온 법인세 부과 취소 소송에서 승소가 예상된다는 의견이 있었음에도, 법원의 '조정 권고'를 수용, 500여 억 원을 환급받고 소송을 취하한 바 있다. 2008년 감사원은 '부실경영'을 이유로 정연주 사장의 해임을 요구했다. KBS 이사회는 감사원의 의견을 수용, 정연주 사장의 해임을 결의했다. 그해 검찰은 정연주 사장이 경영 적자를 충당하기 위해 2005년 국세청과의 소송을 포기해 KBS에 1800여 억 원의 손실을 끼친 혐의('특정경제범죄 가중처벌 등에 관한 법률'상 배임)로 그를 불구속 기소했다. 2012년 대법원은 정연주 사장의 '배임 혐의'에 대해 무죄 판결을 내렸다. 당시 재판부는 "정 전 사장이 사적 이익을 위해 공사의 이익에 반하는 불합리한 내용의 조정안을 제시하면서까지 무리하게 조정을 추진함으로써 KBS에 재산상 손해를 끼쳤다고 할 만한 증거가 없다"라고 판시했다. 2008년을 전후로 정연주 사장 해임을 둘러싸고 전개되었던 한국 사회 내 논쟁은 한국 공영방송사에서 가장 뜨겁고 첨예한 사안 중의 하나였다.

정연주 사장의 뒤를 이어 이병순 사장이 2008년 8월 27일 취임했다. 이병순 사장은 취임사에서 다음과 같이 말했다.

> KBS는 오랜 염원 한 가지를 이뤘습니다. KBS가 공영방송으로 출범한 지 35년 만에 첫 내부 출신 사장 시대가 열린 것입니다. KBS에서 가장 시급한 과제는 바로 '방송의 공정성과 중립성을 확립'하는 것입니다. … KBS의 독립성 확보에 최선을 다하겠습니다. KBS의 독립은 정치권력으로부터 독립, 자본으로부터의 독립, 그리고 사회 이익집단으로부터의 독립과 자율을 의미합니다.

이병순 사장은 전임자인 정연주 사장의 잔여 임기를 채우고, 연임에 성공하지 못하고 퇴임했다. 이병순 사장은 수익구조 개선을 위해 월별 수지동향 점검회의 등을 개최하면서 경영 개선을 위한 열의를 보였으나 그의 업적에 대한 평가는 우호적이지만은 않았다. 대표적인 쟁점은 프로그램 공정성 시비였다. 당시 자정시간대에 광고판매율과 고정 시청층 확보 등의 면에서 일정 부분 호평을 받았던 〈시사 투나잇〉 폐지, 그리고 보수 언론에 비우호적이라는 평가를 받기도 했던 〈미디어 포커스〉 개편 등에 대한 비판이 제기되기도 했다.

이병순 사장 후임으로 김인규 사장이 2009년 11월 24일 취임했다. 김인규 사장은 이명박 대통령 임기 동안 KBS 사장직에 3년간 재직함으로써 이명박 정부의 간판 KBS 사장이라 할 수 있다. 김인규 사장은 취임사에서 수신료 현실화와 다채널 서비스 도입을 우선 과제로 강조했다.

> 먼저 최대 과제가 수신료 현실화입니다. 여러분도 잘 알다시피 지금의 수신료는 29년째 2500원으로 묶여 있습니다. 그런데 수신료를 인상하기 위해서는 우리가 먼저 해야 할 일이 있습니다. 무엇보다 우리 KBS가 수신료의 가치를 실현하는 KBS가 되어야 합니다. 국민들이 수신료를 내고 싶은 KBS로 만들어나가야 합니다. 이를 위해 저는 무료 지상파 디지털 TV 플랫폼을 구축하려고 합니다.

김인규 사장 재직 기간 핵심적 정책 사안은 수신료 현실화와 코리아뷰 사업 등으로 압축된다.

수신료 현실화는 제17대 국회와 제18대 국회에서 연이어 실패했다. 제18대 국회에서는 수신료 인상에 대한 여야 합의가 도출되는 듯했으나 끝내 무산되고 말았다. 수신료 인상 노력이 실패한 데는 방송의 불공정성과 경영의 비효율성에 대한 시비가 가장 큰 이유였던 것으로 보인다.

이 밖에도 KBS 이사회가 수신료 인상 금액의 산정권을 갖는 제도에 대한 시비가 이어졌고, 이러한 KBS 이사회 중심의 수신료 산정 방식은 수신료 인상안의 부정적 여론 형성에 일조했다는 의견들이 있다. 이와 관련해서 이명박 정부 시절 3년간 KBS 사장으로 재직한 김인규 전 사장도 자신의 임기 중에 독립적 수신료 산정기구 신설의 필요성을 두어 차례 언급한 바 있다.

새누리당 이병석 의원은 2012년 3월 5일 '방송법 개정안'을 대표 발의한 바 있다. 이 법안에서 이병석 의원은 방송법 제65조 중 "이사회가 심의·의결한 후 방송통신위원회를 거쳐 국회의 승인"을 "수신료산정위원회가 심의·의결한 후 국회의 승인"으로 할 것을 제안했고, 제65조의 1(수신료산정위원회의 구성 및 운영)을 신설해, 수신료산정위원회의 구성 및 운영에 관하여 필요한 사항은 대통령령으로 정하자고 제안한 바 있다. 지금까지 국내에서 이루어진 수신료 산정기구 논의는 독일의 재정수요조사위원회(Kommission zur Ermittlung des Finanzbedarfs, KEF) 모델에 상당 부분 기초하고 있다.

수신료산정위원회 제도 도입은 현행 방송법이 수신료 현실화 논의 과정에서 수신료 결정의 근거 법률로서 심각한 한계를 보이고 있다는 데 사회 전반의 인식이 모인다면, 수신료 인상 논의에 하나의 해법이 될 수도 있다. 하지만 동시에 몇 가지 우려 사항에 대한 고민과 해결책도 필요해 보인다. 무엇보다 위원회의 이념적 정파성을 배제하는 것이 큰 과제이다. 정파적 대립 구도 속에서 위원회가 출범하거나 정파적 인사들로 위원회가 구성된다면 현행 제도와 별반 다를 바 없는 옥상옥(屋上屋) 구조가 될 수도 있기 때문이다. 또한 공영방송사들의 수신료산정위원회에 대한 자료 제출 문제도 한국적 현실에서 예민한 문제가 될 수 있다. 자료 제출권이 악용될 경우 공영방송의 독립성과 자율성을 침해하는 독소 조항이 될 위험성이 있기 때문이다.

헌법재판소는 1999년에 '수신료는 준조세적 성격을 갖고 있으므로 국회의 결정이 배제되어서는 안 된다'라는 판결을 내려, 국회 차원의 최종 승인권을 존중해야 한다는 관점을 제시했다. 이는 수신료 인상 논의 과정에서

(정파적 갈등과 반목이라는 측면에서) 정치권을 배제해야 한다는 주장이 설득력을 얻기 어려운 대목일 수도 있다.

다음으로 김인규 사장이 취임식에서 언급한 무료 지상파 다채널서비스 '코리아뷰(KoreaView)' 사업을 살펴보자. 코리아뷰 사업은 영국 프리뷰(FREE-VIEW)[10]를 모델로 한 무료 지상파 디지털 플랫폼 정책이다. 코리아뷰는 발전된 동영상 압축기술을 이용해 지상파방송이 무료로 제공하는 채널 수를 확대하는 사업이다. KBS의 기본 사업 구상은 지상파방송 직접 수신 370만여 가구를 주 대상으로, 20여 개 지상파 디지털채널을 무료로 제공함으로써 이를 통해 유료 매체에 가입하지 않은 경제적 약자, 소외계층에 무료 디지털 방송 서비스를 강화하자는 것이었다. KBS의 사업 구상은 초기 EBS와 공동으로 채널을 제공하고 점차 MBC·SBS의 참여를 유도하는 것으로, 기술 방식은 MPEG-2(HD방송)와 MPEG-4 (SD방송) 방식을 혼용하는 것이었다.

KBS는 코리아뷰 사업 준비 차원에서 지난 2011년 12월 27일부터 2012년 2월 29일까지 기상청·제주테크노파크와 공동으로 제주도에서 제주테크노파크에서 제공하는 시험용 주파수를 사용하여 '기상재난채널' 시험방송을 실시한 바 있다. 또 2012년 9월 27일 방통위가 KBS가 신청한 코리아뷰 실험국을 허가해줌에 따라 북제주지역에서 2012년 10월부터 3개월간 심야 정파 시간을 이용하여 HD채널 1개, SD채널 3개 등 총 4개 채널로 지상파 다채널 서비스 실험방송을 실시하기도 했다.

코리아뷰 정책과 관련해 이명박 정부에서는 구체적인 정책 방향을 제시

---

10) 참고로 영국 BBC를 중심으로 2002년 설립된 프리뷰는 4개의 회사가 참여해 무료 지상파 디지털 TV, 라디오, 쌍방향 방송 등을 제공하고 있다. 프리뷰 정책은 안정적인 영국의 디지털 전환 정책과 영국 공영방송 수신료의 가치 제고에 기여했다는 것이 일반적인 평가이다.

하지 않았다. 또 당시 논의 과정에서 SD급 다채널 보급은 정부(HD) 디지털 정책 기조에도 배치된다는 시각도 존재했다. 이런 면에서 코리아뷰 정책 구현을 위해서는 채널 구성에 HD급 채널의 확충 문제가 중요하고, HD채널과 SD채널의 조합을 어떻게 할 것인가에 대한 고민이 필요하다는 주장이 제기되었다.

앞에서 살펴본 바와 같이, 3년의 재임 기간 동안 김인규 사장이 적극적으로 추진했던 수신료 현실화는 결국 성공하지 못했다. '코리아뷰' 정책 또한 제주 지역 실험방송 등은 추진되었으나 정부의 허가를 얻는 데까지는 이르지 못해 구체적인 결실을 거두지 못했다.

김인규 사장 3년 체제에 관한 평가에 부정적 시각도 적지 않다. 그의 재임 기간 동안 G20 정상회의 보도, 4대강 사업 보도, 이승만 다큐 프로그램 방영 등 공정성 논란은 지속되었다. 전국언론노조 KBS 본부는 김인규 사장 재임 기간 중이었던 2012년 상반기에 공정방송 쟁취 등을 목표로 94일간의 장기 파업을 벌이기도 했다. 한편 김인규 사장은 공정성 시비 논란과 관련해 KBS 뉴스 비평용 〈KBS 뉴스 옴부즈맨〉 프로그램을 신설하기도 했다.

2012년 11월 23일 오전 김인규 사장의 퇴임식에 이어, 이날 오후에는 신임 길환영 사장의 취임식이 열렸다. 이날 취임식에서 길환영 사장은 '공사 역사상 최초로 합법적이고 민주적 절차에 의해 내부 승진 사장이 취임하게 된 것은 그동안 정치적 논란에서 자유롭지 못했던 공영방송 KBS의 과거를 돌이켜 볼 때 커다란 의미가 있다'는 점을 강조했다. 길환영 사장은 취임사에서 "국가 기간방송으로서 KBS의 정체성을 바로 세우겠다", "제작조직을 새롭고 창의적인 콘텐츠 생산중심 조직으로 바꾸겠다"는 희망을 피력했다. 그는 취임 직후 수신료추진단과 스마트추진단을 새롭게 출범시키기도 했다.

이후 길환영 사장은 한 언론과의 인터뷰에서 '정치적 독립의 관점에서 봤을 때, KBS가 1973년 공사 창립 이후 지난 40년간 떳떳하지 못한 면이 있었다. KBS가 정치적 외풍에서 자유롭지 못했던 것 같다. 앞으로는 시청자가 주인이 되는, 정치적 영향력에서 자유로운 방송, 공익성과 오락성이 조화된 채널을 만들고 싶다'는 의견을 피력하기도 했다(≪조선일보≫, 2013.3.11).

2) 박근혜 정부

박근혜 정부에서는 길환영, 조대현, 고대영 등 세 명의 사장이 KBS 경영을 맡았다. 이명박 정부 말기 김인규 사장의 뒤를 이어 사장에 취임한 길환영 사장은 세월호 참사 후 김시곤 보도국장 보직사퇴 파문으로 중도 사임했다. 세월호 참사 후 김 국장이 '교통사고 사망자 수와 비교하면 세월호 참사 피해자 수는 많은 것이 아니라는 취지의 발언을 했다'는 주장이 제기되면서, KBS는 여러 논란에 휩싸이게 되었다. 결국 김 국장이 보직사퇴 뜻을 밝혔으나, 자리에서 물러나면서 자신의 임명권자인 길 사장을 향해 '대통령만 보고 가는 사람', '권력의 눈치만 보고 사사건건 보도본부의 독립성을 침해해온 사람'이라고 비판한 것이 파문을 일으켰다. 이와 관련하여 ≪한겨레≫는 2014년 5월 11일 자 사설 "길환영 KBS 사장이 답할 차례다"에서 KBS를 '청영방송'이라고 표현했다. "세월호 참사는 '한국방송'(KBS)의 부끄러운 모습을 적나라하게 드러냈다. 정권이 한국방송을 좌지우지하고, 방송사 안에서 사장이 앞장서 보도를 통제하고 있다는 사실이 한국방송에 대한 세월호 유가족의 분노를 수습하는 과정에서 자연스럽게 불거져 나온 것이다. 이것이 각종 조사에서 우리나라에서 언론사 가운데 가장 영향력이 크고 신뢰가 높다는 매체의 실상이라니 놀랍고 참담할 뿐이다. 한편으로는 외피는 공영방송이되 실질은 '청영방송'(청와대 경영 방송)이라는 본질이 이런 식으로나마 폭로된 것이 불행 중 다행이라는 생각도 든다." KBS노조도 2014년 5월 11일 자 '길환영 사장은 조속히 결단하라'는 성명에서 "이제는 길환영 사장 본인이 직접 나서서 보도 개입에 대한 모든 진실을 낱낱이 밝히고 그에 합당한 책임을 져야 한다"고 주장했다. KBS이사회는 2014년 6월 5일 길환영 사장 해임제청안을 가결했다. 야당 추천 이사 4인이 제출한 길환영 사장 해임제청안이 처리되었다. 박근혜 대통령은 KBS이사회가 2014년 6월 9일 안전행정부를 통해 제출한 길환영 사장 해임제청안을 2014년 6월 10일 재가했다. 이로써 길환영 사장은 3년 임기를 다 채우지 못하고 물러났다.

길환영 사장의 뒤를 이어 조대현 사장이 취임했다. 2014년 7월 28일 취임식에서 조 사장은 'KBS는 국민이 원하는 공영방송이 되어야 한다. KBS는 현재 정체성·정당성, 방송, 경영, 조직 부문에서 위기 상황에 처해 있다. 적자 해소, 공정성 시비 탈피, 편성의 창의성 제고와 프로그램 혁신, 투명한 인사와 조직 문화 회복, 공영방송 위상과 역할 회복 등을 주요 비전으로 하겠다'고 말했다.

길환영 전임 사장의 잔여 임기를 채운 조대현 사장은 연임에 실패했다. KBS 양대 노조는 조대현 사장의 경영을 '총체적 실패'라고 주장했다(KBS 양대 노조 공동 성명서, 2015.8.10; ≪미디어스≫, 2015.8.3). KBS 양대 노조는 측근·편중 인사, 개편 실패, 오보·방송사고, 경영 실패 등을 지적했다. KBS본부노조의 경우, 2015년 8월 6일 'KBS 조대현 사장 1년'에 대한 평가에서, 조 사장이 10점 만점에 2.91점을 받았다고 발표했다. 권오훈 본부노조 위원장은 "이번 설문조사를 통해서 조대현 사장에 대한 KBS 구성원들의 평가는 끝이 났다고 생각한다"고 말했다. 권 위원장은 "조대현 사장은 국민이 원하는 방송을 하겠다, 공정성 시비를 끝내겠다, 상식과 원칙에 맞는 인사를 하겠다 등의 책임지지 못할 약속을 남발했지만 1년이 지난 지금 제대로 지킨 것이 하나도 없다"면서 "11월 23일 임기 만료를 앞두고 오로지 연임에만 올인하는 모습을 보이고 있다"고 지적했다(≪미디어스≫, 2015.8.6). KBS 본부노조가 2015년 10월 8일 발표한 '조대현 사장 신임 투표' 결과에서 '불신임'이 82.4%로 나타났다.

조대현 사장 후임으로 고대영 사장이 2015년 11월 24일 취임했다. 고 사장은 KBS 사장에 대한 인사청문회 제도 도입[11])으로 인사청문회를 거친 첫 번째 사장이었다. 고 사장은 취임사에서 '변화'를 강조했다. "KBS가 생존위기를 겪고 있다는 말은 공정보도와 균형 잡힌 여론 형성, 사회통합과 국가 발전에 기여한다는 공영방송의 숭고한 목적 또한 위기에 처했다는 뜻입니

11) 2014년 5월 2일 '국회법'·'인사청문회법'·'방송법' 개정안이 국회 본회의에서 처리됨으로써 KBS 사장에 대한 인사청문회가 제도적으로 도입되었다. 이로써 고대영 KBS 사장 후보자가 2015년 11월 16일 첫 케이스로 KBS 사장 인사청문회 제도를 거쳤다. 공영방송 KBS 사장에 대한 인사청문회 제도에 대해서는 반론도 제기되었다. 반론의 요체는 청문회 제도의 본래 취지와 다르게 공영방송의 위상과 기능·역할에 대한 정파적 이해대립 관계가 표출될 개연성이 있다는 것이다. KBS를 불필요한 소모적 정쟁의 대상으로 만들 수 있다는 뜻으로, KBS가 정치적 협상의 산물이 될 수도 있다는 논리였다. 바른사회시민회의가 2016년 6월 10일 개최한 '국회권력 비대화, 이대로 둘 것인가?' 정책좌담회에서 이영조 경희대 국제대학원 교수는 '한국은행 총재, KBS 사장까지 인사 청문회 대상이 되었다. 부적절 인사를 방지한다는 장점도 있지만, 정치적으로 오용되는 경우도 많다'라고 주장했다. ≪동아일보≫는 2015년 11월 18일 자 "KBS사장 인사청문회, 언론자유 침해 우려 크다" 사설에서 다음과 같이 주장한다. "그제 국회에서 고대영 KBS 사장 후보자에 대한 인사청문회가 열렸다. 지난해 방송법 개정에 따라 도입된 첫 인사청문회. 과거 방송 내용을 놓고 정파적 관점에서 따지는 인사청문회를 지켜본 KBS 사람들은 취재 보도를 할 때마다 정치판의 반응을 의식하게 될 것이다. KBS 사장 후보 인사청문회 도입 자체가 그것을 노린 게 아닌지 의문이다. 지난해 여야는 공영방송과 민영방송 모두 노사 동수(同數)의 편성위원회를 구성하도록 하는 내용의 방송법 개정안을 놓고 첨예하게 대립했다. 당시 여당인 새누리당은 방송의 자율성과 언론 자유를 위협한다는 이유로 반대하다 결국 이 조항을 삭제하는 대신 KBS 사장 인사청문회 도입에 합의해줬다."

다. KBS는 이제 변해야 합니다. 우선 조직이 달라져야 합니다. 더 경쟁력이 있어야 합니다. 편성규약 정비를 통해 공정성과 객관성을 높여가겠습니다." 취임사에서 예고한 대로 고 사장은 2016년 5월 23일 KBS 조직개편을 단행했다. 수익성 개념을 강조하면서, '방송사업본부', '미래사업본부' 등으로 조직을 재편했다. 이에 대해 야권 추천 이사들은 '공영성을 포기하고도 수익성조차 보장할 수 없는 조직개편'이라고 비판했다. 한편 고대영 사장 체제에서는 2016년에 '프로그램의 집중과 선택, 효율성 제고를 위해 중복적 성격을 가진 프로그램에 대한 통합과 조정을 지속적으로 추진해왔다'는 주장에 따라, (2003년 시작한) 미디어 비평 프로그램 〈미디어 인사이드〉와 (2011년 시작한) 뉴스비평 프로그램 〈KBS뉴스 옴부즈맨〉이 폐지되었다.[12] 하지만 KBS본부노조는 이에 대해 '공영방송의 책무를 저버리고 KBS 저널리즘을 후퇴시키는 것'이라면서 비판적 태도를 보였다. 〈미디어 인사이드〉, 〈KBS뉴스 옴부즈맨〉 폐지와 관련해 매체비평우리스스로, 민주언론시민연합, 언론개혁시민연대, 서울YMCA, 서울YWCA, 한국여성민우회 등 시청자·언론 단체들도 2016년 6월 27일 공동성명을 발표하고, '즉각 원상복구하고, 공영방송으로서 '시청자'에 대한 책임을 다하라'고 주장했다. 한편, 고대영 사장은 2017년 1월 2일 발표한 신년사에서 "KBS의 모든 뉴스와 프로그램은 개인의 가치관이나 정치적 입장과 상관없이 정확하고 공정해야 합니다. 어쩌면 완벽한 공정성과 객관성, 균형성은 불가능할 수도 있을 것입니다. 그렇지만 KBS는 공정성, 객관성, 균형성을 최대한 실현하기 위해 끊임없이 노력해야 합니다"라고 주장했다.

---

12) KBS의 3대 비평 프로그램 중 〈미디어 인사이드〉와 〈뉴스 옴부즈맨〉이 폐지됨으로써 〈TV 비평 시청자데스크〉만 남게 되었다.

박근혜 정부 4년여 기간 동안에도 KBS 지배구조에 대한 문제제기가 야권을 중심으로 끊임없이 제기되었다. 앞서 기술한 바와 같이, 2014년 5월 2일 'KBS 사장 국회 인사청문회 실시'를 골자로 한 '국회법'·'인사청문회법'·'방송법' 개정안이 국회 본회의에서 통과되어 KBS 사장 인사청문회가 제도적으로 도입되었다. 또한, 이날 'KBS 사장·이사의 자격 기준·결격사유 강화'를 골자로 한 방송법 개정안이 국회에서 통과됨으로써 KBS 사장·이사의 자격 요건이 강화되었다. 'KBS 사장·이사의 임명 과정에서 정파성을 배제하고 투명성을 강화하는 제도적 절차를 마련한다'는 취지의 방송법 개정안은 KBS 사장·이사의 결격사유·자격 요건을 명시하고 있다.[13]

상기 '방송법 개정안'에 KBS 사장·이사의 결격사유로서, 대통령선거에서 자문이나 고문의 역할을 한 사람의 구체적 범위 사항(자문이나 고문의 역할을 한 날부터 3년이 경과되지 아니한 사람)이 추가됨에 따라, 방통위는 2014년 8월 7일 '방송법시행령 개정안'을 의결했다. 시행령 개정안은 대통령선거에서 자문이나 고문의 역할을 한 사람의 구체적 범위는 "공직선거법 제61조에 따른 선거사무소, 선거연락소 및 선거대책기구에 설치된 자문단, 고문단, 특보단, 위원회 등 선거 관련 조직에 속하여 자문이나 고문의 역할을 한 사람"으로 최종 규정했다.

---

13) 다음 각 호의 어느 하나에 해당하는 사람은 공사의 사장·이사가 될 수 없다. 1. 대한민국 국적을 가지지 아니한 사람 2. '정당법' 제22조에 따른 당원 또는 당원의 신분을 상실한 날부터 3년이 경과되지 아니한 사람 3. '국가공무원법'제33조 각 호의 어느 하나에 해당하는 사람 4. '공직선거법' 제2조에 따른 선거에 의하여 취임하는 공직에서 퇴직한 날부터 3년이 경과되지 아니한 사람 5. '공직선거법' 제2조에 따른 대통령선거에서 후보자의 당선을 위하여 방송, 통신, 법률, 경영 등에 대하여 자문이나 고문의 역할을 한 날부터 3년이 경과되지 아니한 사람 6. '대통령직 인수에 관한 법률' 제6조에 따른 대통령직인수위원회 위원의 신분을 상실한 날부터 3년이 경과되지 아니한 사람.

이와 관련해, 박용진 의원은 2016년 12월 15일 "현행법에서는 공영방송 이사의 결격사유에 대해서는 규정하고 있으나 이사의 적극적 자격 요건에 대해서는 아무런 규정이 없다. 이로 인해 방송이나 언론에 대한 전문지식이나 경력이 없는 사람이 이사로 임명되는 일명 낙하산 논란이 계속되고 있다"면서, 공영방송 이사 자격 요건으로 '전문지식이나 경력을 갖춘 자'를 명시하자는 내용의 '방송법 개정안'을 대표 발의했다.

또, 추혜선 의원은 이사회 회의록 공개와 관련하여 '현행법에 이사회의 회의 공개 규정만 있고, 이사회의 회의록 작성 및 공개에 관한 규정이 없다보니 언제든지 이사회의 결정에 따라 회의록이 자의적으로 작성될 가능성을 배제할 수 없다'면서, '이사회 회의록 작성·관리·공개 관련 법적 근거 마련'을 골자로 한 '방송법 개정안'을 2017년 1월 18일 대표 발의했다.

특별다수제 등 이사회 구성에 대한 논란도 뜨거운 이슈였다. 박홍근 의원 등 162명의 의원들은 2016년 7월 21일 '방송법 개정안'을 발의했다.[14] 개정안의 골자는 'KBS 이사 수를 11명에서 13명으로 늘리고, 국회에서 여야가 7 대 6의 비율로 추천하자. 이사회의 사장 임면제청 시 재적이사 3분의 2 이상의 특별다수제를 도입하자. 사업자와 종사자를 5 대 5 동수의 편성위원회를 구성해 운영하자'는 것 등이었다. 의원들은 개정안 발의 배경으로 'KBS의 이사를 추천하는 방통위원회 위원 구성이 정치적 중립성을 담보하기 어려운 구조로 되어 있어(위원 5인 중 위원장을 포함한 2인은 대통령이 지명, 3인은 국회 추천. 국회 추천 시 대통령이 소속되거나 소속됐던 정당의 교섭단체가 1인 추천, 그 외 교섭단체

14) 노웅래 의원도 유사한 내용의 '방송법 개정안'을 2016년 7월 7일 대표 발의한 바 있다. 개정안의 골자는 'KBS 이사회를 국회 추천으로 여야 7 대 6 비율로 구성하자. 노사 동수 편성위원회를 구성해 운영하자'는 것 등이었다.

가 2인 추천), KBS 사장의 정치적 중립성·독립성을 담보하기 어려운 구조임'을 강조했다.

박근혜 정부에서는 KBS 결산 제도에 변화가 있었다. 관련하여 김을동 의원은 "현행법에 따르면 KBS의 결산은 국회의 승인을 받아 확정·공표되고, 감사원은 확정된 결산에 대하여 회계검사를 거쳐 그 결과를 방송통신위원회에 송부하고 있다. 국회는 국민의 대표기관으로서 최고의 의사결정기관이라는 점에서 국회의 승인은 최종적인 절차가 되는 것이 통상적이나 KBS 결산의 경우에는 국회의 승인 후에 감사원의 결산 검사가 이루어짐에 따라 감사원의 검사 결과가 결산 승인을 위한 참고자료로서의 역할을 하지 못하고 있다. 또한 KBS 결산에 대한 국회의 승인이 늦추어질 경우 감사원의 결산 심사가 지연될 뿐만 아니라 형식적인 감사에 그치는 폐단이 있어 이에 대한 절차적 개선이 필요하다"면서, "KBS의 사장은 방송통신위원회와 국회뿐만 아니라 감사원에도 매 회계연도 종료 후 2월 이내에 직전 회계연도의 결산서를 제출하도록 한다. 감사원은 제출받은 결산서에 대한 검사 결과를 5월 31일까지 방송통신위원회와 국회에 송부하도록 한다"는 내용을 골자로 한 방송법 개정안을 2013년 1월 7일 대표 발의했다. 박대출 의원도 "KBS의 결산은 방송통신위원회가 감사원의 검사 결과를 첨부한 결산서를 국회에 제출하도록 하여 KBS 재정의 공정한 집행을 심사할 수 있도록 한다"는 내용의 '방송법 개정안'을 2013년 1월 30일 대표 발의했다. 이에 기초해 2013년 7월 2일 열린 국회 본회의에서 '방송법 개정안'이 처리되었고, 이로써 KBS 결산과 관련한 '방송법' 제59조는 '방통위는 매년 4월 10일까지 결산서 등을 감사원에 제출하여야 한다. 감사원은 결산서 등을 검사하고 그 결과를 6월 20일까지 방통위에 송부하여야 한다. 방통위는 결산서 등에 감사원의 검사 결과를 첨부하여 6월 30일까지 국회에 제출하여야 한다. 공사의 결산은 국회의 승인을 받아 확정되고, 공사의 사장은 이를 공표하여야 한다'로 정리되었다.

한편, 김정재 의원은 '감사원의 KBS 결산 검사기간 단축 조정'을 골자로 한 '방송법 개정안'을 2017년 1월 18일 대표 발의하기도 했다. 김 의원은 개정안에서 "현행법에 따르면 방송통신위원회는 매년 4월 10일까지 KBS의 전 회계연도 결산서 등을 감사원에 제출하고, 감사원이 6월 20일까지 결산서 등을 검사하여 그 결과를 송부하면 이를 6월 30일까지 국회에 제출해야 한다. 이에 따라 국회에서 7월 이후에야 KBS의 결산 심사가 가능하고, 정기국회에서 처리되는 경우가 많아 결산의 시정 요구사항을 다음 연도 예산에 반영하기 위한 시간적 여유가 부족한 실정이다"면서, "KBS 결산서 등의 제출 일정을 앞당겨 '국가재정법'상의 국가결산보고서 작성 및 제출 일정과 같이 방송통신위원회가 매년 4월 10일까지 KBS의 전 회계연도 결산서 등을 감사원에 제출하고, 감사원이 5월 20일까지 결산서 등을 검사하여 그 결과를 송부하면 이를 5월 31일까지 국회에 제출하도록 하자"고 주장했다.

박근혜 정부에서는 '공영방송을 공공기관으로 지정해야 한다'는 주장이 재등장했다. 이와 관련해 이현재 의원은 2014년 11월 13일 '공공기관 운영에 관한 법률' 개정안을 대표 발의했다. 새누리당 의원 155명이 발의에 참여한 개정안은 '공공기관의 개혁을 위한 보다 적극적인 제도 마련이 필요하다'면서, 독립성 보장 차원에서 제외되어 있는 '공영방송 KBS와 EBS를 공공기관에 새롭게 지정하자'고 주장했다. 이와 관련해 장병완 의원은 2014년 12월 3일 열린 국회 미방위 전체회의에서 다음과 같이 발언했다. '공운법과 방송법은 지향하는 가치가 다르다. 만약 KBS가 공운법 적용 대상이 된다면 경영에 관한 주무 부처는 방통위에서 기획재정부로 바뀌게 될 것이다. 공영방송이 기재부와 방통위 양쪽의 관할 대상이 된다면 경영 독립성을 보장받지 못하는 방송 중립성이 과연 있을 수 있겠는가. 노무현 정부 기획예산처 장관

시절 공운법을 제정했기 때문에 그 사정을 잘 안다. 이 두 가치가 병립할 수는 없는 것이다. 2006년 공운법 제정 당시 국회 문방위와 KBS 쪽에서 워낙 강하게 문제를 제기했기 때문에 여야(열린우리당·새누리당)는 공영방송을 공공기관 지정의 예외로 두는 방향으로 공운법을 개정했다.'

수신료 인상 이슈는 17대, 18대 국회에 이어 19대 국회의 문턱도 넘지를 못했다. 박근혜 정부에서 길환영·조대현 사장은 수신료 인상 문제에 상대적으로 적극적이었던 반면, 고대영 사장은 수신료 이슈에 적극 나서는 모양새가 아니었다. 이에 대해 추혜선 의원은 야 3당이 '공영방송, 권력의 품에서 국민의 품으로'를 주제로 2017년 2월 28일 주최한 토론회에서 '(고대영 사장 취임 후) KBS가 수신료 인상 이슈에 너무 소극적이다. KBS가 야권에 고개 숙이고 싶지 않다는 것 같은데. 사업성을 중시하는 기조가 마치 민영방송 같다. (이러한 태도는) 공영방송의 골조를 뜯어내고 있는 것으로 볼 수 있다. 현 기조가 길어지면 공영성 회복이 더 어려워질 것이다'라고 발언했다. 한편, 노웅래 의원은 '수신료 제도 개선'을 골자로 한 '방송법 개정안'을 2014년 1월 2일 대표 발의했다. 노 의원은 개정안에서 '수신료·광고 등 수익별 분리 회계, 결산 시 수신료 사용 내역서 제출, 수신료 심의·의결 및 산정·배분 기구로서 국회의장 소속의 (위원장+부위원장+19인위원+사무조직) 공영방송수신료위원회 신설 (이 경우, 국회의 수신료 인상 최종 승인권은 유지), 수신료 한전 병과고지 제도 폐지, 타 공영방송사 수신료 배분비율 재조정' 등을 주장하기도 했다.

박주민 의원도 2017년 4월 3일 '수신료 분리 고지'를 골자로 한 '방송법 개정안'을 대표 발의했다. 박 의원은 "현재 KBS가 TV수신료를 징수할 때 한국전력공사에 위탁하여 전기사용료에 병합 징수함으로써, 소비자의 선택권을 제한하고 공사가 송출하는 방송을 시청하지 아니하는 시청자에게까지 수신료를 강제 납부하게 하는 불합리한 점이 있다"면서, "수신료 징수 위탁기관이 TV수신료를 징수할 때에는 위탁기관의 고유 업무와 관련된 고지행위와 결합된 형태로 징수할 수 없도록 함으로써, TV수신료 징수제도를 시정하고 시청자의 방송 선택권을 존중하여 방송 수혜자인 시청자의 권리를 강화하고자 한다"고 주장했다.

한편 고대영 사장이 관심을 보인 자산활용사업과 관련해 2017년 3월 24일 열린 3기 방통위의 마지막 전체회의에서 '부동산활용사업 수입' 신설 등을 골자로 마련된 '방송법시행령 개정안'이 상정되었으나, 논의가 무산되었다. KBS가 UHD 방송을 준비하고, 광고 수입이 줄어드는 상황에 대한 배려가 필요하다는 취지로 마련된 시행령 개정안에 대해 야당 추천 방통위원들은 '공영방송 지배구조 개선이 우선'이고 또 '충분한 논의가 필요한 사안'이라고 주장했다. 또 이날 상정된 시행령 개정안에는 KBS의 EBS에 대한 UHD 송신 설비 지원과 수신료 수입 중 EBS에 지원되는 비율을 현행 3%에서 3~5%로 변경하는 내용도 포함되어 있었으나, 역시 논의가 무산되었다. 김석진 방통위 상임위원은 수신료 배분 비율 조정 문제와 관련해 '수신료 배분 몫 조정을 방통위가 할 수 있는지도 의문이다. 사회적 합의가 있어야 한다'고 주장했다(≪미디어오늘≫, 2017. 3.25).

KBS가 이명박 정부 때부터 정책적으로 관심을 기울여온 지상파 다채널서비스 문제는 박근혜 정부에서 '방송법' 개정을 통해 EBS2TV에만 허용되었다.

살펴본 바와 같이, 한국의 대표 공영방송인 KBS와 관련한 박근혜 정부 기간 동안의 사회적 논란은 공정성과 지배구조 문제 등에 집중된 양상이다.

2009년 8월 21일, 당시 방통위원장이던 최시중은 존 스미스(John Smith) BBC 월드와이드 사장과의 면담 자리에서 한국에도 BBC와 같은 공영방송사가 있었으면 하고 소망해왔다면서, BBC가 어떻게 세계적으로 귀감이 되는 방송사로 자리매김한 것인지 질문했다고 한다. 이에 대해 스미스 사장은 BBC가 성공할 수 있었던 요인은 공정성과 진실성의 지속적인 추구, 독립적인 지배구조, 수신료 기반의 안정적인 재정구조, 사업자 간 경쟁체제, 우수한 경영진 등의 뒷받침이 있었기에 가능했다고 답했다고 한다(≪아주경제≫, 2009. 8.21). 한국 대표 공영방송 질서의 이상과 현실을 생각할 때, 모두가 한 번쯤 되새겨볼 만한 대목이다.

한국의 공영방송 질서를 돌아볼 때 고(故) 박권상 전 KBS사장의 2003년 3월 10일 퇴임사를 다시금 떠올리게 된다.

> … 영국의 권위지 ≪가디언≫의 창시자 스카트는 이렇게 말했습니다. "팩트(Fact)는 신성하고, 의견은 자유, 따라서 제 일차적 언론의 역할은 뉴스를 때 묻지 않고 순결하게 전달하고, 논평을 소신대로 밝히는 것"이라고 말했습니다. KBS는 어느 편에 서서, 어느 당파에 봉사하기 위해 뉴스 보도에 편파, 왜곡, 과장, 그리고 거짓말을 하지 않습니다. 자기 의견을 뉴스로 포장해서 내보내서는 안 됩니다. 저널리스트는 특히 방송의 경우 중립적이고 독립적이고 자기감정을 드러내서는 안 됩니다. 소위, "편파적 멘트"는 안 됩니다. 월터 크롱카이트 말대로 "있는 그대로 전하는 것"(Tell it the way as it is)입니다. 요즘, 당파적, 독선적이거나 선전 선동적 동기에서 세상사를 보도하고 인신공격과 허위사실 유포 등 대자보식 언론이 홍수를 이루고 있습니다. 국민 모두를 주주로 모시는 KBS는 그럴 수 없습니다. … 아무리 세상이 바뀌고 시끄럽고 흔들리더라도 KBS만은 흔들림 없이 의연한 자세로 국민 여론을 주도하는 제4부[15]여야 합니다."

15) 입법부, 사법부, 행정부에 이어 언론의 사회적 기능과 역할이 중차대하다는 의미.

4. MBC

1) 이명박 정부

이명박 정부에서 MBC는 KBS와 함께 공영방송 제도와 관련해 사회적 갈등의 중심에 있었다. 당시 MBC 갈등의 핵심 문제는 실질적 주인이 부재한 지배구조에 있었다(윤석민, 2012b). MBC 지배구조의 양대 축은 방송문화진흥회(이하 방문진)와 정수장학회(1982년 5·16장학회에서 명칭 변경)이다. 주주 구성을 보면, 방문진이 70%를, 정수장학회가 30%를 보유하고 있다. 주총 의결 절차는 방문진에서 의결한 사항을 정수장학회가 동의하는 형식이다.

MBC는 부산의 재력가 김지태에 의해 설립되었다. 1959년 부산 MBC가 출범한 후 1961년 서울 MBC가 개국했다. 1969년 MBC는 TV 서비스를 시작했다. MBC의 역사와 관련해 한 가지 주목할 점은 1962년 5·16장학회가 설립자 김지태로부터 MBC를 '접수'했다 또는 '강제 헌납' 받았다는 등의 주장이 존재한다는 것이다.[16)]

---

16) 관련하여 고(故) 김지태씨 유족들은 '5·16 직후 군사정부가 부정축재를 이유로 구금, 협박 등을 통해 김씨가 자신이 보유하고 있던 부산일보 주식 전부와 부산MBC 주식 65% 등을 정수장학회에 헌납했다'고 주장하고, 2010년 6월 정부와 정수장학회를 상대로 주식양도 청구 소송을 제기했다. 이에 대해 대법원 1부는 상고심에서 2014년 2월 13일 심리불속행으로 '기각' 결정을 내렸다. 한편, 진실·화해를 위한 과거사 정리위원회는 2007년 6월 '김씨가 자신 소유 언론기관의 주식을 헌납한 것은 공권력에 의해 강요된 것'이라며 원상회복하거나 손해를 배상하라고 권고결정을 내렸다. 하지만 1심과 2심 재판부는 국가의 강압에 의해 주식을 증여한 사실은 인정하면서도 '김씨 스스로 의사 결정을 할 여지를 완전히 박탈할 만큼은 아니어서 증여 행위를 아예 무효로 할 정도는 아니다'며 패소 판결했다(뉴스 1, 2014.2.28).

1980년 KBS는 언론통폐합 과정에서 5·16장학회로부터 MBC 지분 70%를 인수받았다. 1988년은 '방송문화진흥법'이 제정되어 특수재단형태의 공익법인으로서 방송문화진흥회가 출범했다. 이 과정에서 방문진은 KBS로부터 MBC 지분 70%를 회수했다. 이로써 MBC는 형식상 민영방송에서 공영방송으로 변신하게 된다.

'방송문화진흥회법' 제1조는 방문진에 '방송사업자의 공적 책임 실현'이라는 공영방송의 공적 책임성을 부여하고 있다. 방문진은 '방송문화진흥회법' 제6조에 따라 이사장 1인을 포함해 9인의 이사로 구성되며, 이사는 방통위가 임명하는 구조다. MBC 사장은 상법 및 정관에 따라 주총을 거쳐 선출된다.

MBC, 방문진과 관련해서 정수장학회의 정체성에 대한 사회적 논란은 계속되는 상황이다. 2012년 하반기 들어서 정수장학회의 MBC 지분매각 논의가 잠시 있었으나 구체적이지는 않았다. 이 과정에서 MBC 민영화 문제가 잠시 재등장하기도 했다.

이명박 정부가 들어선 후 MBC 민영화 주장은 종종 제기된 이슈였다. 자유기업원이 2008년 3월 6일 발표한 「지상파방송 민영화 과제」 보고서에서 MBC·KBS2TV의 민영화를 주장한 바 있다. 당시 보고서는 국내 방송질서를 수신료 기반과 광고 기반으로 구분해 재구성할 필요가 있다고 주장했다. 2008년 7월 29일 열린 뉴라이트 방송통신정책센터 주최의 MBC 민영화 관련 세미나에서 김우룡 외국어대학교 교수는 '지역사를 매각하고 매각 대금을 이용, 방문진이 정수장학회를 인수하며, 이후 방문진 주식을 국민주로 전환한다'라는 내용을 골자로 한 MBC 민영화 주장을 펴기도 했다. 당시 정부와 여당은 MBC의 〈피디수첩〉 등 2008년도 광우병 사태 보도에 상당한 불만을 가지고 있었던 것으로 보인다. 일각에서는 MBC 자산 규모가 너무 큰 관계로 현실적으로 민영화가 쉽지 않다는 의견과 방송의 공적 책임을 감독하는 방문진이 MBC 민영화를 위한 자산 처분을 결정할 권한이 없기 때문에 별도의 법이 있어야만 민영화 논의가 가능하다는 등의 의견을 견지하고 있다(≪한겨레≫, 2012. 10.14).

100% 상업재원에 의존하면서 '방송문화진흥회법'에 의해 공영방송의 위상을 취하고 있는 MBC의 정체성에 대한 문제는 이명박 정부의 핵심 인물에 의해서도 제기된 바 있다. 2008년 12월 19일 방문진 20주년 행사에서 당시 최시중 방통위원장은 'MBC가 공영방송, 공·민영방송, 민영방송 등 여러 이름으로 일컬어지고 있는데, MBC의 정명(正名)이 무엇인지 스스로 돌아볼 시점'이라면서, MBC의 위상 재정립 필요성을 역설한 바 있다.

이명박 대통령 임기 중 MBC를 상징적으로 대표하는 인물은 2010년 3월 취임한 김재철 사장이다. 당시 청주MBC 사장으로 있던 김재철은 방문진의 부당한 압력과 간섭에 맞서겠다던 엄기영 사장이 이사회와의 갈등을 풀지 못하고 2010년 2월 8일 사의를 표명함에 따라, 엄기영 사장 후임으로 사장에 취임했다. 김재철 사장은 엄기영 전 사장의 잔여 임기를 채우고 난 후, 2011년 2월 연임에 성공해 3년 임기를 새로 부여받았다. 김재철 사장은 사내외의 '낙하산 사장' 비판에 대해 2010년 3월 4일 "사원 여러분께 드리는 글"에서 자신이 정치적 인물이 아님을 강조했다.

> 저는 낙하산이 아닙니다. … 저는 MBC를 권력과 자본으로부터 독립시키고 자율적으로 경영해야 한다는 소신을 갖고 있습니다. … 저는 MBC의 공정성과 독립성을 지켜내겠다고 전 사원 여러분 앞에 분명히 약속드리겠습니다. 사장으로서 MBC 가족으로서 책임을 지겠습니다. 지켜봐 주시고 믿어주십시오.

하지만 이런 약속과는 달리, 김재철 사장은 이명박 정부 임기 중 줄곧

MBC 공정성 논란과 관련해 비판을 받은 인물이 되었다. MBC는 전통적으로 시사·보도 프로그램 등의 비판·감시 기능으로 공영방송의 기능에 충실한 기관으로 사회적 평가를 받아왔다. 하지만 2010년 김재철 사장 취임 이후 상황은 적지 않게 바뀐 것으로 보인다. 2012년에는 〈피디수첩〉 등 시사프로그램 제작진들에 대한 해고와 징계가 잇따랐다. 이로 인해 노사 간에 첨예한 갈등이 이어졌다. MBC 노조는 방송의 공정성 확보와 김재철 사장 퇴진 등을 요구하며 2012년 1월 30일부터 7월 17일까지 170일 동안 장기 파업을 벌이기도 했다. 2012년 5월 22일 방송학회 주최의 '방송언론의 현황과 미디어 거버넌스의 미래' 세미나에 토론자로 참석한 MBC 임대근 기자는 MBC 파업 사태에 대해 다음과 같이 자신들의 입장을 피력했다.

> 정치파업이라고 하는데 일리가 있는 주장이다. 권력의 낙하산 사장이 왔고, 결국 정치적 해결을 요하는 상황이기 때문이다. MBC 노조의 파업은 헤게모니 싸움이 아니다. 방송의 공정성 원칙을 수호하겠다는 것이 핵심이다. 월급 인상, 직급 승진, 정년 연장을 위한 투쟁이 아니지 않은가.

장기파업의 여파로 MBC 시청률은 급락세를 보이기도 했다.

지난 몇 년 동안 MBC 지배구조에 대한 문제 제기로 여러 유형의 법안 발의가 이어졌다. 민주당 최문순 의원은 2010년 3월 19일 '방문진법 개정안'을 발의했다. 법안에서 최문순 의원은 방문진의 정치적 독립성을 위해 '방문진이 경영, 인사, 편성, 내용 등에 대한 구체적인 개입을 할 수 없도록 하고, 방문진 이사 임명에 방송사업자, 노조가 각각 추천하는 인사가 포함되어야 하며, 현재 상임으로 있는 이사장 또한 다른 이사들처럼 비상임으로 할 것'을 주장했다.

민주당 정장선 의원도 2011년 2월 7일 발의한 '방문진법 개정안'에서 방문진의 이사 선임 방식을 바꾸고 의결 요건을 강화하자고 주장했다. 이를 통해 이사회의 정치 중립성을 확보하고 사장의 정치 중립성을 담보하자는 것이었다. 세부적으로 살펴보자면 방문진 이사 9인 전원을 방통위가 임명하는 구조를 '여당, 야당을 포함한 그 외 교섭단체, 방통위가 각각 3인씩 추천하고, 방통위가 임명하는 방식으로 변경하자'라고 제안했다. 또한 '임원의 직무상 독립과 신분 보장' 조항을 신설할 것과 '사장 임면 등 모든 심의·의결을 재적이사 2/3 이상 찬성'으로 할 것을 제안했다.

여당인 새누리당 남경필 의원 또한 '낙하산·측근 인사로 국민이 방송과 정권에 등을 돌리고 있다'라면서 2012년 6월 18일 '방문진법 개정안'을 발의했다. 개정안에서 남경필 의원은 대선 캠프에 참여한 인사는 공영방송 사장이 될 수 없도록 하자고 제안했다. 구체적으로 '당원 및 당적을 이탈한 날로부터 3년이 지나지 않은 사람, 공직선거에 의해 취임하는 공직에서 퇴임한 날로부터 3년이 지나지 않은 사람, 대통령선거에서 후보자의 당선을 위해 방송·통신·법률·경영 등에 대해 자문·고문 역할을 한 사람' 등을 결격사유로 규정했다. 또한 MBC 사장 선임 권한을 가진 방문진 이사는 여·야·방통위에서 각각 3명씩 추천하게 하자고 제안했다. 민주당 배재정 의원은 2012년 7월 31일 발의한 '방문진법 개정안'에서 '방문진 이사를 12명으로 늘리고, 여야가 각각 6인씩 추천하고, 국회 문방위 내에 이사후보추천위원회(15인)를 둘 것과 이사회는 3분의 2의 동의를 얻어 사장을 선출하도록 하자'고 제안했다. 또한 사장 결격사유로는 '대통령 선거에서 후보자의 당선을 위해 방송·통신·법률·경영 등에 대해 자문이나 고문 등의 활동을 한 자, 대통령직인수위원회의 위원장·부위원장·위원이었던 자' 등을 명시하기도 했다.

민주당 최민희 의원은 2012년 9월 17일 발의한 '방문진법 개정안'에서 '방문진 이사를 11명으로 늘리고, 여야가 각각 4명씩, 방통위가 3명을 추천하도록 하자'고 했다. 또한 '방통위 추천 몫 3명 가운데는 MBC노동조합 등 사내 구성원 추천 2명이 포함되도록 하자'고 제안했다.

전체적으로 종합해보면 방문진 이사 추천과 관련해 현행 여야 6 : 3 추천 구조를 여야가 동수로 추천하는 구조로 바꿀 것과 사장 선출 시 특별다수제 도입, 사장의 자격 요건 강화 등을 여야가 공히 제안했다고 볼 수 있다.

한편 김재철 사장은 자신의 취임 일성으로 밝힌 19개 지역 MBC에 대한 통합(광역화) 작업을 임기 중 강력히 추진했다. 이와 관련해 방통위는 김재철 사장이 일차적으로 추진한 진주·창원 MBC 통폐합 건에 대해 2011년 8월 8일 야당 추천위원 2인이 퇴장한 가운데 '서부 경남지역 보도프로그램 편성계획 성실 이행, 방통위 제시안 이상의 지역 프로그램 제작비 투입, 노사 간 불신 해소, 지역행사와 소외계층 지원' 등을 허가조건으로 해서 승인 결정을 내렸다. 1980년 언론통폐합 이후 MBC 지역국의 첫 통폐합이었다. 이로써 합병 등기 절차를 거쳐 2011년 9월 1일 '경남 MBC'가 '방송의 지역 공공성 훼손, 서울 MBC 지상주의' 등을 내세운 MBC 노조와 언론시민사회단체들의 반대 속에 출범했다.

2) 박근혜 정부

박근혜 정부에서는 김종국 사장, 안광한 사장, 김장겸 사장 등 3명의 사장이 MBC 경영을 맡았다.

이명박 대통령 임기 5년 동안 MBC 문제의 중심인물이었던 김재철 사장은 박근혜 정부 출범 직후인 2013년 3월 27일 사표를 제출했다.[17]

김 사장의 사퇴 직전인 2월 1일 감사원은 MBC 방문진에 대한 감사 결과를 발표했다. 발표 요지는 '방문진에서 MBC 예·결산서 등 기본적인 경영 관련 자료도 제대로 구비하지 않고 있어 MBC 대표이사에게 경영 관련 자료와 법인카드 사용 관련 자료 등을 제출하도록 총 3회에 걸쳐 요구했으나 MBC 대표이사는 자료 제출을 거부했다. 정당한 사유 없이 감사원의 자료 제출 요구를 거부한 MBC 대표이사와 감사를 '감사원법' 제51조 등의 규정을 위반한 혐의로 고발했다'는 것이었다.

2015년 2월 13일 서울남부지법은 업무상 배임과 '감사원법' 위반 혐의로 기소된 김재철 전 MBC 사장에 대해 징역 6월에 집행유예 2년을 선고한다고 밝혔다. 재판부는 '공영방송의 수장으로서 의심받을 행동이 없도록 해야 하지만 김 전 사장은 오히려 공적 업무에 사용해야 할 법인카드를 휴일에 호텔에 투숙하거나 고가의 가방·귀금속 등을 구매하는 데 사용했다. 김 전 사장은 법인카드 부당 사용 의혹 등으로 재임 기간 내내 MBC 내부의 갈등을 일으켜 공영방송으로서 MBC의 위상을 흔들리게 하고 감사원의 감사에 큰 차질을 일으켰다'[18]고 판결 배경을 설명했다(연합뉴스, 2015.2.13).

김재철 사장 재임 기간 중 MBC 직원들에 대한 징계가 잇따랐다. 특히 8명의 해직자가 발생했다. 이에 대해 김재철 전 사장은 사퇴 3년 후인 2016년 ≪미디어 오늘≫과의 인터뷰에서 "다 내 후배들이고 내가 노조에 아픔을 주고 싶거나 원래 그렇게 험한 사람이 아닌데 (해직자들에겐) 죽을 때까지 미안

---

17) 박근혜 정부 출범 직후인 2013년 3월 26일 방송문화진흥회 임시이사회가 열려 김재철 사장 해임안이 가결되었다. 야당 추천 이사 3인과 여당 추천 이사들 중 일부가 찬성표를 던짐으로써, 이명박 정부 시절 3년 1개월여 동안 재직한 김재철 사장이 해임되었다.

18) 전국언론노조 MBC 본부는 파업 중인 2012년 3월 김 전 사장이 취임 뒤 2년 동안 법인카드로 귀금속을 사는 등 6억 9천만 원 가량을 부정 사용하고 직위를 이용해 특정인 등을 밀어준 혐의로 김 전 사장을 고발한 바 있다(연합뉴스, 2015. 2.13).

하게 생각한다 … 일을 하다보면 피해자가 생기기 마련인데 지금은 내가 MBC를 나와서 보면 아직까지 해고자 문제를 풀지 못하는 MBC 경영진도 안타깝다"고 말했다(≪미디어 오늘≫, 2016.6.13).

김재철 사장 사퇴 후인 2013년 5월 2일 김종국 대전 MBC 사장이 김재철 사장 후임으로 선임되었다. 김종국 사장은 10여 개월간 사장에 재직했다.

그 뒤를 이어 박근혜 정부에서 MBC의 간판 사장이었다고 할 수 있는 안광한 사장이 2014년 2월 25일 취임했다. 취임사에서 안 사장은 다음과 같이 말했다.

> 우리에게는 탁월한 콘텐츠 제작 역량과 우수한 인적 자원이 남아 있습니다. 저는 이를 바탕으로 MBC를 콘텐츠 파워 1위, 국민 생활 영향력 1위의 글로벌 콘텐츠 전문 방송으로 만들고자 합니다 … 고품질 콘텐츠에 집중하고 새로운 성장 동력을 찾아내야 합니다. 이를 뒷받침할 조직 문화의 정상화도 필수적입니다.

안광한 사장은 3년의 임기를 다 채우고 물러났다. 안 사장은 취임사에서 '조직 문화의 정상화'를 강조했지만, 그의 재임 기간 동안 노사 갈등은 지속되었다. 보도의 정권 편향성 논란, 불공정성 시비도 예외가 아니었다. 세월호 참사 관련 보도가 대표적 사례로 회자된다. 참사 당일부터 현장에 있었던 목포MBC의 보고를 묵살하고 '단원고 전원 구조' 라는 오보[19]를 낸 것이다

---

19) 〈뉴스타파〉 최승호 PD는 2016년 7월 30일 건국대학교에서 한국PD연합회 주최로 열린 '공영방송의 역할' 특강에서 다음과 같은 주장을 한다. '모든 사회적 문제들은 공영방송이 올바로 서야지만 제자리로 돌아올 수 있다. (세월호 참사 당시) 목포MBC는 현장과 가까웠기에, 전원 구조가 아니라는 상황을 조기에 알았다. 그래서 무려 네 번이나 이 같은 사실을 중앙(서울)에 전달했다. 하지만 당시 (서울)MBC 간부는 이를 무시했다. 행정안전부에서

(노컷뉴스, 2017.2.25).

안 사장은 2014년 10월 24일 (〈PD수첩〉 등을 만들어온) 교양국 해체를 골자로 한 조직개편을 단행했다. 기존의 교양국 업무는 예능국과 콘텐츠제작국으로 이관되었다. MBC경영진은 수익성을 고려한 조직개편이라는 입장이었지만, 노조 등은 교양 프로 축소 등 방송의 공영성을 훼손하는 행위라며 반발했다(≪중앙일보≫, 2014.10.25).

안광한 사장 임기 동안 지역MBC 법인 합병 작업이 계속되었다. 이명박 정부 시절인 2011년 9월 창원·진주 합병(MBC경남) 건에 이어 2015년 1월 1일 강릉MBC(보도 중심)와 삼척MBC(제작 중심)가 법인 합병되어, 'MBC 강원영동'으로 새롭게 출범했고, 2016년 10월 1일에는 청주MBC와 충주MBC가 합병된 'MBC충북'으로 새롭게 출범했다.

MBC는 2014년 9월 1일 상암동 신사옥 개막 기념식을 갖고 여의도를 떠나 상암동 사옥 시대를 열었다.

안광한 사장 후임으로 김장겸 사장이 박근혜 대통령 탄핵 10여 일 전 취임했다. 김 사장은 2017년 2월 28일 취임사에서 '품격 있는 젊은 방송을 만들겠다. 품격은 편향적 보도와 선정적 방송의 유혹으로부터 벗어나 저널리즘의 기본자세를 확고히 할 때에 갖출 수 있다. 확인되지 않은 내용으로 모두가 '특종'이라고 보도할 때 마지막까지 사실 여부를 검증하여 시청자들께 책임을 다하는 모습에서 우리는 '품격'을 발견할 수 있다'고 말했다.

박근혜 정부에서는 이명박 정부에서 MBC 관련 쟁점 중의 하나였던 '민영

잘못을 인지한 후에야 비로소 MBC는 보도 방향을 바꿨다. 당시 그 간부는 그것이 가장 안전한 길이라고 판단했을 것이다. 설사 잘못된 보도라 하더라도, 정부의 발표대로 가는 것이 안전하다고 판단했을 것이다. 이게 현재 공영방송 전반에 깔려 있는 의식이다'(≪피디저널≫, 2016.7.30).

화' 문제는 특별히 제기되지 않았다. 반면, '지배구조' 이슈는 핵심적 의제로 기능했다.

(앞서 KBS 관련 부분에서 기술한 바와 같이) 2014년 5월 2일 '방송법 개정안'과 함께 '방문진이사·MBC사장의 자격 기준·결격사유 강화'를 골자로 한 '방문진법 개정안'이 국회 본회의에서 통과됨으로써 방문진이사·MBC사장의 자격 요건이 강화되었다. '방문진이사·MBC사장의 임명 과정에서 정파성을 배제하고 투명성을 강화하는 제도적 절차를 마련한다'는 취지에서 마련된 '방문진법 개정안'은 방문진이사·MBC사장의 결격사유·자격 요건을 명시하고 있다.[20]

상기 '방문진법 개정안'에 MBC 사장·이사의 결격사유로서, 대통령선거에서 자문이나 고문의 역할을 한 사람의 구체적 범위 사항(자문이나 고문의 역할을 한 날부터 3년이 경과되지 아니한 사람)이 추가됨에 따라, 방통위는 2014년 8월 7일 '방문진법시행령 개정안'을 의결했다. 시행령 개정안은 대통령선거에서 자문이나 고문의 역할을 한 사람의 구체적 범위는 "공직선거법 제61조에 따른 선거사무소, 선거연락소 및 선거대책기구에 설치된 자문단, 고문단, 특보단, 위원회 등 선거 관련 조직에 속하여 자문이나 고문의 역할을 한 사람"으로 최종 규정했다.

이와 관련해 박용진 의원은 2016년 12월 15일 "현행법에서는 공영방송 이

---

20) 다음 각 호의 어느 하나에 해당하는 사람은 MBC의 사장·이사가 될 수 없다. 1. 대한민국 국적을 가지지 아니한 사람 2. '정당법' 제22조에 따른 당원 또는 당원의 신분을 상실한 날부터 3년이 경과되지 아니한 사람 3. '국가공무원법' 제33조 각 호의 어느 하나에 해당하는 사람 4. '공직선거법' 제2조에 따른 선거에 의하여 취임하는 공직에서 퇴직한 날부터 3년이 경과되지 아니한 사람 5. '공직선거법' 제2조에 따른 대통령선거에서 후보자의 당선을 위하여 방송, 통신, 법률, 경영 등에 대하여 자문이나 고문의 역할을 한 날부터 3년이 경과되지 아니한 사람 6. '대통령직 인수에 관한 법률' 제6조에 따른 대통령직인수위원회 위원의 신분을 상실한 날부터 3년이 경과되지 아니한 사람.

사의 결격사유에 대해서는 규정하고 있으나 이사의 적극적 자격 요건에 대해서는 아무런 규정이 없다. 이로 인해 방송이나 언론에 대한 전문지식이나 경력이 없는 사람이 이사로 임명되는 일명 낙하산 논란이 계속되고 있다"면서, 공영방송 이사 자격 요건으로 '전문지식이나 경력을 갖춘 자'를 명시하자는 내용의 '방문진법 개정안'을 대표 발의했다.

특별다수제 등 이사회 구성에 대한 논란도 뜨거운 이슈였다. 박홍근 의원 등 162명의 의원들은 2016년 7월 21일 '방문진법 개정안'을 발의했다.[21] 개정안의 골자는 '방문진 이사 수를 11명에서 13명으로 늘리고, 국회에서 여야가 7 대 6의 비율로 추천하자. 방문진의 사장 임면제청 시 재적이사 3분의 2 이상의 특별다수제를 도입하자'는 것 등이었다. 의원들은 개정안 발의 배경으로 '방문진의 이사를 추천하는 방통위원회 위원 구성이 정치적 중립성을 담보하기 어려운 구조로 되어 있어(위원 5인 중 위원장을 포함한 2인은 대통령이 지명, 3인은 국회 추천. 국회 추천 시 대통령이 소속되거나 소속됐던 정당의 교섭단체가 1인 추천, 그 외 교섭단체가 2인 추천), MBC 사장의 정치적 중립성·독립성을 담보하기 어려운 구조임'을 강조했다.

박근혜 정부에서는 MBC에 대한 감사원 감사 필요성을 제기한 법안이 발의되기도 했다. 강동원 의원은 '방송문화진흥회가 최다출자자인 문화방송(MBC)은 각종 사회 문제에 대하여 공정성과 객관성을 지니고 방송사업을 하여야 함에도 불구하고 편파성을 띤 보도 등으로 인해 공영방송사로서의 신뢰성

21) 노웅래 의원도 이와 유사한 내용의 '방문진법 개정안'을 2016년 7월 7일 대표 발의한 바 있다. 개정안의 골자는 '방문진 이사회를 국회 추천으로 여야 7대6 비율로 구성하자. 노사 동수 편성위원회를 구성해 운영하자'는 것 등이었다. 또 송호창 의원도 '이사장을 기존 호선 방식에서 재적이사 7명 이상의 찬성으로 선출하고, 방통위의 방문진 이사 해임권 신설' 등을 골자로 한 '방문진법 개정안'을 2015년 10월 21일 대표 발의한 바 있다.

이 훼손된다. 그러나 문화방송에 대하여 감시·감독하여야 할 방송문화진흥회가 형식상의 감독을 행하고 있을 뿐 실질적인 감독기관으로서의 역할을 수행하지 못하고 있어, 문화방송에 대한 외부감사의 요구가 높아지고 있는 실정'이라면서, 'MBC에 대한 감사원 감사 도입'을 골자로 한 '방문진법 개정안'을 2013년 12월 31일 대표 발의하기도 했다.

한편, 박근혜 정부에서는 지역MBC의 독립적인 경영권을 강화해야 한다는 목소리도 나왔다. 2015년 10월 2일 국회 미래창조과학방송통신위원회 소속 이개호 의원은 국정감사 자료를 발표하고, '지역MBC 역대사장 중 해당 지역 출신은 지난 20년 동안 7%에 불과하다. 1995년 이후 19개 지역MBC 역대 사장 174명 중 해당 지역MBC 출신은 12명. 14개 지역사는 20년 동안 단 한 번도 지역 출신 사장을 배출하지 못했다'고 주장했다 이어 이 의원은 '서울 MBC 사장이 사실상 임명권을 행사하면서 지역 MBC 사장직이 낙하산·보은 인사 자리로 전락했다 이 구조로는 지역성을 충분히 구현해내기 어려울 뿐만 아니라, 서울과 지역사 간 이해가 대립될 경우에는 서울 MBC편을 드는 경우까지 발생하고 있다' 고 주장했다.

한편, 장병완 의원은 '방문진 이사(9인) 중 3인을 지역방송전문가로 충원하는 것'을 골자로 한 '방문진법 개정안'을 2015년 10월 14일 대표 발의했다. 장 의원은 '지역 MBC의 경영이 어려움에도 그 경영을 관리·감독하는 방송문화진흥회는 광고 수익 및 전파료 배분 등에 있어 지역 MBC에 부당하게 불리한 기준을 적용하는 등 지역 MBC에 대한 배려가 부족한 것으로 보인다. 이는 방송문화진흥회 이사회 구성에 있어서 방송의 지역성에 대한 고려가 부족하기 때문이라는 지적이 있다'라고 주장하고, '방송문화진흥회 이사 중 3인은 지역 방송에 관한 전문지식과 경험이 있는 사람을 이사추천위원회의 추천을 받아 임명하도록 함으로써 MBC가 방송의 지역성을 보장하는 방

향으로 경영될 수 있도록 하자'고 제안했다.[22]

박근혜 정부 4년 동안 MBC 해직·징계 언론인 문제는 주요 사회적 의제 중의 하나였다. 2012년 파업 당시 MBC 최승호 PD와 박성제 기자 해고와 관련하여 최민희 의원은 2016년 1월 25일, 2014년 4월과 11월 MBC 백종문 미래전략본부장과 정재욱 법무실장, 폴리뷰 박한명 대표가 회동한 녹취록을 공개했다. 녹취록에 따르면, 백 본부장은 '해고시켜놓고, 나중에 소송이 들어오면 그때 받아주면 될 거 아니냐. 그 두 사람은 증거가 없다. (하지만) 가만 놔두면 안 되겠다 싶어 가지고 해고시킨 것이다'라고 말했다고 한다.

MBC 이호찬 기자는 언론학회가 2016년 11월 23일 주최한 '최순실 사태, 언론보도를 논하다' 세미나에서 이렇게 주장한다. '바른 말 하는 기자와 피디, 아나운서 등 80여 명이 외곽 부서로 배치되었다. 이들에게 스케이트장 관리 업무까지 맡겨지고 있는 현실이다. 부당전보 등 비정상적 경영 상황이다. 견제·감시 시스템이 부재한 상황에서 공영방송으로서의 역할, 요원하다. 사장 선임구조 등에 대한 사회적 관심이 필요하다.'

관련하여 대법원은 2017년 4월 13일 'MBC의 PD·기자 전보조치 부당 전보, 전보 무효' 판결을 내렸다. 이로써 2014년 10월 MBC 교양제작국 해체와 조직개편 과정에서 비제작부서로 발령받아 현업과는 무관한 스케이트장 관리, 협찬 영업 등의 업무에 투입됐던 6명의 PD와 3명의 기자가 현업으로 복귀하게 되었다(≪피디저널≫, 2017.4.21).

---

22) 방문진 이사 구성과 관련해 장병완 의원은 2015년 6월 1일 미방위 전체회의에서도 '올해 8월 교체되는 10기 방문진 이사진 구성부터 9명의 이사진 중 적어도 3분의 1정도는 지역성을 담보할 수 있는 인사가 포함되어야 한다. 지역방송 정책은 지역성과 다양성 함양을 강조하는 방송법상의 의무사항으로, 지역사의 안정적 운영 차원에서 법 개정이 필요하다'고 주장했다. 이에 대해 최성준 방통위원장은 '동감한다'고 답변한 바 있다.

김성수 의원은 2016년 6월 25일 자 ≪미디어오늘≫ 인터뷰에서 '지난 8년간 (MBC)경영진은 김재철부터 지금까지 한 무리다. 그동안 저지른 잘못이 너무 많이 쌓이니 그걸 방어하는 수단도 더 악랄해지고 있다. 국민들이 더 이상 MBC문제에 관심 갖지 않고 지겨워하고 있다. 지금 상황을 지배구조 개선으로 바로잡아야 한다. 여야 7 대 6 구조의 이사회 구성과 사장 선임·해임 시 3분의 2이상 동의를 얻는 특별다수제 도입이 골자다. 누가 정권을 잡을지 모르는 상황이기 때문에 지금처럼 지배구조를 개선하기에 좋은 시점이 없다'고 주장한다.

한편, 신경민 의원은 2014년 10월 27일 자 ≪미디어스≫ 인터뷰에서 다음과 같은 발언을 했다. "MBC에는 해줄 말이 없다. 유능한 직원들 다 골방에 앉아 손가락 빨게 하고 있다. 좋은 직원들을 다 내치고 저렇게 (엉망으로) 프로그램을 한다는 것은 기본 경영에도 어긋나는 것이다. 수십 년의 노력을 통해 사회적 자산으로 만들어놨는데, 망가뜨리는 건 한 순간이더라. MBC는 기본으로 돌아가야 한다. 그런데 현재로서는 가능성이 없어 보인다. 정권이 혹 교체되더라도 MBC는 체질 개선이 필요한데, 다시 정상화되기에는 오랜 시간이 걸릴 것이다."

MBC 해직·징계 언론인 문제와 관련해 박광온 의원은 '총리실 소속의 해직·징계 언론인 복직·명예회복 심의위원회 신설'을 골자로 한 '해직언론인 등의 복직 및 명예회복 등에 관한 특별법'을 2017년 1월 25일 대표 발의했다.

한편, 새누리당 비상대책위원, 정치쇄신특별위원회 위원 등을 지낸 바 있는 이상돈 중앙대 명예교수는 다음과 같은 주장을 한다. '박 대통령이 과거 MBC 문제를 해결하겠다는 약속을 파기한 것에 대해 '자기방어'를 하는 모습이 아닌가 생각된다. 2012년 MBC 노조가 '공정방송'을 요구하는 파업을 벌일 때 박근혜 당시 의원으로부터 '노조가 먼저 파업을 풀고 업무에 복귀하면

MBC 문제를 순리대로 해결하겠다'는 구두약속을 받아 노조에 전달하는 등 '메신저' 구실을 했다. 파업이 철회됐으나, 이후 아무런 조처가 이뤄지지 않았다. 박 대통령이 계획적으로 약속을 어겼다고 보진 않는다. 청와대, 당내 여론 등에 대응할 방법 등을 제대로 따져보지 않고 덥석 해결을 약속했다가, 현실적으로 여의치 않으니까 약속 파기로 나아간 것으로 보인다. 박 대통령은 당선된 뒤에라도 일정한 영향력을 행사할 수 있었는데, 결국 아무것도 하지 않았다. 박 대통령의 약속 파기가 확실시되자 MBC 노조가 이를 폭로하고 규탄하는 기자회견까지 열었는데, 야당 쪽이 이런 문제제기를 제대로 이어받지 못했다. 약속 파기가 아니었다면 MBC 내부의 극단적인 갈등은 일어나지 않을 수 있었다. '무대응이 최상의 대응'이란 전략을 충실하게 구현하고 있다. MBC에 대해 '공영방송'일 필요성이 있느냐는 회의론까지 나온다. MBC 문제가 쉽사리 풀리긴 어려울 것이다'(≪한겨레신문≫, 2016.2.1).

≪미디어오늘≫ 정철운 기자는 2015년 1월 18일 자 기사에서 다음과 같은 주장을 한다. "기자가 만난 조선·중앙·동아일보 기자들은 정권이 바뀌면 MBC에 '피바람'이 불거라 입을 모았다. 방송문화진흥회 이사진이 교체되고 사장이 바뀐 뒤 진보 성향 인사들이 주요 보직을 잡아 이명박·박근혜 정부 주요 보직자들을 '숙청'할 거라고 했다. MBC에 불어닥칠 '또 다른 비극'이다. 정권이 바뀔 때마다 '숙청'이 반복되면, MBC에는 사내정치만 남게 된다. MBC는 미래에 직면할 위기를 지금부터 관리해야 살 수 있다. 경영진이 2012년 파업 참가자들을 주요 업무에서 배제하는 현재 전략은 장기적으로 전망이 없다. … 현 경영진은 파업 참여 여부에 따라 업무 능력이 있는 사원은 최대한 배제하고 경력사원을 채용하며 인건비는 늘리고 노동생산성은 떨어뜨리는 비효율성을 보여주고 있다. 오늘날 MBC의 비극은 2012년 파업의 여파다. 그나마 파업의 여파가 덜한 드라마와 예능 분야에서 채널경쟁력을

유지하고 있으나 본래 MBC의 킬러콘텐츠는 보도와 시사교양이었다. … 좋은 콘텐츠는 애사심과 협동적 조직문화에서 탄생한다."

박근혜 대통령 탄핵 후인 2017년 3월 21일 MBC 〈100분 토론〉에 출연한 문재인 더불어민주당 경선 후보는 'MBC가 심하게 무너졌다고 생각한다. 이명박·박근혜 정권이 공영방송을 장악해 국민의 방송이 아니라 정권의 방송을 만들어 공영방송이 다 망가졌다. 옛날 자랑스러운 MBC 모습이 어디 갔나 생각이 든다. 지금 국민은 적폐 청산을 말하고 있는데 적폐 청산 가운데 가장 중요한 분야 중 하나가 언론 적폐라 생각한다'고 주장했다.

5. SBS

1) 이명박 정부

1991년 출범한 SBS는 이명박 정부 시절 법인을 지주제로 전환했고, 민영 미디어렙을 신설했다.

노무현 정부 말기인 2007년 12월 당시 방송위원회가 법인 분할을 조건부 허가함으로써 SBS는 2008년 3월 3일 창립이사회를 통해 지주제로 공식 전환되었다. SBS의 최대 주주가 태영에서 SBS미디어홀딩스로 바뀌었다. SBS가 방송사업을 맡고 SBS미디어홀딩스가 투자사업을 전담하는 구조로 이원화된 것이다. 이러한 지주제 전환에 대해 당시 SBS 노조와 일부 언론시민사회단체들은 지주회사의 SBS 경영 개입 중단, 소유와 경영의 명확한 분리 등을 요구하기도 했다. 민주당 최문순 의원은 2010년 11월 5일 '방송법 개정안'을 대표 발의해, 방송 지주회사의 1인 소유지분을 30% 이하로 제한할 것 등을 주장하기도 했다.

지주제 전환 당시 SBS의 지분 구조는 태영이 SBS미디어홀딩스 지분 61.2%를 보유하고, SBS미디어홀딩스는 SBS 지분 30.3%를 보유하는 상황이었다고 한다. SBS 지주제 전환 이후, SBS를 설립한 윤세영 회장은 경영 일선에서 물러나겠다고 선언했다. 2011년 1월 3일 열린 시무식에서 윤세영 회장은 '2월 주주총회 이후 회장직을 사퇴하겠다. 급변하는 미디어환경 변화 속에서 SBS의 새로운 도약을 위해 결단을 내린다'라고 발표했다. 이날 그는 지상파방송의 위기 도래를 예견하기도 했다. 그리고 2011년 2월 22일 열린 주주총회에서 윤세영 회장은 SBS 그룹 명예회장으로 추대되었고, 하금열 SBS미디어홀딩스 사장이 윤세영 회장의 후임이 되었다. 일각에서는 이것이 윤석민 부회장 체제의 2세 경영 구도가 본격화된 것임을 시사한다고 주장한다.

SBS는 2011년 국내 최초 민영 미디어렙을 출범시켰다. SBS의 지주회사 SBS미디어홀딩스 이사회가 2011년 10월 27일 '광고판매대행사 미디어크리에이트 자회사 편입' 건을 의결함으로써 SBS 독자 민영 미디어렙 설립이 공식화되었다. 2008년 11월 헌법재판소는 한국방송광고공사의 방송광고 독점판매에 대해 헌법불합치 결정을 내리고 대체입법 마련을 촉구했다. 그러나 당시 여야가 정치적으로 대립에 빠짐으로써 혼란스러운 상태가 장기간 지속되었고, 종합편성채널사들은 연말 개국을 앞두고 있었다. 이 와중에 SBS는 안정적 광고 영업 차원에서 '자회사 편입'이라는 정책적 결정을 내린 것으로 보인다. 미디어크리에이트 주주 구성은 SBS미디어홀딩스가 지분 참여 비율 60%로 대주주로 참여했고, 일본의 유력 광고대행사 하쿠호도 등도 주주로 참여했다. 설립 자본금은 150억 규모였다.

SBS의 자회사 편입이 의결된 후, 민주당은 'SBS미디어홀딩스의 자체 미디어렙 설립 시도는 헌재결정 취지에 위배되고 국회의 미디어렙 입법 활동을 무시하는 행위'라고 비판했다. 지역민방, 종교방송 등의 반발도 컸다.

SBS는 종합편성채널 출범으로 마냥 국회 법제화만을 기다릴 수는 없다면서, 2011년 11월 14일 국내 최초 민영 미디어렙 '미디어크리에이트'의 출범식을 가졌다. 이후 방통위는 2012년 8월 22일 전체회의에서 방송광고판매대행사업자 허가(미디어크리에이트의 방송광고판매대행사업 허가신청)를 조건부 의결(3년 허가)했다. 조건부 내용은 '중소방송사에 대한 비결합판매 지원, SBS와 지역민방 간 체결한 광고 합의서 준수, 방송 및 광고산업 발전을 위한 지원계획 수립, 방송사의 미디어렙 경영에 대한 부당간섭 방지책 마련' 등이었다.

민영 미디어렙인 미디어크리에이트가 등장함으로써 국내 방송광고판매 시장은 새로운 경쟁체제로 진입했다. SBS의 독자 미디어렙은 향후 SBS의 방송사업 역량 강화에 현저한 의미를 부여해줄 것으로 보인다.

2) 박근혜 정부

박근혜 정부 4년 동안 SBS는 경영 환경과 수지 개선을 위해 많은 노력을 기울였다. 이 과정에서 2011년 초 '경영 일선 퇴진'을 선언했던 윤세영 명예회장이 2015년 봄 경영 일선에 복귀한다고 발표했다.

윤석민 SBS미디어홀딩스 부회장도 SBS 2016 신년사에서 '도전의 DNA를 불러내자. 2016년 우리는 더 도전해야 한다. 1등 SBS를 달성하고, TV밖으로, 세계로 나아가는 문화 콘텐츠 기업이 되도록 하겠다. 전 시간대, 전 연령대에서 시청률 1위라는 큰 목표에 도전하겠다'고 주장했다. 8월 23일 자로 단행된 조직개편에서 SBS는 '미래전략실'과 '지속혁신추진단', '미디어 비즈니스센터' 등을 신설하기도 했다.

그럼에도 SBS는 2016년 90억 원대의 영업적자를 기록했다. SBS 노조는 적자 원인으로 '잘못된 지주회사 구조와 이를 통한 부당한 이익 유출'을 지적했다. SBS 노조 측은 '계열사인 SBS가 지주회사인 미디어홀딩스의 기능을 전적으로 대행하면서도 오히려 막대한 금액을 홀딩스에 경영자문료로 지급해온 부당한 관행이 경영위기를 악화시켰다. 제대로 된 계약서도 없이 집행된 SBS의 부당한 계열사 지원과 타 계열사에 대한 퍼주기 계약만 정상화했어도 흑자 전환이 가능했다. 만약 콘텐츠 판매 관련 각종 권한을 위탁하지 않고 SBS가 직접 영업했더라면 외부 경영환경 악화에도 불구하고 추가 성과급 지급까지도 가능한 큰 폭의 흑자가 가능했을 것이다. 부당한 지주회사 구조가 완전히 수명을 다한 상황이다'라고 주장했다(≪미디어오늘≫, 2017.2.2).

이와 관련해 SBS 본부노조는 2017년 3월 24일 열린 SBS 주총에서 경영정상화와 적폐 청산을 요구했다. "SBS가 89억 원의 영업적자를 내는 동안 SBS 콘텐츠를 기반으로 한 계열사 '콘텐츠 허브'는 144억 원을, 'SBS플러스'는 132억 원의 흑자를 봤다. 이는 불공정 퍼주기 계약과 거래 관행으로 대주주의 지분율이 높은 타 계열사로 SBS 수익이 이전됐다. 콘텐츠 허브는 21억 5000만 원, SBS플러스는 11억 5000만 원, 미디어 홀딩스는 35억 원을 주주들에게 줬다. 이는 SBS콘텐츠로 벌어들인 돈을 초고율 배당으로 미디어 홀딩스에 넘기고 이를 다시 대주주 태영이 챙겨가는 수익 빼돌리기의 전형이다." SBS본부노조 측은 콘텐츠 허브 등 타 계열사와의 기존 콘텐츠 거래계약 백지화, 부당한 경영자문료 지급중단, 웹 에이전시 용역계약을 공개입찰로 전환 등을 요구했다. SBS본부노조의 '홀딩스 체제' 관련 조합원 대상 설문조사 결과, 응답 조합원 470명 중 97.6%가 '지주회사 체제가 SBS 성장의 걸림돌이 되고 있다'고 답변했다. 구체적으로는, '수익의 부당한 유출', 83.2%, '향후 SBS가 수익 고갈과 경쟁력 약화로 심각한 위기에 빠질 것', 76% 등으로 나타났다(≪언론노보≫, 2017.3.24).

한편, 방통위는 2013년 2월 15일 전체회의에서 ㈜미디어크리에이트의 이사회 개선 방안 승인에 관한 건을 의결했다. 개선 방안의 골자는 방통위가 ㈜미디어크리에이트에 대한 방송광고판매대행사업 허가 시(2012년 8월 22일) 부과한 이사회(7인) 구성 개선 방안 즉, 방송사의 미디어렙 경영 등에 대한 부당한 간섭을 최소화하기 위해 SBS와의 특수관계 이사 수를 5명(허가 당시)에서 3명으로 축소하고 지역민방의 입장을 대변할 수 있도록 이사 1명을 새로 선임하는 것 등이었다. 방통위는 '대주주인 SBS의 이사회 독점 등을 방지하고 경영 투명성이 강화되는 방안으로 판단해 개선 방안을 승인한다'고 설명했다.

한편, 방통위는 2015년 8월 17일 전체회의에서 SBS 미디어렙(미디어크리에이트) 재허가 건을 의결해, 5년 재허가(2015.08.22~2020.08.21)를 결정했다.

박근혜 정부 4년 동안 SBS는 국내 유료방송 시장의 급성장 등으로 인해 타 지상파방송사와 마찬가지로 여러 유형의 경영의 어려움을 겪은 것으로 보인다. 최순실 사태의 파급 여파 속에서 SBS 사장으로 취임한 박정훈 사장은 2016년 12월 12일 취임사에서 '이 땅의 언론사 중 SBS를 가장 공정한 언론사로 우뚝 세우겠다. 윤세영 회장님도 취재와 보도의 자율성을 철저히 보장하겠다고 약속했다'고 말했다.

6. EBS

1) 이명박 정부

지난 2000년 '한국교육방송공사법'이 제정되면서 자본금 1000억의 정부 출자를 통해 공영방송으로 거듭난 EBS는 이명박 정부 5년 동안 안정적인 성장세를 보였다. 다큐멘터리 등 콘텐츠 전반이 시청자들로부터 호평을 받았다. 여기에는 2009년 10월 19일 취임한 곽덕훈 사장의 기여가 어느 정도 있었다고 본다. 곽덕훈 사장은 취임사에서 'EBS의 독립성과 전문성을 보장하는 '한국교육방송공사법'을 지켜내도록 노력하겠다. EBS의 독창성과 경쟁력을 확보할 수 있도록 전략적으로 접근하겠다. 독립적으로 나아가 글로벌 교육기관이 되도록 하겠다'라고 말했다. 곽덕훈 사장은 2012년 자신의 임기가 만료되어갈 즈음 국회 상임위원회 전체회의장에서 연임할 의사가 없음을 공개적으로 밝히고, 임기만료 후 퇴임했다. 곽덕훈 사장은 열정적으로 EBS 위상 제고를 위해 일했다는 평가를 받는다.

이명박 정부에서 지속된 공영방송 지배구조 개선 논의는 EBS도 예외가 아니었다. EBS 노조 또한 교육방송으로서 부여된 공적 책임을 보다 효율적으로 수행하기 위해 독립적 이사회 구성 및 사장 선임 절차 개선 등을 중요하게 보았다. 현행법상으로는 방통위가 이사 9명 전원과 사장, 부사장, 감사까지 임명하게 되어 있어 EBS 노조는 임명 구조상의 투명성을 강화하는 차원에서 '이사추천위원회' 등의 설치를 제안하기도 했다. 이는 추천위가 교육계, 시민단체 등 각 분야의 대표성 있고 자격 요건이 충분한 인사들로 구성되어, 이사회가 상호 간 균형을 이루면서 기능해야 한다는 인식이었다. 사장 임명 방식도 방통위원장이 아닌 대통령에 의해 임명되는 것이 위상 측면에서나 사회적 감시 차원에서도 더 바람직하다는 의견이었다.

정치권에서는 '방송법'과 '방문진법' 등의 개정안 발의 과정에서 여러 유형의 '교육방송공사법 개정안'을 발의했다. 민주당 배재정, 최민희 의원 등의 개정안이 대표적인 것이었다. 배재정 의원은 2012년 7월 31일 대표 발의한 '한국교육방송공사법 개정안'에서 이사를 12인으로 늘리고, 여야가 6인씩 추천할 것을 제안했다. 이외에도 국회 문방위 내에 이사후보추천위원회(15인)

를 운영할 것과 사장 선출을 이사회 2/3 동의로 할 것을 주장했다. 또한 사장 결격사유로는 대통령 선거에서 후보자의 당선을 위해 방송·통신·법률·경영 등에 대해 자문이나 고문 등의 활동을 한 자, 대통령직인수위원회의 위원장·부위원장·위원이었던 자 등으로 명시하자고 제안했다. 최민희 의원도 2012년 9월 17일 발의한 '한국교육방송공사법 개정안'에서 EBS 이사 정원을 11명으로 늘리고, 여야가 각각 4명(교원단체 추천 1명 포함)을, 방통위가 3명(노조 등 사내구성원 추천 2명, 교과부장관 추천 1명 포함)을 추천하도록 하자고 제안했다. 하지만 EBS를 둘러싼 지배구조 논의는 구체적으로 전개되지는 않았다. 전체적으로 EBS는 지난 5년 동안 시청자들의 콘텐츠에 대한 호평이 잇따르면서 사회적 위상이 제고되는 시기였다고 평가할 수 있다.

2) 박근혜 정부

박근혜 정부 들어서 EBS의 위상은 더욱 제고되었다. 대표적 이슈가 지상파다채널서비스(MMS)였다. 지상파방송사업자들이 공통적으로 관심을 기울였던 MMS가 박근혜 정부에서 EBS에만 허용되었다.

방통위가 2014년 8월 4일 발표한 3기 위원회 정책과제에 EBS를 필두로 지상파에 다채널방송을 허용하는 것이 포함되었다. 이어 방통위는 12월 23일 'EBS의 지상파 다채널방송 시범서비스 도입' 건을 의결했다. 골자는 '시청자 편익 증진, 교육 격차 해소 및 사교육비 절감'이라는 명분 하에 2015년 1월 말부터 MMS를 시범서비스 형태로 허용한다는 것이었다. 지상파 중 EBS에 MMS 시범서비스를 우선 허용하기로 한 배경으로 방통위는 '방송통신발전기금, 특별교부금 등 공적 재원의 비중이 높으며 타 방송사 프로그램 대비 제작비 규모가 적은 EBS에 MMS를 우선 도입하여 방송시장 경쟁상황에 미치는 영향을 최소화하기 위한 것'이라고 설명했다.

EBS는 다채널방송(MMS) EBS-2TV 시범서비스를 2015년 2월 11일 개시했다. 주로 (06:00~25:00) 초·중, 외국어 교육 콘텐츠 등을 제공했다.

박주선·문병호 의원이 2015년 2월 3일 주최한 '시청권 확대를 통해 교육복지를 향상시켜야 한다' 토론회에서 박주선 의원은 개회사를 통해 '연간 18조~33조 원에 달하는 사교육비는 반드시 줄여나가야 한다. 사교육비 절감을 위한 정책 수단 중 EBS의 역할은 대단히 중요하다. 취약한 EBS의 보편적 시청권이 확대되는 EBS의 지상파 다채널방송 시범서비스 실시를 진심으로 환영한다'고 말했다.

EBS-2TV MMS 본방송 법적 근거 마련을 위한 '방송법 개정안'은 2016년 11월 1일 국무회의에서 의결 처리되어, 2016년 11월 3일 정부가 입법 발의했다. 개정안의 골자는 지상파다채널방송에 '부가채널'로서의 법적 지위를 부여하고, 부가채널 운용 시 방통위의 승인을 받도록 하며, 운용 관련 세부사항은 시행령으로 정한다는 것이었다.

박근혜 정부 4년 동안 EBS를 둘러싼 지배구조 이슈도 주요 쟁점이었다. 우선, 2014년 5월 2일 '한국교육방송공사법 개정안'이 국회 본회의에서 통과되어 EBS 사장·이사의 자격 요건이 강화되었다. '한국교육방송공사법 개정안'은 이상민 의원이 2014년 2월 17일 대표 발의한 것으로, "대통령선거에서 후보자의 당선을 위하여 방송, 통신, 법률, 경영 등에 대하여 자문이나 고문의 역할을 한 사람 및 대통령직인수위원회 위원으로 활동한 사람에 대하여는 3년의 기간이 경과하기 전에는 한국교육방송공사의 임원이나 이사가 될 수 없도록 함. 이사회 회의를 공개하도록 하고, 법률로 정하는 사유에 해당하는 경우 이사회의 의결로 회의를 비공개할 수 있도록 함" 등이 골자다. '한국교육방송공사법 개정안'에 EBS 사장·이사의 결격사유로서, 대통령선거에서 자문이나 고문의 역할을 한 사람의 구체적 범위 사항(자문이나 고문의 역할을 한 날부터 3년이 경과되지 아니한 사람)이 추가됨에 따라, 방통위는 2014년 8월 7일 '한국교육방송공사법시행령 개정안'을 의결했다. 시행령 개정안은 대통령선거에서 자문이나 고문의 역할을 한 사람의 구체적 범위는 "공직선거법 제61조에 따른 선거사무소, 선거연락소 및 선거대책기구에 설치된 자문단, 고문단, 특보단, 위원회 등 선거 관련 조직에 속하여 자문이나 고문의 역할을 한 사람"으로 최종 규정했다.

이와 관련하여, 박용진 의원은 2016년 12월 15일 '현행법에서는 이사의 결격사유에 대해서는 규정하고 있으나 이사의 적극적 자격 요건에 대해서는 아무런 규정이 없다. 이로 인해 방송이나 언론에 대한 전문지식이나 경력이 없는 사람이 이사로 임명되는 일명 낙하산 논란이 계속되고 있다'면서, EBS 이사 자격 요건으로 '전문지식이나 경력을 갖춘 자'를 명시하자는 내용의 '한국교육방송공사법 개정안'을 대표 발의했다.

한편, EBS 이사회는 2014년 5월 2일 이사회 운영 관련 '한국교육방송공사법 개정안'이 국회 본회의에서 통과됨에 따라, 2014년 12월 23일 'EBS 이사회 회의 공개 등에 관한 시행 규칙'을 의결했다. EBS이사회는 2014년 12월 30일 이후 회의부터 '공개'로 논의된 사안에 대해서는 속기록을 요청하면 전자파일(이메일) 형태로 (신청자에 한해 선별적으로) 제공하기로 결정했다.

특별다수제 등 이사회 구성에 대한 논란도 뜨거운 이슈였다. 박홍근 의원 등 162명의 의원들은 2016년 7월 21일 '한국교육방송공사법 개정안'을 발의했다. 개정안의 골자는 'EBS 이사 수를 11명에서 13명으로 늘리고, 국회에서 여야가 7 대 6의 비율로 추천하자. 이 경우 대통령이 소속되거나 소속되었던 정당의 국회 교섭단체가 추천하는 이사에는 교육과학기술부장관이 추천하는 1명과 대통령령이 정하는 교육 관련 단체에서 추천하는 1명이 포함되어야 한다. 이사회의 사장 임면제청 시 재적이사 3분의 2 이상의 특별다수제를 도입하자'는 것 등이었다. 의원들은 개정안 발의 배경으로 '한국교육방송공사의 사장을 임명하는 방통위원회 위원 구성이 정치적 중립성을 담보하기 어려운 구조로 되어 있어(위원 5인 중 위원장을 포함한 2인은 대통령이 지명, 3인은 국회 추천. 국회 추천 시 대통령이 소속되거나 소속됐던 정당의 교섭단체가 1인 추천, 그 외 교섭단체가 2인 추천), 사교육비 경감과 공교육 육성·강화라는 한국교육방송공사의 설립 목적을 달성하지 못하고 있는 실정이다'고 주장했다.

7. 소결

지상파방송 정책 면에서 이명박 정부가 집권 초기 검토했던 공영방송 지배구조 개선, MBC의 민영화 등 구조개혁은 이뤄지지 않았다. 공영방송의 수신료 문제도 풀리지 않았다. 지상파 다채널방송 허가 문제도 진전이 없었다. 이명박 정부에서는 공영방송 거버넌스 인선 오류 등 언론 정책의 일부 실패가 정부에 대한 민심 이반의 주요한 원인 중의 하나였다는 주장이 대두된다.

이명박 정부에 이어 등장한 박근혜 정부에서도 지상파방송 정책 이슈는 미디어 정책에 있어 핵심 사안 중 하나였다. 박근혜 대통령은 대선 후보 시절 공영방송 지배구조 개선을 위한 공론의 장 마련 등 공영방송 제도 개선 의지를 표명한 바 있지만, 집권 후 논의의 장은 크게 펼쳐지지 않았다. 박근혜 정부는 야권과 시민단체, 학계 등에서 지배구조 문제 등 지상파방송 정책 이슈를 끊임없이 제기했음에도 이러한 논의에 적극적으로 임하지 않았다. 한편 KBS에서는 2015년 처음으로 사장 인사청문회가 실시되었다. 이명박 정부 때부터 논의되어온 지상파다채널서비스(MMS)는 박근혜 정부에서 EBS

에만 허용되었다. MBC 해직자 문제는 박근혜 정부에서도 해결책을 찾지 못했다. 지상파 재원 정책에 있어서는 수신료 논의가 진전되지 않았으며, 광고제도 측면에서는 총량제만 허용되고 중간광고는 허용되지 않았다. 결국, 박근혜 정부에서 성과를 보지 못한 지상파 관련 이슈들은 차기 정부로 다시 넘어가게 되었다.

새롭게 출범한 문재인 정부에서는 무엇보다 '해직자 복직' 문제, '공영방송 지배구조 개선' 등이 주요 이슈가 될 전망이다. 이 밖에도 수신료 이슈와 광고제도 개선 논의가 대두될 것으로 전망된다. 먼저, 공영방송 지배구조와 관련해서는 기본적으로 방송의 공익성과 다양성 등의 기본 가치에 충실해야 한다는 당위 차원에서 볼 때, 정치와 자본 권력과의 건강한 거리를 확보하는 것이 중요한 과제로 보인다. 공영방송 규제감독 체계, 그리고 공영방송 경영구조에 정파적 인물이 들어가는 문제는 공영방송 질서에 부정적 요소가 될 것이다. 이는 공영방송의 공정성, 객관성, 불편부당성, 그리고 신뢰성을 담보하려는 규범과 가치의 문제와 맞닿아 있기 때문이다. 우리가 주목해야 할 또 한 가지는 공영방송 거버넌스에 정파적 인물이 올 경우 조직 내부에 정치과잉의 문화가 조성될 개연성이 크다는 것이다. 이럴 경우 대다수 종사자들의 직업 윤리적 피로감 누적과 업무 생산성 저하를 유발할 가능성이 커 조직발전에 역행할 수 있다.

방송학회가 2015년 10월 30일 주최한 '방송시장과 공정규제' 세미나에서 정두남 한국방송광고진흥공사 연구위원은 '국내 공영방송 질서는 형식적인 면에서는 서구 공영방송 모델을 취하고 있으나, 실제적인 면에서는 (방송의 완전한 자유가 보장되지 않은) 특수한 형태의 모델이라 할 수 있다. 규제 개선 논의도 서구식 모델을 지향하고 모방하나, 실제 효과가 있을지는 의문이다' 라고 주장했다. 또 황근 선문대 교수는 자유경제원·바른언론연대가 2016년 1

월 14일 공동주최한 '공영방송사들의 실태 및 문제점' 세미나에서 발제를 통해 '30년 전에 나온 공영방송 관련 세미나 자료와 지금의 논의 내용들에 유사성이 많다. 공영방송의 실상은 과거에 비해 개선된 것이 별로 없는 것 같다. 이명박·박근혜 정부 등 보수 정권은 이사회와 사장 및 일부 경영진만 장악하면 된다는 안이한 착각에 빠져 있었다. 중요한 것은 시스템 개혁이다'라는 의견을 내놓았다.

한편, 이준웅 서울대 교수는 한국방송학회 미디어제도개선특별위원회가 2017년 1월 13일 주최한 '미디어 구조 개편' 토론회에서 '미디어 공공서비스와 공영방송의 진로' 발제를 통해 '한국 공영방송 제도가 정치 독립성 훼손, 방송 품질 하락 등으로 실패한 양상이다. 이사회의 인적 규모 확대 등 공영방송 지배구조 개편이 필요한 시점이다'고 주장했다.

지상파 재원구조 개선도 시급한 현안이다. 지상파방송 광고시장이 구조적 침체 국면에 접어든 상황에서 프로그램 판매 등을 통한 매출이 지상파의 성장 동력 요인으로 충분히 기능하지 못한다면, '매출액 감소→ 수익성 저하 → 제작비 감소→ 콘텐츠 경쟁력 하락→ 지상파 이용 시간 감소'라는 악순환 구조에 빠질 개연성이 크다. 이로 인해 무료 보편 서비스 정신에 기반한 지상파방송이 본연의 기능과 역할을 제대로 수행하지 못하게 된다면, 궁극적으로 방송서비스 이용자의 복지·후생이 침해받는 상황으로 연결될 것이다. 지상파방송 사업자의 위상 약화는 일시적 현상이 아닌 방송미디어 산업 전반의 구조 변화에 기인하는 측면이 커 보이는 바, 이에 대한 지상파방송 사업자들의 대응이 단순히 인력 감축이나 비용 절감 등 구태의연한 방식이 아니라 방송미디어 산업 구조 전반의 변화에 대한 거시적 분석과 접근이 필요할 것으로 판단된다(강준석, 2016).

지상파방송이 플랫폼으로서 위기를 맞고 있는 상황에서 양질의 차별화된 콘텐츠 제작과 모바일 융·복합서비스 이용 환경 조성 등 수신 환경 개선을 위한 다각도의 노력이 중요해 보인다. 아울러 이러한 노력을 기반으로 젊은 시청층 소구 전략을 적극적으로 펼쳐나가는 것이 다플랫폼·다채널 산업지형 하에서 향후 지상파방송의 미래를 담보해나갈 수 있는 유일한 길로 보인다.

제4장

종편PP 정책

1. 이명박 정부

미디어 법 논쟁으로 일컬어지는 신문·방송 겸영 허용 이슈는 지난 이명박 정부의 방송미디어 정책에서 가장 뜨겁고도 핵심적인 사안이었다. 수많은 사회적 논란과 갈등 끝에 이명박 정부는 종국에 종합편성 PP 4사와 보도전문 PP 1사를 선정·승인했다.

1) 종편PP 허용 찬반 논쟁과 사업자 선정 과정

신문·방송 겸영 규제 완화 정책의 핵심은 신문사가 기존의 사업 분야에서 벗어나 방송 분야로 진출해 보도나 종합편성채널 PP가 될 수 있다는 데 있었다. 2002년을 기점으로 매출액이 계속 감소하는 추이를 보였던 주요 신문사들은 '사상의 자유시장론' 등에 기초해 의견의 다양성, 사업자의 다양성, 언론자유 등을 논리적 기반으로 삼아 신문·방송 겸영 허용을 지속적으로 요구했다. 당시 신문업계는 신문사업의 수익성 문제도 있었지만, 독자들의 매체 이용 패턴이 바뀌는 것을 고려해야 하는 상황에서 종이신문의 한계를 뛰어넘을 수 있는 '업종 전환'의 불가피성이 컸던 것으로 보인다.

하지만 신문·방송 겸영 허용에 대한 반론은 컸다. 반대론자들은 무엇보다 미디어의 공공성, 공익성 측면에서 우려를 제기했다. 사기업인 신문자본이 미디어 시장에 과도하게 진출할 경우 미디어가 갖는 사회적 공공성, 공익성 가치가 훼손될 수밖에 없다는 것이 이들의 주된 시각이었다. 여론지배력 전이, 여론 독과점, 방송의 상업화에 대한 문제점도 제기되었다. 주요 신문사가 방송 영역에 진출해 사회적 여론 형성 과정에 과도한 영향력을 행사할 경우 여론의 다양성 훼손은 자명하고, '미디어 집중'의 부작용이 사회적으로 크게 나타날 것이라는 관점도 부각되었다.

2008년 12월 3일, 당시 여당이던 한나라당은 나경원 의원 등의 대표 발의를 통해 '방송법', '신문법', 'IPTV 사업법' 등을 중심으로 한 '미디어관련 법안'을 국회에 제출했다. 이로써 신문·방송 겸영 허용 관련 논의가 본격화되었다. 논의의 핵심은 신문사·대기업의 방송사 소유 규제를 완화하는 '방송법 개정안'과 신문·방송 겸영 금지를 폐지하는 '신문법 개정안'이었다. 당시 법안을 대표 발의한 나경원 의원은 2009년 1월 8일 ≪파이낸셜뉴스≫와의 인터뷰에서 '한나라당 미디어 정책의 핵심은 규제 완화와 경쟁 활성화다. 국내 미디어 시장은 1980년 언론 통폐합으로 형성된 기형적 구조에서 완전히 벗어나지 못하고 있다. 이제는 산업적·미디어적 관점에서 시장을 활성화하는 데 주력할 필요가 있다. 공공성을 이유로 국가가 과도하게 시장에 개입하고 규제하고 왜곡했던 측면을 재검토해야 할 시점이다. 교차소유 허용은 국제적 기준에 부합하는 것이다. 갈수록 어려워지고 있는 신문사의 방송 진출을 막을 명분은 희박하다'라고 법안 발의 배경을 설명했다.

이는 당시 정부·여당의 상황 인식을 압축적이면서 포괄적으로 설명해주는 대목이라 하겠다.

신문업계는 2008년 말과 2009년 초 신문·방송 겸영에 대한 사업 의지를 적극적으로 표출하기 시작했다. ≪조선일보≫ 방상훈 사장은 2008년 12월 17일 열린 조우회(朝友會) 행사에서 '신문과 방송, 통신 등으로 분리된 미디어 업계 장벽이 무너지고 있다'라고 하면서 방송사업 진출 의지를 밝혔다. ≪중앙일보≫ 홍석현 회장도 2009년 신년사에서 '올해가 새로운 종류의 미디어에 진출하기 위한 기회'라고 언급했다. 당시 국내 주요 신문사들은 신문산업이 방송 등 새로운 분야로 진출하지 못할 경우 자신들의 매체 위상과 경쟁력을 더 이상 유지하기 어려울 것으로 판단했던 것으로 보인다.

신문업계의 방송사업 의지가 확고히 드러나는 상황에서 방통위는 2008년 12월 26일 청와대 신년 업무보고를 했다. 이날 방통위는 방송통신 분야 10대 추진과제에 '신문·방송 겸영 허용'을 포함시켰고, 이에 대해 이명박 대통령은 '방송·통신 분야는 정치논리가 아닌 경제논리로 풀어가야 한다'라고 했다.

이 같은 움직임에 대해 당시 야당인 민주당은 업무보고 다음 날인 2008 12월 27일 반대 성명을 발표했다. 성명의 요지는 종합편성채널 도입 시 '콘텐츠의 정파성 야기, 사업자 간 광고수익의 편중 현상 발생, 미디어의 공공성 훼손 및 상업주의의 확대, 지역매체의 경영 악화' 등이 우려된다는 것이었다.

학계의 입장도 나오기 시작했다. 2009년 1월 21일 언론정보학회 주최 '미디어 법' 관련 토론회에서 부산대학교 조항제 교수는 '2008년 12월 3일 나경원 의원에 의해 발의된 '방송법 개정안'은 신문과 자본의 결합을 통해 현재의 지상파방송 구도를 바꾸겠다는 의도'라면서, '메이저 신문들과 재벌(대자본)의 방송 소유는 편향된 여론을 조성하게 될 것'이라고 주장했다.

이 같은 논의 과정 속에 한나라당 소속의 고흥길 문방위원장은 2009년 2월 25일, 야당의 반대를 무릅쓰고 신문·방송 겸영 허용을 골자로 한 '미디어 법'을 직권 상정했다. 이후 여야는 2009년 3월 5일, '미디어 법' 관련 사회적 논의 기구인 '미디어발전국민위원회'(미발위) 신설에 합의했다. 여야 추천으로 김우룡·황근·최선규·이병혜·문재완·강상현·이창현·최영묵 교수 등이 참여한 미발위는 3월 13일 임명장 수여식을 하고 활동을 개시했다. 미발위는 2009년 6월 25일, 100일간의 활동을 공식 종료했다. 하지만 여야 추천 위원들은 합의된 공동 보고서 제출에는 이르지 못했다. 이러한 상황 속에 여당 측은 독자적으로 최종 보고서를 제출했다. 여당 추천 위원들은 다양성·자율성·경쟁을 기조로 신문의 방송 지분 인수는 즉각 허용하고, 신문·방송 겸영은 2013년 이후 허용하는 것을 주 내용으로 보고서를 성안했다. 반면 야당인 민주당은 여당 추천 위원들의 단독 보고서를 충분한 국민 여론 수렴 과정 없이 만들어진 정통성 없는 것이라면서 전면 부정했다.

이처럼 여야가 입장 차이를 좁히지 못한 가운데, 결국 '미디어 법'은 2009년 7월 22일 열린 국회 본회의에 이윤성 국회부의장에 의해 직권상정되어 여당인 한나라당에 의해 일방으로 단독 처리되었다. 처리된 법안명은 '방송법 일부 개정 법률안', '신문 등의 자유와 기능 보장에 관한 법률 전부 개정 법률안', '인터넷 멀티미디어 방송 사업법(IPTV 사업법) 일부 개정 법률안' 등이었다(사이버모욕제 관련 '정보통신망법' 개정은 제외되었다).

'방송법 개정안'(허원제 의원, 2008년 12월 24일 수정 발의)에서는 누구든지 지상파방송사업자 및 종합편성 또는 보도에 관한 전문편성을 행하는 방송채널사용사업자의 주식 또는 지분 총수의 49/100를 초과하여 소유할 수 없도록 했다. 대기업 또는 신문이나 뉴스통신을 경영하는 자는 지상파방송사업자의 주식 또는 지분 총수의 20/100을 초과하여 소유할 수 없도록 하고, 종합편성을 하는 방송채널사용사업자의 주식 또는 지분 총수의 30/100을 초과하여 소유할 수 없도록 했다. 지상파방송사업자와 종합유선방송사업자는 상호 겸영하거나 그 주식 또는 지분을 소유할 수 없도록 한 규정을 삭제했다. 신문이나 뉴스통신을 경영하는 자는 종합유선방송사업자 및 위성방송사업자의 주식 또는 지분 총수의 49/100를 초과하여 소유할 수 없도록 하고, 대기업의 위성방송사업자에 대한 소유 제한 규정을 삭제했다. 종합편성 또는 보도전문편성을 하는 방송채널사용사업 또는 중계유선방송사업에 대한 외국자본의 출자 또는 출연을 해당 법인의 주식 또는 지분 총수의 20/100을 초과할 수 없도록 했다. 위성방송사업에 대한 외국자본의 출자 또는 출연을 해당 법인의 주식 또는 지분 총수의 49/100를 초과할 수 없도록 했다.

'신문법 개정안'(한선교 의원, 2008년 12월 26일 수정 발의)에서는 일간신문과 뉴스통신의 상호 겸영 금지를 폐지하고, 일간신문·뉴스통신 또는 방송사업 법인의 주식·지분 소유자의 일간신문 법인의 주식 및 지분 취득 제한을 폐지하며, 대기업은 일반 일간신문에 한하여 지분의 1/2을 초과하여 취득 또는 소유할 수 없도록 종전과 같이 유지하도록 했다.

원안대로 통과된 'IPTV 사업법 개정안'(구본철 의원, 2008년 12월 3일 대표 발의)에서는 대기업, 신문 또는 뉴스통신은 종합편성 또는 보도에 관한 전문편성을 행하는 인터넷 멀티미디어 방송 콘텐츠사업자의 주식 또는 지분 총수의 49/100를 초과하여 소유할 수 없도록 했다. 이와 함께 종합편성 또는 보도에 관한 전문편성을 행하는 인터넷 멀티미디어 방송 콘텐츠사업에 대한 외국자본의 출자 또는 출연을 해당 법인의 주식 또는 지분 총수의 20/100을 초과할 수 없도록 했다.

종합하면, '미디어 법'의 핵심은 대기업과 ≪조선일보≫·≪중앙일보≫·≪동아일보≫ 등 메이저 신문사들의 방송사업 진출을 허용하는 것이었으며, 이는 국내 방송미디어 지형 전반을 다원적 구조로 전환시킬 수 있는 중요한 계기였다. 이명박 정부의 '미디어 법'은 한국 방송사에서 1980년 신군부에 의한 언론통폐합 조치 이후 30여 년 만의 '대변혁'이었다고 볼 수 있다.

여권은 '미디어 법' 통과 후 곧바로 시행령 개정 작업과 종합편성채널도입 방안 검토에 들어갔다. 반면 민주당·진보신당·창조한국당·민주노동당 소속 국회의원 93명은 김형오 국회의장과 이윤성 국회부의장을 상대로 권한쟁의 심판 청구(1차 권한쟁의)를 했다. 이에 대해 헌법재판소는 2009년 10월 29일 '절차적 위법성(권한 침해)은 인정되지만, 법안은 유효하다'며 '기각' 결정을 내렸다. 이후 민주당 정세균 의원 등 85명은 '헌재의 절차적 위법성(권한 침해) 결정 후 국회의장이 아무 조치를 하지 않은 것은 의원의 권한을 침해한 것'이라며, 국회의장을 상대로 2차 부작위 권한쟁의 심판을 청구했다. 이에 대해 헌재는 2009년 11월 25일, 2차 권한쟁의 심판청구를 기각했다.

이와 관련해서 2009년 '미디어 법' 강행처리 당시 국회 문방위원장을 역임한 고흥길 의원은 2012년 2월 14일 국회 운영위원회에서 열린 자신의 특임장관 후보자 인사청문회에서 야당 의원들이 '미디어 법' 단독 처리 관련해 사과를 요구하자, '미디어 법 강행 처리는 안타깝지만 불법이나 탈법은 아니었다. 정상적인 상정 절차를 밟지 못한 것은 안타깝지만, 당시 여야 간 대립이 첨예한 상황에서 여야 간 합의에 따른 정상적인 수순이 어려웠고, 시기적으로도 무한정 늦출 수 없어서 단독으로 상정하게 되었다'라고 답변했다.

방통위는 '미디어 법' 후속 조치로 2009년 11월 2일 전체회의에서 '방송법 시행령 개정안'을 의결했다. 주요 내용은 통계·언론·행정·법률·경제 분야에서 5년 이상의 경력이 있는 7~9명의 전문가로 미디어다양성위원회를 구성하는 것이었다. 또한 지상파방송과 SO 간 교차소유와 관련해서는 상호 지분을 현행 '금지'에서 33%까지 소유할 수 있도록 허용했다. 방통위는 또 2010년 6월 11일 자 '방송법 시행령 개정안' 의결을 통해 신문구독률을 시청점유율로 환산 시 세부 환산 기준을 고시로 위임하고, 신문과 방송의 매체 특성, 이용 현황, 시장 규모 등을 고려 요소로 규정했다. 시청점유율 30%를 초과하는 사업자에 대해서는 사후 규제 형식으로, 방송사업 소유 제한, 방송광고시간 제한, 방송시간 양도 등을 통해 규제하기로 했다. 방송사업 소유제한 차원에서는 30% 규정 초과 시 초과분의 주식, 지분, 자산을 매각하도록 했다. 방송광고시간 제한 차원에서는 점유율이 31%일 경우 1/30의 광고시간을 제한하도록 했다. 방송시간 양도 차원에서는 점유율이 31%일 경우 다른 채널사업자에게 주 시청시간의 1/30을 양도하도록 했다.

이러한 정부안에 대해 일각에서는 비판적인 의견을 제시했다. 주된 비판점은 진입 규제 고시 제정에서 방통위의 자의적인 기준 마련이 가능하다는 것 등이었다.

한편 방통위는 2010년 9월 17일 전체회의에서 종합편성채널 승인 기본계획안을 의결했다. 방통위는 계획안에서 '절대평가'를 도입하기로 하고, 초기 자본금 규모는 종합편성채널 PP 3000억, 보도 PP 400억으로 정했다. 또한 종합편성채널과 보도 PP를 동시 선정하기로 했다.

이와 관련해 국회 입법조사처는 2010년 10월 5일 자 ≪이슈와 논점≫에 실린 「종합편성 및 보도전문채널 선정의 쟁점과 향후 과제」 리포트에서 '절대평가로 다수 사업자를 선정할 경우 공멸 또는 전체 방송시장 상황의 악화 가능성'을 경고하고, '테스트베드 개념으로 1개 사업자 선정, 또는 일정 기간 시장 상황을 점검한 후 추가 사업자를 선정하는 것도 대안'이라고 주장했다.

방통위는 2010년 11월 10일 종합편성채널 및 보도 PP 승인심사 세부계획안을 야당 측 방통위원들의 불참 속에 단독 의결했다. 세부계획안에서는 '공적 책임, 법인 적정성, 조직과 인력, 자본금, 콘텐츠산업 육성, 프로그램 기획·편성 계획' 등을 주요 심사 기준으로 정했다.

정부는 11월 30일과 12월 1일 양일에 걸쳐 사업 신청서를 접수했다. 총 6개 사업자가 종합편성채널 사업 신청서를 제출했다. 방통위는 12월 말 심사위원단의 합숙심사를 거쳐, 2010년 12월 31일 6개 신청 사업자 중 4개 사업자를 승인 대상 법인으로 선정, 발표했다. ≪조선일보≫, ≪중앙일보≫, ≪동아일보≫, ≪매일경제≫ 등 4개 신문사가 종합편성채널 PP 승인 대상 법인으로 선정되었다. 보도 PP 분야에서는 5개 신청 사업자 중 연합뉴스가 승인 대상 법인으로 선정되었다.

이로써 2000년 개정 '방송법'에 개념이 도입된 후, 2009년을 전후로 한국 사회를 뜨겁게 달궜던 '종편' 이슈는 큰 획을 긋게 되었다. 선정된 사업자들은 자본금(3000억) 납입 후, 법인등기부등본 및 승인조건 이행각서를 제출하고 정부로부터 승인장을 교부받았다.

이와 관련해 ≪국민일보≫는 2011년 11월 8일 자 사설 "최시중 방통위원장 훗날 자신 있나"를 통해 종합편성채널 PP 선정을 강하게 비판했다. ≪국민일보≫는 '신규 종합편성채널 PP 여유가 1개 정도밖에 안 되는 상황에서 4개 거대 언론사를 사업자로 선정해주고 채널도 황금번호대에 나란히 배치해주는 것은 우리나라 방송 사상 최대의 특혜이자 스캔들이라 할 만하다'라고 비판했다.[1)]

---

1) 참고로 대법원은 2013년 5월 24일, 언론연대가 방통위를 상대로 제기한 '종합편성채널 승인 심사자료 공개' 행정소송에서 '개인정보를 제외한 일체의 자료를 공개하라'라고 판결했다.

이러한 논란 속에서 종합편성채널 4사는 2011년 12월 1일 세종문화회관 등에서 공동 개국식 행사를 가졌다. 종합편성채널은 전문 채널과는 달리 보도·시사교양·연예오락 등 모든 장르를 망라하여 종합적인 편성을 하는 채널이다. 이 점에서 종합편성채널은 사실상 제2의 지상파방송이라 할 수 있다. 2011년은 지상파방송의 영향력에 버금가는 채널이 국내에 동시에 4개나 등장한 해가 되었다. 이로써 종합편성채널 PP 선정은 1991년 민영방송 SBS의 개국 이래 국내 지상파방송 구도에 가장 큰 변화를 가져온 요인이 되었다. 지상파방송에 준하는 신규 채널이 일시에 4개나 방송 시장에 출현했다는 것은 기존의 방송미디어 지형에 중장기적으로 대변화를 유발하기에 충분하다.

2) 종편PP 경영 상황

종합편성채널 PP에는 여러 가지 특혜가 주어졌다(≪경향신문≫, 2011. 11. 29). 우선, 편성이 지상파방송보다 상대적으로 자율적이다. 지상파방송은 분기별 전체 방송 시간의 60~80%를 국내 제작 프로그램으로 편성해야 하지만, 종합편성채널은 국내 제작 프로그램 편성 비율이 20~50%에 불과하다. 외주제작 프로그램 편성 비율도 지상파방송은 4~40%지만 종합편성채널에는 관련 규정이 없는 상태다. 지상파방송은 전체 방송 시간의 0.2% 이상을 공익광고에 할애해야 하지만, 종합편성채널은 비상업적 공익광고의 의무 편성 시간이 월간 전체 방송 시간의 0.05% 이상이다. 종합편성채널은 방송통신발전기금도 징수를 유예[2]받고 있으며, 광고도 직접 영업을 하고 있다. 광

2) 종합편성채널 PP는 2015년까지 방송통신발전기금 징수를 유예받았다.

고 금지 품목에서도 완화된 규정을 적용받고 있고 중간광고 허용 등 제도적 특혜도 받고 있는 상황이다.

이러한 특혜 조항들은 신생 매체가 시장에 안착하는 데 어느 정도 도움이 되는 구조이지만, 종합편성채널을 제외한 나머지 매체들은 형평성에 어긋나는 비대칭 규제 형식이라면서 반발하고 있다.

종합편성채널은 이와 함께 방송통신심의위원회로부터는 지상파방송보다 완화된 심의 기준을 적용받고 있다. 종합편성채널의 프로그램 심의와 관련해 박만 방송통신심의위원장은 2012년 2월 3일 기자간담회 발언에서 다음과 같이 말하기도 했다.

> 종합편성채널에 대해 완화된 심의를 당분간 계속 유지할 것이다. 종합편성채널이 개국 초기 상황으로, 아직 자체 심의 체계가 잡혀 있지 않은 상태이고 심의 규정 숙지도 미숙해 우선 완화된 기준을 적용하고 있다. 향후 위반 사항이 반복될 경우 점진적으로 지상파방송 심의에 준하는 단계로 높여나가겠다.

종합편성채널의 출범으로, 국내 방송미디어 지형은 지상파방송, 뉴미디어, 융합미디어, 종합편성채널 등이 제한된 규모의 시장에서 생존경쟁을 벌이는 말 그대로 본격적인 다플랫폼·다채널 시장 상황을 형성하고 있다. 하지만 문제는 광고 시장의 '파이'가 사업자들의 수요만큼 쉽게 커지지 않을 수 있다는 것이다. 이렇게 될 경우, 사업자 간 치열한 제로섬(Zero-Sum) 게임의 전개가 불가피한 상황이다.

이런 관점에서, 종합편성채널은 초기 제작비용 등을 감안해 출범 후 몇 년 동안은 대규모의 적자 상황을 피하려는 노력이 중요하다는 주장도 제기된다.

한편 2012년도 국정감사에서는 종편에 반대했던 야당의원들뿐 아니라 2009년 종합편성채널관련법을 단독으로 처리한 여당의원들로부터도 종합편성채널 정책에 대한 비판이 제기되었다. 10월 24일 열린 방통위 국정감사에서 여당의원들은 '4개의 종합편성채널 허용은 과도했다. 재방 비율이 너무 높다. 콘텐츠 제작 역량과 제작 의지가 부족하다. 제대로 된 기능을 못하고 있다'라면서 방통위의 책임 있는 정책의지를 주문했다.

최근에 나온 연구 결과들을 보면, 종합편성채널에 대한 시청자들의 시청행태는 기존 지상파방송과 상당히 유사한 양상을 보이고 있다. 즉, 주 시청층이 50대 이상 시청자들이라는 것이다. 지상파방송과 종합편성채널 공히 50대 이상 연령층이 주 시청자층인 현 구조에서 김창조(2012)는 종합편성채널의 생존 전략을 크게 두 가지 관점에서 설명하고 있다. 첫째는, 자체 제작을 줄이면서 투자 비용을 절감하고, 국내외 드라마 등 저렴하면서도 경쟁력 있는 프로그램들을 편성해, 현재 정도의 성과를 거두면서 종합편성채널의 숫자가 축소되기를 기다리는 생존 전략이다. 둘째는, 장기적인 적자를 무릅쓰더라도 지상파방송만큼의 제작비 투자로 채널선호도를 높여나가 지상파방송에 대응하는 채널 브랜드 파워를 확보해나가는 것이다.

종합편성채널 출범 후 시장에서는 시청률 저조 등을 근거로 일부 종합편성채널의 위기설이 지속적으로 제기되고 있다. 방송미디어 시장이 과포화된 상태에서 출범한 종합편성채널로서는 다양한 스마트미디어의 등장으로 경쟁이 심화된 상황에서 채널 브랜드 파워 제고 등 획기적 방안이 나오지 않는 한 향후 전망이 낙관적일 수 없다는 것이 대체적인 시각이다.

근래 들어 종합편성채널은 드라마·예능 장르보다 시사보도에 집중하는 양상을 보이고 있다. 이는 사업 초기 드라마 등이 실패로 끝나고, 제작비가 적게 드는 시사보도 장르에 집중한 탓으로 보인다. 뉴스 장르는 신문업계 주력 분야이기도 하여 상당한 경쟁력이 있다고 내부적으로 판단한 듯하다. 전체적으로 광고 부진으로 '합리적 적자 관리'가 중요한 상황이긴 하겠지만, 향후 경쟁력 있는 킬러 콘텐츠와 프로그램 포맷 개발이 중요한 과제로 보인다 (김도연, 2012).

2. 박근혜 정부

1) 종편PP의 시장 안착 정도

박근혜 정부 들어 종편PP들은 여러 논란[3]에도 불구하고 상당 부분 시장 안착에 성공한 것으로 보인다. 특히 '최순실 게이트'를 전후로 종편의 위상이 이전보다 많이 제고되었다고 볼 수 있다. 종편PP들은 2016년 12월 1일로 개국 5주년을 맞았다. 개국 초기 중장년층이 주 시청층 이었다면, 일부 종편에서는 근래 들어 젊은 층이 주 시청층으로 유입되고 있는 추세다.[4]

---

3) 2013년 05월 19일 KBS 〈일요진단〉에 출연한 박근혜 정부 초대 방통위원장인 이경재 위원장은 '정치적인 고려에 의해서 4개의 종편 채널이 일시에 출범했는데, 4사 공히 힘든 상황이다. 종편은 출발할 때부터 지금까지 정치 지향성 요소 등으로 인해 계속 쟁점인 상태다. 개인적으로 종편은 한두 개 정도로 해야 된다고 생각했다'고 주장했다.

4) 종편 4사는 개국 3년을 맞으면서 사회적 위상을 인정받기 시작했다. 새정치민주연합 민주정책연구원과 최민희 의원실이 2014년 12월 1일 공동 주최한 '종편 개국 3주년 현황 및 평가' 토론회에서 민병두 의원은 '출범 3년이 지난 지금 종편은 상당한 정도의 정치 현실이 됐다'고 주장했다. 김재홍 방통위 상임위원도 '종편이 단기간에 영향력을 확보할 수 있었던 요인 중 하나가 바로 의무편성 특혜이고, 이에 더해 20번대 안에서 고정채널을 받아 상대적으로 높은 비율의 고정 시청층을 확보해 영향력을 높일 수 있었다'고 진단했다.

문화체육관광부 제2기 여론집중도조사위원회가 2016년 1월 21일 발표한 '여론집중도조사' 결과에 따르면, '방송뉴스 이용점유율'(1년 평균 시청률×편성 시간×방영 횟수)에서 종편 4사 뉴스 이용점유율이 2012년 9.2%에서 2013년 20.5%, 2014년 29.2%, 2015년 33.1%로 매년 증가세를 보이고 있다. 반면 지상파3사의 뉴스 이용점유율은 2012년 82.7%에서 2015년 51.8%로 30.9%나 하락했다.

종편 4사의 경영 상황도 지속적으로 호전되고 있다. 방통위가 2016년 6월 28일 발표한 '2015년도 방송사업자 재산 상황' 자료에 따르면, 종편 4사의 2015년 방송매출액(광고, 협찬, 프로그램 판매 등)은 전년 대비 32.5% 증가한 5321억 원을 기록했다. 종편 4사의 방송매출액 규모가 2011년 846억 원, 2012년 2264억 원, 2013년 3062억 원, 2014년 4016억 원이었던 점에 비하면, 2015년의 5321억 원 달성은 빠른 증가세를 보여주는 것이라 하겠다. 종편 4사 간 비교에서는 JTBC의 방송매출액이 전년 대비 50.7% 증가했고, 이어 TV조선(28.3%), 채널A(22.9%), MBN (19.9%) 등으로 나타났다. 종편 4사의 방송매출액 증가에는 대체적으로 협찬매출이 크게 기여했다고 볼 수 있다. 2015년 지상파의 협찬매출(7748억 원)이 광고매출(3조 4736억 원)의 4분의 1 수준이었던 것에 반해, 종편 4사의 2015년 협찬매출은 1345억 원으로 광고매출(2863억 원) 대비 절반 수준에 육박했다. 종편 4사 가운데 TV조선의 경우 2014년 122억 영업 손실에서 2015년 45억 원으로 흑자 전환을 했다. MBN, JTBC, 채널A는 모두 영업 손실을 기록했으나 적자폭이 줄어든 것으로 나타났다.

이런 가운데 방통위가 2016년 8월 9일 의결한 '2016 방발기금 분담금 징수율 (고시)개정안'에서 종편과 보도PP는 출범 후 처음으로 '분담금 징수'가 결정되었고, 징수율은 방송광고 매출액의 0.5%로 결정되었다.[5)]

박근혜 정부에서는 일부 종편사가 '재허가' 과정에서 어려움을 겪기도 했다. 종편 4사는 2014년 재허가 과정은 비교적 무난하게 통과하였다 하지만, 2017년 심사 과정에서는 일부 어려움이 있었다. 방통위는 2017년 3월 24일 전체회의에서 TV조선, JTBC, 채널A 등 3개사에 대해 '조건부 재승인'을 의결했다. '법정 제재 건수를 연 4건 이내로 유지하라'는 등의 조건이 부여되었다. 한편, 심사 총점 1000점 중 625.13점을 획득, 650점에 미달하는 결과를 얻은 TV조선에 대해서는 재승인 조건을 준수하지 않은 경우 시정명령을 하고, 주요 재승인 조건에 대한 이행 여부를 6개월 단위로 점검하기로 결정했다. 또 시정명령을 이행하지 않고 재승인 조건을 반복 위반한 때에는 업무정지, 청문의 절차를 거쳐 승인을 취소하기로 했다. 관련해서 ≪한국일보≫는 2017년 3월 24일 자 'TV조선 재승인으로 스스로 존재이유 부정한 방통위' 제목의 사설에서 "방통위 스스로 기준점수를 적용하지 않았으니, 봐주기이자 특혜라 할 수밖에 없다. 이러려면 무엇 하러 기준점수를 두었는지 묻고 싶다. … 누구보다 엄격하게 방송 통신 정책을 추진해야 할 방통위가 이처럼 공정성을 의심케 하는 태도를 보이는 것은 스스로의 위상을 깎아 내리고 존재 필요성을 부정하는 것밖에 되지 않는다"고 주장했다.

한편 TV조선은 2017년 3월 20일 개편안을 발표했다. 골자는 '보도·교양·예능 프로그램을 1 : 1 : 1 비중으로 균형 편성하겠다. 예능·교양 등 상반기

---

5) 지상파의 경우, 2015년도 최종징수율과 동일하게 적용되어 KBS는 전년도 방송광고 매출액의 2.87%, MBC와 SBS는 4.3%, EBS는 1.54% 수준으로 결정되었다. 한편, 미래부의 2016년 7월 7일 자 '2016년도 유료방송 방발기금 분담금 산정' 고시에 따르면, IPTV의 기금 징수율은 지난해 매출의 0.5%에서 1%로 상향조정되었다. 케이블의 경우, 매출에 따라 1.0%~2.8%였던 징수율을 1.0~2.3%로 하향조정되었다. 위성의 경우, 1.33% 유지로 결정되었다.

에만 10개 넘는 프로그램을 제작하겠다. 출연자 심의 제재 1회 시 퇴출시키겠다'는 내용 등이었다. 이후 그동안 심의제재 등 비판의 대상이 되어온 일부 프로그램들이 폐지되기도 했다.

박근혜 정부에서는 종편PP사들에게 미디어렙이 허가되었다. 방통위는 2014년 2월 28일 전체회의에서 제이미디어렙, 미디어렙에이, 조선미디어렙 등 3개 법인 신설을 허가했다. 허가 조건으로는 방송광고판매의 공정거래질서 이행을 위한 실행계획 마련, 방송사의 미디어렙 경영 등에 대한 부당한 간섭을 방지하기 위한 개선계획 마련, 광고판매의 효율성 제고 및 거래투명성 확보를 위한 방송광고 판매 전산시스템 구축·운영 등이 부여되었다. 엠비엔미디어렙 법인은 2014년 11월 4일 허가되었다.

2) 종편PP에 대한 사회적 인식 상황

≪시사IN≫·미디어리서치가 2016년 9월 8일 발표한 '대한민국 신뢰도 조사' 결과에 따르면, '가장 신뢰하는 매체' 항목에서 KBS(15.5%), 네이버(11.7%), JTBC(11.6%), ≪한겨레≫(5.4%), ≪조선일보≫(4.8%) 등의 순으로 나타났다. '중복응답' 기준에서는 KBS가 23.8%로 가장 높았고, 이어 종편PP인 JTBC(18.4%)가 2위를 차지했다. 가장 신뢰하는 '방송' 매체 항목에서도 JTBC(26.3%)가 KBS(29.7%)에 이어 2위를 기록했다. 또 '가장 신뢰하는 언론인'에서는 응답자의 38.8%가 손석희 JTBC 보도 담당 사장을 꼽았다. 가장 신뢰하는 방송프로그램에는 JTBC 〈뉴스룸〉(17.5%), KBS1 〈뉴스9〉(13.4%), JTBC 〈썰전〉(5.3%), SBS 〈그것이 알고 싶다〉(3.6%), MBC 〈뉴스데스크〉(3.0%) 등의 순으로 나타났다. 이렇듯 JTBC를 필두로 한 종편PP의 위상이 한국 사회에서 조명 받고 있음을 확인할 수 있다.

JTBC 〈뉴스룸〉의 경우, 2016년 10월 24일 방송에서 최순실 컴퓨터 속 박근혜 대통령 연설문 파일을 단독 공개하면서 종편 시청률 추이에 있어 대 변화를 일으키기도 했다. '신뢰와 품위'[6]를 브랜드 자산으로 중시하고 있는 JTBC는 '메인 뉴스' 측면에서 MBC와 SBS의 영향력을 추격하고 있는 상황으로도 볼 수 있다. 이와 관련해서 김사승 숭실대 교수는 JTBC 〈뉴스룸〉에 대한 분석에서 〈뉴스룸〉의 특장점으로 '손석희 앵커의 신뢰와 품위', '2부 앵커 브리핑 등 해석과 분석 뉴스' 등을 꼽았다(≪방송트렌드&인사이트≫, 2016.3).

JTBC의 부상과 관련해 뉴스타파 토크프로그램 〈뉴스포차〉(2017년 1월 25일 방송분)에 출연한 최승호 MBC 해직 PD는 '손석희 사장이 JTBC로 자리를 옮긴 후 대중들이 'JTBC는 뭔가 다르다'고 인식하기 시작했고 실제로 뉴스가 달라졌다. 세월호 같은 경우 JTBC는 끈질기게 보도했고, 이번에는 '최순실 태블릿 PC'도 터뜨렸다'면서, (그럼에도) 'JTBC의 훌륭한 보도가 내부 자율성이 확보된 공간에서 나온, 앞으로도 유지될 수 있는 보도인가라는 측면은 조금 더 지켜볼 여지가 있다'라는 주장을 폈다. 또 '만약 JTBC 사주인 홍석현 씨 생각이 '더 이상 상업적으로 도움이 안 된다'거나 '개인적 이해 등의 문제로 다른 방향으로 가야겠다'는 식으로 바뀐다면, 뉴스 조직이 지금과 같은 패턴을 유지하면서 나아갈 수 있을까라는 부분은 지켜봐야 할 대목'이라는 견해를 밝히기도 했다(≪미디어오늘≫, 2017.1.29).

강준만 전북대 교수는 손석희를 가리켜 '한평생 언론인의 정도를 벗어나지 않았던 송건호 선생의 자세를 견지했으며, 앞으로도 그럴 것이라는 믿음을 우리에게 주었다. 폴리널리스트의 길을 단호히 배격한 롤 모델 저널리스

6) 2015년 5월 30일 열린 언론정보학회 춘계학술대회에서 손석희 JTBC 사장은 기조연설에서 'JTBC 뉴스는 사실과 공정, 균형 외에 품위를 중시한다'고 발언했다.

트를 부각하는 일도 필요하다'면서, 폴리널리스트가 보편적 현상이 되어버린 오늘날 언론계에서 손석희라는 언론인상이 갖는 의미를 강조한다(강준만, 2017).

홍석현 JTBC 회장은 손석희 JTBC 사장의 영입 전말을 다음과 같이 밝혔다(홍석현, 2016). 'JTBC를 개국할 때 방송의 색깔을 고민하지 않은 것이 아니다. 열린 보수를 지향하며 진보적 성향의 글들이 많이 실리기도 하지만 ≪중앙일보≫의 색깔은 보수에 더 가까운 게 사실이다. 같은 그룹에 있다고 해서 방송도 같은 노선을 취해야 한다고 생각하지 않기로 했다. 진보냐 보수냐가 중요한 게 아니라, '최고의 인재와 함께 가는 방송이 되자'를 먼저 생각했다. '최고의 인재'는 '어떤 어려움이 닥쳐도 바른 생각과 바른 행동을 할 수 있는 사람'이라고 생각한다. 손석희 사장에 대한 영입도 그런 차원에서 이루어졌다. 손 사장이라면 어느 쪽에도 치우치지 않는 공정한 보도에 가장 적합한 인물이라는 판단이 들었다. 고사를 하던 손 사장은 '그럼 모든 걸 믿고 맡겨달라'고 했다. 그렇게 우리는 손을 잡았다. 손 사장과 JTBC뉴스의 힘은 어느 쪽에도 치우치지 않는 진실보도, 그 자체에 있다. JTBC를 시작하면서 줄곧 생각한 것은 기왕 할 거면 제대로 해보자는 것이었다. 사회 발전에 일조하는 방송, 사회 구성원과 호흡하며 약자의 편에 서서 함께 가는 방송은 처음 동양방송(TBC)를 만드셨던 고(故) 이병철 (삼성그룹)회장과 선친(홍진기 중앙일보 회장)의 뜻이기도 했다'(≪미디어오늘≫, 2017.1.17).

한편, 홍석현 JTBC 회장은 대선 50여 일 앞둔 시점인 2017년 3월 18일 돌연 사임을 발표했다. 중앙미디어네트워크 사내 이메일을 통해 그는 "오랜 고민 끝에 저는 국민의 한 사람으로서 대한민국의 미래를 위해 작은 힘이라도 보태기로 결심했다"며 사임하겠다는 뜻을 밝혔다.

홍 회장의 사임 발표 이틀 뒤인 2017년 3월 20일 손석희 JTBC 사장은 〈뉴스룸〉 '앵커브리핑'에서 "지난 주말부터, JTBC는 본의 아니게 여러 사람의 입길에 오르내렸습니다. 가장 가슴 아픈 건 저희가 그동안 견지하기 위해 최선을 다해왔던 저희의 진심이 오해 또는 폄훼되기도 한다는 것입니다. 저희가 말씀드릴 수 있는 것은 명확합니다. 저희는 특정인이나 특정 집단을 위해 존재하지 않습니다"라고 말했다.

홍석현 전 중앙일보·JTBC 회장은 2017년 4월 16일 유튜브를 통해 'JTBC에 대한 청와대의 외압이 있었다. 구체적인 외압이 5~6번 됐다. 그중 대통령으로부터 두 번 있었다. 그 때 저는 언론을 경영하는 입장에서, 개인적으로 정치적 사건에 연루돼 고초를 치렀던 입장에서 위협을 느낀 건 사실이었다. 그러나 외압을 받아 앵커를 교체한다는 건 자존심이 용서하지 않았다. 시대착오적인 일이었다. 21세기에 있을 수 없는 일이라고 믿었기 때문에 외압을 견뎌냈다'고 주장했다. 이와 관련해 중앙미디어네트워크 측도 '2016년 2월 박근혜 대통령과 이재용 삼성전자 부회장이 독대했고 이날 대화의 절반은 손석희를 갈아치우라는 압력이었다'고 주장했다(≪미디어오늘≫, 2017.4.18).

살펴본 바와 같이 박근혜 정부 들어 JTBC를 필두로 한 종편에 대한 사회적 인식은 새롭게 부각되는 현실이다. 이 과정에서 손석희 앵커의 〈뉴스룸〉이 일정 부분 기여를 했다는 사실을 부인하기 어렵다. 실제적으로 방송에 대한 시청자의 이미지는 메인뉴스에 기반하는 측면이 강하고, 방송뉴스 장르에 대한 인식은 '신뢰성' 요소에 크게 영향을 받는다고 볼 수 있다. JTBC 등 종편의 사회적 영향력 확대는 우리 사회 미디어 지형 전반에 자극제이면서, 특히 보도 장르의 '신뢰성', '겸손', '품격' 등의 요소를 되새기는 계기가 되고 있다.

종편의 위상이 제고되어가는 과정에서도 종편사들에 대한 사회적 비판이 지속되는 상황이다. 대표적인 것이 보도·시사 프로그램 '과다' 논란이다. 보도전문채널 YTN과 뉴스Y는 박근혜 정부 임기 초반인 2013년 10월 7일 방통위에 건의서를 제출했다. 요지는 'TV조선, 채널A, MBN 등 종편 3사의 보도프로그램 과다 편성을 금지해 달라'는 것이었다. 양 사는 종편 3사가 현재 보도채널화되고 있으며, 이로 인해 기존 보도채널 시장이 혼탁해지고 있다고 주장했다. 양 사는 8월 주중 6시~24시 기준 자체 조사 결과, 보도 비율이 60%대에 육박한다고 설명하면서, 종편 3사가 교양, 오락 프로 편성 확대 등 종편으로서 본연의 역할을 할 수 있도록 방통위가 대책을 강구해야 한다고 주장했다.

이와 관련해 종편 출범 당시 '산파' 역할을 했던 최시중 전 방통위원장도 2014년 11월 15일 정보통신기술 분야 역대 장관 초청 간담회 자리에서 '앞으로 3~4년 후면 종편들이 제구실 할 수 있을 것으로 본다. 4사 중 2곳 정도는 더 잘 나갈 것으로 본다. 재정난으로 종편들이 보도 비중을 높이는 것은 문제다. 방통위가 잘 관리, 감독해야 한다'고 말했다.

이어 최성준 방통위원장은 2014년 11월 18일 전체회의에서 '보도 비율을 고시나 시행령에 정할 수 있는지, 비율을 정하는 게 제작·편성의 자율성과 독립성에 상충되는 것이 아닌지에 대해 사무국 차원에서 검토하고, 위원회에서도 실질적으로 논의할 수 있는 기회를 가졌으면 좋겠다'는 발언을 했다.

종편에 대한 특혜를 폐지해야 한다는 주장도 박근혜 정부 기간 동안 야권과 시민단체 등을 중심으로 지속적으로 제기된 이슈였다. PD연합회는 2014년 12월 1일 '종편 출범 3주년' 관련 논평에서 '지상파와 인접한 15~20번의 이른바 황금채널을 배정받은 점', '중간광고가 허용된 점', '광고 직접 판매를 허용한 점', '종편을 의무전송 채널로 지정한 점' 등을 대표적인 특혜사항으로 지적했고, 배재정 의원은 이와 관련해 2013년 4월 22일 '방송법 개정안'과 '방송광고판매대행 등에 관한 법률 개정안'을 대표 발의했다. '방송법 개정안'의 골자는 '종편을 케이블 및 위성방송의 의무재전송 채널에서 제외키시고, 국내제작·외주제작비율·방송광고 규제를 지상파와 동일한 수준으로 해야 한다'는 것이었고, '방송광고판매대행 등에 관한 법률 개정안'의 골자는 '종편의 직접 광고영업을 금지시키자'는 것이었다. 이석기 의원도 2013년 6월 20일 '방송법 개정안'과, 2013년 6월 24일 '방송광고판매대행 등에 관한 법률 개정안'을 대표 발의했다. '방송법 개정안'의 골자는 '의무전송, 국내 방송프로그램 및 외주제작프로그램의 편성 비율, 광고 규제, 대기업·신문통신·외국자본의 출자 등에서 (지상파방송사업자와 달리 규율된) 종편PP의 특혜를 폐지하자'[7]는 것이었고, '방송광고판매대행 등에 관한 법률 개정안'의 골자는 '종편PP의 방송광고 직접 영업을 허가하는 규정을 삭제해 지상파와 같이 광고를 미디어렙에 의무 의탁하도록 하자'는 것이었다.

종편사들에게 선거방송을 허용해주자는 논란도 있었다. 2017년 2월 23일 국회 안전행정위원회는 종편에서도 선거방송을 할 수 있도록 허용하는 것을 골자로 한 '공직선거법 개정안'(김경진 의원 대표 발의)을 통과시키기도 했다. 이에 대해 전국언론노조는 2017년 2월 26일 '정치인들의 자유와 종편의 특혜

---

7) 개정안의 세부 내용은 다음과 같다. "가. 대기업, 신문·뉴스통신사의 소유 지분 한도를 지상파방송사업자와 동일하게 100분의10 이내(현행, 100분의30)로 하며, 외국 자본의 출자와 출연(현행, 100분의20)을 금지함. 나. 방송통신심의위원회 및 선거방송심의위원회의 제재조치 횟수, 이행 결과 등을 재승인 심사 기준으로 함. 다. 의무전송 대상 채널에 종합편성 및 보도에 관한 전문편성을 행하는 방송채널사용사업자의 채널이 포함되지 않도록 그 포함 여부를 각 사업자의 자율에 맡기도록 함. 라. 국내 방송프로그램 및 외주제작 방송프로그램의 편성에 있어서 지상파방송사업자와 동일한 편성규제를 받도록 함. (지상파는 분기별 전체 방송 시간의 60~80%에 국내 제작 프로그램을 편성해야 하지만, 종편은 편성 비율이 20~50%에 불과. 외주제작 프로그램 편성 비율도 지상파는 4~40%지만 종편에는 관련 규정이 없는 상태.) 마. 지상파방송사업자와 동일한 광고규제를 받도록 함."

를 인정하는 종편 선거방송 허용을 철회하라'는 성명서를 발표했다. 성명서에서 전국언론노조는 "개정안에 따르면 공직선거에 출마한 후보나 정당은 자신들의 정강, 정책을 지상파와 보도채널뿐 아니라 종편에서도 연설 형태로 방송할 수 있게 된다. 종편이 도입된 이후의 방송 현실은 무엇을 말하는가? 약 6년을 거치며 고정 시청자층이 형성되었고, 보도와 시사 프로그램을 과도하게 편성하여 여야 정치인 모두 앞다투어 섭외 요청만을 기다리는 변화를 말하는가? 이명박-박근혜 정권의 적폐를 청산해야 한다는 요구가 어느 때보다 높은 지금이다. 그런데 이번 개정안은 종편에 선거방송을 허용함으로써, 언론계의 최대 적폐 중 하나인 종편 특혜를 사실상 인정하고 유지하겠다는 정치인들의 이기적인 합의에 불과하다"고 주장했다.

3. 소결

국민의 '채널 선택권 확대' 차원에서 볼 때, 종편 4사의 출현은 긍정적 요인일 수 있다. 하지만 국내의 과포화된 방송시장 상황을 고려할 때는 4사를 동시 허가한 것은 정책적으로 과한 부분이 있었다.

이명박 정부에서는 종편PP 허가 과정에서 정책과 정치가 일부 혼재된 양상으로 나타나 사회적으로 혼란과 갈등이 야기되기도 했다. 또 2013년 봄에는 일부 종편에서 5·18 광주 민주화 운동 당시 북한군이 개입되어 있었다는 허위 사실을 보도함으로써 큰 사회적 파장이 일기도 했다.

박근혜 정부에서 종편PP는 시장에 안착해가는 양상이다. 최순실 게이트와 대통령선거 등을 거치면서 JTBC 등의 시청률이 빠르게 상승했다. 정치권에서도 종편PP를 '상당한 정도의 현실'로 받아들이는 상황이다. '매체신뢰도'

조사에서도 JTBC의 경우 크게 약진하고 있다.

2017년도 재허가 과정에서 TV조선이 일부 어려움을 겪기도 했지만, 종편사들의 경영 수지도 전반적으로 호전되어 2016년부터는 방발기금 징수 대상에 포함되고 있다. 박근혜 정부는 종편사들에 독자적인 미디어렙도 허가했다. 종편사들의 편성에 있어 보도시사 프로그램 비중이 과도하다는 지적도 있지만, 전반적으로 우리 사회에서 종편의 위상이 재인식되고 있다고 하겠다.

한편, 새롭게 출범한 문재인 정부가 '종편 특혜' 폐지 이슈를 대선 공약으로 내건 상황이어서 향후 정부 정책 기조에 관심이 모아진다.

종편은 이러한 사회적 비판에 유념하여 출범 당시 사업 명분으로 제시되었던 채널사업자·콘텐츠의 다양성 확보에 더 많은 노력을 기울이는 것이 미래의 발전을 위해서 중요해 보인다.

제5장 IPTV와 DMB 정책

1. 이명박 정부

방송통신 융합 이슈는 미디어 분야의 산업성을 강조한 이명박 정부의 핵심 관심 사업 분야였다. 이명박 정부가 표방한 방송통신 융합 서비스 활성화 정책의 핵심은 IPTV 서비스였다. 노무현 정부에서의 대표적인 방송통신 융합 서비스였던 DMB 활성화 정책이 이명박 정부 동안에 위성 DMB 서비스의 중단 등 일부 정체 양상을 보였던 반면, IPTV 서비스 분야는 안정적인 가입자 수 확보 등을 통해 시장 질서에 안착하는 양상을 보였다.

1) IPTV

국내 주요 통신사업자들은 2003년을 전후로 수익이 정체되자 산업적 가치 사슬 간 융합에 착안해 신규 사업 분야를 찾아 나섰다. 이 과정에서 방송과 통신의 전형적인 융합서비스 유형인 IPTV 서비스 분야로의 사업 진출을 모색하게 되었다. 통신사들은 VOD(Video on demand), 다채널, 양방향 서비스 등 종합적인 미디어 사업자로서의 위상 변화를 추구했다.

IPTV 출범의 초석은 노무현 정부 말기에 마련되었다. IPTV 서비스의 근간이라 할 수 있는 '인터넷 멀티미디어 방송 사업법(IPTV 사업법)'은 2007년 12월 28일 국회 본회의를 통과했다. 'IPTV 사업법'의 핵심 내용은 KBS1TV를 의무재전송하고, 전국 권역의 사업을 허용하는 것 등이었다. 이후 정보통신부는 2008년 1월 5일 (이명박 당선인) 인수위원회 보고과정에서 고용창출 방안으로서 IPTV의 상용화 필요성을 강조했다.

이명박 정부 출범 후 방통위는 2008년 6월 27일 전체회의에서 'IPTV 사업법 시행령'을 의결했다. IPTV 사업 기업의 자산 규모 허용 한도를 3조에서 10조 미만으로 완화하고, IPTV 사업자의 서비스 채널 수를 70개로 확정하는 것 등이 주요 내용이었다. 방통위는 2008년 7월 23일 'IPTV 사업법 시행령 고시안'을 의결했다. 고시에서 방통위는 첫 허가 시에는 30개 채널을 확보할 경우 사업자로 승인하기로 했고, 허가 주기는 5년으로 했다. 이어 방통위는 2008년 8월 7일 IPTV 허가 기본계획안을 의결했다. 기본계획안에서 방통위는 공정성·공익성 등 공적 책임 수행 역량, 콘텐츠 수급 역량 및 방송영상산업 기여 가능성, 유료방송시장 내 공정경쟁 담보 가능성, 조직·인력 운영 등 경영계획의 적정성, 재정적 능력, 기술적 능력 및 시설계획의 적정성 등 6개 항목을 평가하겠다고 했다. 이에 기초해 방통위는 2008년 9월 8일 IPTV제공 사업자를 발표했다. KT·SKT(하나로텔)·LG데이콤 등이 사업자로 선정되었다.

한편 2008년 10월 10일에는 IPTV 등 융합미디어 진흥 도모를 위한 민간 협의체 '디지털미디어산업협회'가 출범했다. 협회에는 IPTV 사업자, 방송통신 솔루션 업체 등이 참여했다.

IPTV 3사 중 가장 먼저 KT의 '메가TV라이브'가 2008년 11월 17일 수도권 지역을 대상으로 IPTV 본방송 서비스를 시작했다.[1] 2008년 12월 12일에는 IPTV 출범 기념식 행사가 열렸다. 이 자리에 참석한 이명박 대통령은 'IPTV 산업을 기반으로 방송통신대국으로 나아가야 한다. 지난 10년간 우리는 미디어를 산업적 가치로 인식하는 데 소홀했다. 방송통신시장이 시대를 선도할 수 있도록 법과 제도를 과감히 고치겠다'라고 말했다. 이 발언 직후인 2008년 12월 16일 국무회의에서는 2008년 11월 24일 방통위 전체회의를 통과한 '방송통신발전기본법 제정안'이 의결되었다. 이는 '방송법', '전기통신기본법', '정보화촉진기본법' 등에 분산되어 있던 방송통신 관련 사항들을 통합한 것이었다. 하지만 '방송통신발전기본법 제정안'은 동일 서비스 동일 규제 개념 등을 담지는 못했다.

KT의 '메가TV라이브'에 이어 SK브로드밴드의 '브로드앤TV'와 LG데이콤의 'myLGtv'[2]도 2009년 1월 1일부터 수도권 지역 IPTV 본방송 서비스를 개시했다. 초기 KT '메가TV라이브'는 30여 개의 채널을, SK브로드밴드 '브로드앤TV'와 LG데이콤 'myLGtv'는 20여 개의 채널을 제공했다. 이로써 3사의 본격적인 IPTV 상용서비스 경쟁이 이명박 정부의 정책적 지원하에 시작되었다.[3]

---

1) 전국 서비스는 2009년 1월 시작했다.

2) KT의 '메가TV라이브'는 2009년 4월 QOOK-TV, 2011년 1월 올레TV로 변경. SK브로드밴드의 '브로드앤TV'는 2010년 10월 BTV로 변경. LG데이콤은 사명을 LG유플러스로 변경했다.

3) KT의 경우 2009년 1월 14일 이석채 사장이 취임했다. 그는 취임 직후 최대 사업현안으로 자회사 KTF와의 합병작업을 추진했다. 경쟁업체들은 시장지배력 문제를 제기하면서 KT의

사업 초기 IPTV 사업은 고전을 면치 못했다. 부진의 이유로 주로 케이블TV서비스와의 차별성 부재, 인프라(망 설비) 부족, 사회 전반의 경제난 가중 등이 지적되었다. 2009년 3월 31일, 정보통신정책연구원(KISDI)이 주관한 '방통위원회 1주년 평가 심포지엄'에 참석한 디지털미디어협회 김인규 회장은 강연을 통해 'IPTV가 준비가 부족했다고 본다. 방송과 통신 간 상호 교류·교감이 부족한 상황이다. IPTV의 난제는 방송과 통신 간 이질적 거리감과 플랫폼 간 제로섬 구조에 있다. IPTV의 콘텐츠 수급 과정에서 지상파 계열 PP마저도 IPTV에 콘텐츠를 제공할 경우 기존의 사업 파트너이자 IPTV와는 경쟁관계에 있는 SO들로부터 불이익을 당할까봐 SO들의 눈치를 보는 실정이다'라는 등의 현실적인 진단으로, IPTV 정책에 대한 여러 시사점을 던져주었다.

IPTV 출범 초기 방통위는 IPTV 업계가 투자를 늘려 가입자 수를 늘리는 데 주력해야 한다는 입장이었다. 반면 업계는 정부가 나서서 지상파방송 등 콘텐츠제작사들의 과도한 대가 요구를 막아주고, SO와 PP 간 불공정 거래를 끊어달라고 했다. 또한 IPTV 요금제를 승인제에서 신고제로 전환해달라고 요구하는 상황이었다.

이후 방통위는 네이버, 구글, 야후 등 외국인의 지분율이 높은 포털사들이

KTF 합병에 반대했다. 당시 전체 약 50조 원의 통신시장에서 KT는 12조 원 선의 매출로 선두를 달리고 있었다. KT의 통신사업 경쟁사들뿐 아니라 케이블TV협회도 'KT·KTF 합병'과 관련하여 '국내 시장 규모를 고려할 때, 거대통신사 출현은 공정경쟁 환경을 급격히 저해할 수 있으며, 양 사의 합병이 IPTV 출범에 따른 방송 인프라의 장악으로 이어질 수 있다. 방송통신 융합시장에서 케이블TV와 영세사업자의 존립기반이 흔들릴 수 있다'라는 등의 논리로 2009년 1월 21일 반대 입장을 공식 표명했다. 그러나 방통위는 2009년 3월 18일 전체회의에서 'KT·KTF 합병'을 'KT의 독점적 필수설비(전주/관로) 개방' 등의 조건부로 승인 결정했다. 이로써 매출 약 20조 규모의 거대 유·무선통합사가 출현하게 되었다.

IPTV 콘텐츠사업자로 진출할 수 있도록, 외국인의 IPTV 콘텐츠사업자(비실시간 부가통신사업자의 경우) 주식 소유 49% 제한을 폐지하는 내용의 'IPTV 사업법 개정안'을 2009년 9월 16일 전체회의에서 의결했다. 주식소유 제한은 제한규정이 없는 '전기통신사업법'과 배치되는 것으로, IPTV 산업 발전을 저해한다는 지적이 있었던 조항이다.

한편 방통위가 발의한 '방송통신발전기본법'은 2010년 2월 26일 국회 본회의를 통과했다. 이로써 방송통신의 개념이 정의되었고, 방송통신발전기금의 조성 근거가 마련되었다. 방송통신콘텐츠 업무와 관련해서는 방통위가 관장하되, 구체적 범위는 문화부와 협의를 거쳐 시행령으로 제정하기로 했다.

이러한 일련의 정책적 지원으로 IPTV는 2012년 4월 9일 가입자 수 500만을 돌파했다. 2008년 11월 상용서비스 개시 후 3년 5개월 만이었다. 이로써 가입자 규모로 프랑스, 중국, 미국에 이어 세계 4위가 되었다. 이후 IPTV는 2012년 11월 7일 가입자 수 600만을 돌파한 데 이어 2013년 5월 6일 가입자 규모 700만을 기록했다. 3사 간 경쟁 구도는 1강(KT 올레TV), 2중(SK BTV·LG 유플러스)이었다. KT 올레TV가 418만 명으로 가장 많고, SK B-TV가 160만 명, LG 유플러스가 124만 명 순으로 나타났다.

KT의 선전에는 IPTV와 위성방송의 결합서비스인 올레TV스카이라이프(OTS)가 큰 기여를 했다. OTS는 2009년 8월 출시되어 지속적인 성장세를 보였다. OTS의 장점은 무엇보다 HD 위성방송, IPTV VOD, 집전화, 초고속인터넷 서비스 등을 통합 제공한다는 데 있다. 업계에서는 OTS의 급부상 등으로 KT가 전체 유료방송 가입자(2100만여 명)의 25% 이상을 확보하고 있다는 주장을 제기한다. IPTV 서비스의 안정적인 가입자 규모 확보는 뉴미디어에 이은 융합미디어 서비스 분야의 활성화에 중요한 토대가 되었다. IPTV의 가입자 규모 확대는 무엇보다 저렴한 이용 가격과 이용자들의 매체소비 패턴을 고려한 인터넷 중심의 서비스 제공에 기반을 두고 있다.

한편 IPTV에 대한 비대칭 규제 해소 필요성에 대한 주장도 지속되는 상황이다. 2012년 7월 18일 서강대학교 디지털미디어연구소가 개최한 '인터넷 멀티미디어 방송사업법' 개정 세미나에서 동 대학교 현대원 교수는 "IPTV는 'IPTV 사업법'에 의해, 케이블TV는 '방송법'에 의해 규제를 받고 있어, 상당 수준의 비대칭 규제가 발생하고 있다"고 진단하면서, '공정경쟁 환경 조성 차원에서 동일 서비스 동일 규제 원칙에 입각해 'IPTV 사업법' 개정이 필요하다'라고 주장했다. 구체적으로 현대원 교수는 "'방송법'상 모든 플랫폼 사업자에게 직접 사용 채널이 허용되고 있다는 점을 고려해, IPTV 사업자들에게도 콘텐츠 제작 활성화와 투자 촉진을 위해 직접 사용 채널을 허용해야 한다"라고 주장했다.

사업 초기 VOD를 중심으로 운영되었던 IPTV 서비스는 스마트 환경의 도래 속에서 새로운 경쟁력 요소 확보에 노력을 기울이고 있다. 이 과정에서 IPTV 사업자들은 스마트TV의 특장점을 이용한 새로운 서비스 유형 개발에 심혈을 기울이는 양상이다. 최근에는 IPTV와 스마트TV를 결합한 융합 서비스가 잇따라 등장하고 있다.

2) DMB

노무현 정부하에서 2005년 출범한 DMB 서비스는 이명박 정부 내내 경영상 고전을 면하지 못했다. 정부 차원의 정책적 지원도 전혀 없다시피 했다. 위성 DMB(2005년 5월 1일 상용서비스 개시)의 경우에는 2012년에 결국 문을 닫았고, 지상파 DMB(2005년 12월 1일 상용서비스 개시)의 경우도 정부의 정책적 지원을 요구하는 목소리가 계속되는 상황이다.

지상파 DMB는 정부가 2004년 7월 디지털방송 표준을 미국식(ATSC)으로 결정한 후, 디지털 지상파방송의 보완재로 출발했다. 2000년 디지털방송 도입을 논의하면서부터 정부는 미국식과 유럽식(DVB-T) 표준을 놓고 고민했으며, 수출시장을 생각해 결국 미국식을 택했다. 미국식은 유럽식과 달리 이동방송 수신에 제한을 받는 단점이 있어 유럽식을 채택해야 한다는 주장이 강하게 제기되기도 했다. 당시 정부는 미국식을 채택하는 대신 이를 보완하기 위해 지상파 DMB를 도입하겠다고 밝혔다(≪디지털타임스≫, 2011.4.10). '손안의 TV', '황금알을 낳는 거위'로 묘사되기도 했던 DMB는 수익 모델 부재 등으로 향후 발전 전망이 여전히 불투명해 보인다.

방통위가 지난 2011년 3월 30일 전체회의에서 다룬 지상파 DMB 정책방안 관련 보고 안건 내용은 다음과 같다.

> 수도권 기준 6개 사업자는 2010년까지 총매출 1249억 원, 누적적자 832억 원을 기록했다. 보급 대수 면에서는 2010년 말까지 누적판매 대수 총 4200만 대, 단말기 실제 보유자는 3000만 명으로 추정된다. 편성은 대체적으로 지상파방송을 재전송하는 상황이며, 수익 면에서는 KOBACO가 지상파방송 광고를 독점 판매함에 따라, 주 수익원인 광고매출을 KOBACO에 의존한다. 문제는 광고매출 부진이 핵심이다. 광고를 주 수익원으로 하는 무료방송이지만 광고 매체로서 경쟁력이 부족(작은 화면, 이동 중 시청)하여 적정 수입 확보가 곤란하다. 법 · 제도 면에서는 매체 특성과 법 · 제도가 부정합한 상황이다. 지상파 DMB는 '방송법'상 지상파방송사업자로 분류되어, 모바일방송 특성에 맞지 않게 기존 지상파방송에 준하는 규제가 적용되는 실정이다. 또한 사업자의 수익 부진 등의 이유로 네트워크 투자가 부진하여, 난시청·음영 지역이 아직 다수 존재하고 있어 DMB 이용자의 편익이 충분히 담보되지 못하고 있다.

방통위 자료는 지상파 DMB가 처한 상황을 전체적으로 압축해 설명하고 있다. 이러한 상황 진단을 토대로 방통위는 정책 개선 방향으로 뉴미디어로서의 지상파 DMB 매체 속성, 광고 수입 구조의 한계, 수익자 부담원칙 등을 고려하여 수익모델을 적극 검토하겠다고 전체회의에 보고했다.

방통위는 과금 방식 개선책으로 ① 별도의 이용 비용 징수, ② 단말기 가격에 미리 일정액을 부과하는 방안, ③ 기존 DMB 채널은 무료를 유지하되, 기술 개발을 통해 추가되는 채널에 대해서는 유료화하는 방식 등 3개 방안을 검토할 예정이라고 밝혔다. 법·제도의 합리화 차원에서는 겸영 규제를 완화하여 지상파 DMB 사업의 퇴출 방안을 마련하고, DMB 시청 행태를 고려하여 중간광고 관련 규제를 개선하겠다고 했다. 또한 외주제작물 등에 대한 편성 규제를 완화하고, 지상파 DMB의 법적 지위 재설정 및 사업권역 조정 등 사업구도를 합리화하는 방안도 마련하겠다고 했다. 재난방송과 관련해서는 서비스 환경 개선을 통한 재난방송 기반을 조성하고, 단말기가 자동으로 재난방송 신호를 인지·통보하는 '자동인지 DMB 재난방송', 통신망 연동을 통해 끊김 없는 양방향 서비스를 제공하는 '스마트 모바일 하이브리드 DMB' 기술 개발을 지원하겠다고 보고했다.

그러나 정책 개선과 관련해서 아직까지도 구체적 행위들이 나타나지 않고 있다. 사실 이러한 정부 차원의 DMB 활성화 정책방안은 이명박 정부 임기 첫해인 2008년부터 논의되었던 것이지만, 차일피일 미뤄져 지금에 이르고 있다. 이는 지상파 DMB 정책이 IPTV나 종합편성채널 PP와 달리 이명박 정부 미디어 정책의 우선순위에서 밀려나 있었다는 것을 의미한다.

지상파 DMB의 실질적인 활성화를 위해서는 (일회성) 개통비 제도 도입 등 일부 유료화 정책이 불가피하다는 지적도 있었다. 광고제도 개선도 중요한 정책적 이슈이지만, 광고제도 개선을 통해 실질적인 수익 증대 효과가 나타날지는 DMB가 가지고 있는 매체 특성상 확실하지 않아 보인다. DMB가 이동형 매체이면서 소형 화면을 제공하는 관계로 광고 매체로서의 강점, 소구력에 한계가 있을 수 있기 때문이다.

방통위가 2011년 12월 16일 지상파 DMB를 재허가하는 과정에서 유효기간을 5년이 아닌 3년으로 의결한 것을 두고, 일각에서는 스마트미디어 환경에서 앞으로의 DMB 매체 시장 상황이 상대적으로 불확실하다는 것을 보여주는 것으로 해석하기도 했다.

현재 지상파 DMB 사업자들은 가전사와의 제휴를 통해 이중화면 등으로 실시간 방송과 VOD, SNS 등 양방향 서비스를 함께 제공하는 스마트 DMB 서비스에 전략적 무게를 두고 있다.

위성 DMB의 경우, 2005년 세계 최초로 위성 DMB 서비스 상용화를 한 TU미디어가 출범 5년 만인 2010년 10월 20일 방통위 전체회의 승인과정을 거쳐 기간통신사업자 SK텔링크에 흡수합병되었다. TU미디어는 당시 약 200만의 가입자를 확보하였으나 5년 동안 2000억 원이 넘는 손실을 본 것으로 알려졌다. TU는 당시 월 1만 원이 넘는 이용료를 징수하면서도 끝내 지상파방송 재전송권을 확보하지 못함으로써 경영이 빠르게 악화되었다.

유무선 통신서비스가 주력 사업이었던 SK텔링크는 위성 DMB 사업을 흡수하고 2010년 11월 1일 통합법인으로 출범했다. 승인 당시 방통위는 합병 인가 조건으로 SK텔링크가 방송 편성의 독립성 보장과 방송의 공익성을 담보해야 한다는 것을 내걸었다. 또한 방송과 통신 부문의 회계를 분리하도록 했다. 방송과 통신 부문의 회계분리는 당시 SK텔링크가 위성 DMB 사업을 포기하지 않게 하려는 방통위의 정책적 의도로 해석되었다. 하지만 SK텔링크는 2012년 7월 2일 정부에 위성 DMB 서비스 사업종료(신고사항) 계획서를 제출했다. 2010년부터 스마트폰과 모바일방송 등의 대중화로 가입자 수가 급감했기 때문이다. 사업종료 계획서는 7월 5일 방통위 전체회의에서 보고안건으로 다뤄졌으며, SK텔링크는 2012년 8월 31일 자정을 기해 위성 DMB 신호 송출을 중단했다. 이로써 위성 DMB 서비스는 출범 7년 만에 완전히 문을 닫았다.

2. 박근혜 정부

박근혜 정부에서 IPTV는 가입자 수가 지속적으로 증가했고, 경영 상황도 호전되는 추세를 보였다. 주요 정책 이슈로는 SK텔레콤과 CJ헬로비전의 인수합병 논의와 여러 유형의 법제 정비 논의가 부각되었다. 반면, 지상파 DMB 서비스는 스마트폰 확산, 모바일 N스크린 서비스 확산 등으로 경영난이 가중되는 양상을 보였다.

1) IPTV

미래부가 2017년 5월 11일 발표한 '2016 하반기 유료방송 가입자 수 및 시장점유율' 자료에 따르면, 국내 총 유료방송 가입자 수 2962만 명 가운데, IPTV 가입자 수는 1259만 명(케이블TV의 경우, 1386만 명)을 차지하고 있다.[4)]

---

4) 미래부가 2017년 5월 11일 발표한 '2016 하반기 유료방송 가입자 수 및 시장점유율' 현황 자료에 따르면, 국내 총 유료방송 가입자 수는 2962만 명이다. 사업자별로는 KT 578만 명(19.50%), CJ헬로비전 391만 명(13.20%), SK브로드밴드 388만 명(13.10%), 티브로드 326만 명(11.0%), KT스카이라이프 316만 명(10.68%) 순이다. 특수관계자인 KT와 KT스카이라이프를 합한 가입자 수는 894만 명으로, 양사의 합산 시장점유율은 30.18%를 기록하고

이와 관련해 업계 일각에서는 케이블TV 가입자 규모가 2016년 말 기준으로 1451만 가구이고, IPTV 가입자 규모가 2017년 1월 기준 (휴대전화 등과의 결합상품 판매 급증으로) 1400만 가구를 돌파했다는 주장을 한다(≪경향신문≫, 2017.4.10).

현재 IPTV 3사의 경영 상황은 점차 개선되고 있는 것으로 알려진다. 이런 상황에서, IPTV 업계는 2008년 상용화 이후 처음으로 2014년분 방송서비스 매출액의 0.5%(3사 총 75억 원 규모)를 방송통신발전기금 분담금으로 납부했다. 미래부는 IPTV 사업자에 대한 방송통신발전기금 분담금 관련 고시 개정의 배경으로 'IPTV 가입자가 1000만 명을 돌파하는 등 분담 능력이 충분하다는 점과 플랫폼 사업자 간 형평성을 고려했다'고 설명했다. 한편, 미래부는 2016년 7월 7일 '2016년도 유료방송 방송통신발전기금 분담금 산정' 관련 고시 행정예고에서는 'IPTV의 기금 징수율을 매출의 0.5%에서 1%로 상향조정했다.[5] 이 같은 결정에 대해 IPTV 측은 '적자가 지속되는 점을 감안하면 재량권 일탈·남용에 해당한다'면서 반발 양상을 보였다. 반면, 미래부는 IPTV 서비스의 매출·수익성이 안정화되고 있다는 주장을 폈다.

박근혜 정부 기간 동안 IPTV 관련 정책 이슈에서 SK텔레콤의 케이블TV 사업자인 CJ헬로비전 '인수합병 시도' 건을 우선적으로 논할 수 있다. 먼저 그 경과를 살펴보면, SK텔레콤 이사회는 2015년 11월 2일 CJ헬로비전 인수

있다. 매체별로는 케이블 1천 386만 명(46.80%), IPTV 1천 259만 명(42.52%), 위성방송 316만 명(10.68%) 순이다.

5) 케이블TV의 경우, 매출 정도에 따라 1.0%~2.8%였던 방송통신발전기금 징수율이 1.0~2.3%로 하향조정되었다. (연매출이 100억 원 이하이면 1%, 100억 원 이상 200억 원 이하이면 2%, 200억 원 이상이면 2.3% 적용.) 케이블TV산업의 위축이 주원인으로 고려되었다고 볼 수 있다. 한편, 위성TV의 경우 1.33%로 (유지)책정되었다.

를 의결했다. 당시 CJ헬로비전은 국내 1위 케이블TV 업체로서, 전국 유선방송 78개 구역 중 23개 구역에서 415만여 명의 가입자를 확보하고 있었다. SK텔레콤은 인수합병 시 CJ헬로비전을 자회사인 SK브로드밴드와 합병할 계획인 것으로 알려졌다. 합병 성사 시 연매출 4조 원 규모, 750만 가입자(IPTV 포함)를 가진 사업자가 탄생하는 것이었다. 당시 SK텔레콤은 점차 수익성이 악화되는 이동통신 시장을 넘어 미디어 사업 분야에서 새로운 활로를 모색한다는 복안이었던 것으로 보인다. 당시 유료방송 시장 1위 사업자는 가입자 840만 명 규모의 KT였다. 인수 합병 성사는 유료방송 시장에서 '2강(强) 체제로의 재편'을 의미하는 것이기도 했다. 이에 대해 당시 케이블 업계는 업계 1위 사업자인 CJ헬로비전이 통신업계로 편입될 수 있다는 것에 대한 놀라움과 함께, 케이블TV 업계 전반이 위축될 수 있다는 우려도 있었던 것으로 보인다.

SK텔레콤과 CJ헬로비전은 2015년 12월 1일 인수합병 인가 신청서를 미래부에 제출했다.[6] 인수합병 인가를 위해서는 미래부 장관의 승인 외에 공정거래위원회의 기업결합심사와 방통위의 사전 동의 절차가 필요했다.

한편, CJ헬로비전 2016년 2월 26일 주주총회에서 SK텔레콤 자회사인 SK브로드밴드와의 합병안을 승인했다. 이는 합병 승인 시 CJ헬로비전의 상호명이 SK브로드밴드주식회사로 변경되는 것을 의미했다.

---

6) SK브로드밴드와 CJ헬로비전 합병과 관련하여 '전기통신사업법'에 따른 기간통신사업자의 합병에 대한 인가, '방송법'에 따른 종합유선방송사업자의 합병에 대한 변경허가 및 상품소개와 판매에 관한 전문편성을 행하는 방송채널사용사업자의 합병에 대한 변경승인, '인터넷멀티미디어방송사업법'에 따른 인터넷멀티미디어방송사업자의 합병에 대한 변경허가 등이 신청되었다. 미래부는 '전기통신사업법', '방송법', '인터넷멀티미디어방송사업법' 등 각 소관 법령에 따른 절차 및 기준 등에 따라 심사를 진행한다는 방침이었다.

새누리당 이재영 의원실이 2016년 1월 25일 SK텔레콤의 CJ헬로비전 인수합병 건과 관련해 개최한 토론회에서 공정위 관계자는 '공정거래법 제7조 등에 기초해 경쟁 제한성 심사에 역점을 두겠다. 시장 획정에 대한 영향 정도도 살펴보겠다. 공익성은 핵심적 개념이 아니다. 경쟁 제한성 심사 과정에서 효율성 요소와 피인수사 회생 불가 요소는 고려된다'고 말했다. 반면, 미래부 관계자는 '산업적인 측면과 공공·공익·다양성, 공정경쟁 제한성 등의 요소를 모두 고려해야 할 것으로 본다. 평가 과정에 정량적 요소도 있지만 정성적 요소도 다분하다'고 말했다.

미래부·정보통신정책연구원이 2016년 2월 24일 주최한 SK텔레콤·CJ헬로비전 인수합병 관련 공청회에서는 인수합병 건에 대한 우려의 목소리도 컸다. 반대론자들의 논지는 '시장지배력 확대 및 경쟁제한성 요소 증대, 방송서비스가 결합상품의 부가상품으로 전락할 가능성, 이동전화와 유료방송 사업자의 지배력이 상호 전이, 방송의 지역성 악화 및 지역 여론의 다양성 훼손, 통합방송법 논의 국면에서 시기적 부적절성' 등이었다. 반면, 찬성론자들은 '미디어분야 고속도로 구축, 서비스 경쟁 촉진, 케이블과 IPTV의 병행으로 다양성 보장, 케이블의 사업효율성과 수익성이 낮아지는 상황에서의 불가피한 선택, 시장지배력 문제는 규제기관의 심사제도로 충분' 등의 논리를 폈다.

한편, 언론인협회가 2016년 3월 10일 주최한 SK텔레콤·CJ헬로비전 인수합병 관련 세미나에서 이종관 미디어미래연구소 박사는 '2005년부터 2014년까지 케이블 업계 누적 영업이익이 4조 4000억이었다. 영업이익률이 10% 선이었다. 이 기간 동안 지상파의 누적 영업이익은 2000억에 불과했다. IPTV는 2008년 출범 이후 지금까지 적자 구조다. 결국 케이블이 투자에 인색했다는 것인데, 이제 와서 경영난을 호소하고 있다. 인수합병 심사는 굳이 법정 심사기한에 얽매일 필요 없이 신중하게 하는 것이 필요하다고 본다. 정부의 매체정책 전반에 대한 큰 그림이 먼저 나와 줘야 한다'고 주장했다. 반면, 임성원 CJ헬로비전 사업협력팀장은 이날 '케이블은 M&A에 기초해 성장해왔다. 경영난 타개 차원에서 이번 M&A를 준비 중이다. 누군가 판을 흔들어주길 그동안 고대해왔다. M&A 반대는 그냥 자연사하라는 의미와 다를 바 없다'고 주장했다. 관련해서, 언론정보학회가 2016년 3월 23일 개최한 세미나에 도론자로 참석한 문송대 동의대 교수는 '시장경제에서 자율경쟁은 선이고 독과점은 악인가. 조심스럽다. 글로벌 경쟁시대에 국내에 한정된 독과점 방지는 어려운 과제다. 오히려 자본의 이윤을 사회에 환원되게 하는 조세정책 등 공공화 방안 논의가 더 현실적일 수 있다'는 의견을 피력했다.

한편, 미래부는 2016년 3월 22일 인수합병 심사기준을 발표했다.[7] 방통위도 한 달 후인 4월 22일 열린 전체회의에서 'CJ헬로비전 합병 변경허가 사전동의 심사계획안'이 보고되었다.[8]

---

7) 심사 기준의 골자는 다음과 같다. '방송과 통신 두 부분으로 구분해 심사를 진행한다. 통신부문은 기존 방식처럼 관련법을 기준으로 하고, 10명 내외의 자문단 의견을 참고해 미래부 차원에서 결정한다. 방송 부문의 경우, 심사 기준에 방송의 공적 책임, 유료방송 공정 경쟁 가능성, 합병 조직의 운영 방안, 방송 프로그램 제작의 적절성, 지역사회 기여, 방송 발전을 위한 지원 계획, 정부 정책 방향 부합 여부, 사회적 책임 실현 가능성, 시청자 권익 보호 등이 포함된다. 현재 진행 중인 공정거래위원회의 시장경쟁제한성 심사 결과가 나오는 대로 방송·법률·경제·소비자 등의 분야 전문가 8~10명으로 구성되는 심사위원회에 심사 기준을 전달한다. 심사위원회는 최대주주 변경과 합병 허가 여부 등을 결정하고, 필요하다면 허가에 필요한 조건을 건의하게 된다.'

8) 이날 보고된 심사기준의 골자는 다음과 같다. '방송서비스의 접근성 보장 가능성, 방송서비스 공급원의 다양성 확보 가능성, 시청자(이용자) 권익보호 가능성, (합병법인과 최대 주주가 되고자 하는 자의) 공적책임 이행 가능성, 콘텐츠 공급원의 다양성 확보 가능성, 지역채널 운영 계획의 적정성 등 시청자 중심의 9개 항목.' 심사위원회 구성·운영과 관련해서는 '심사위원장을 포함하여 미디어, 법률, 경영·경제·회계, 기술, 시청자·소비자 등 분야별 심

이후 공정거래위원회는 일차적으로 '기업결합심사' 차원에서 진행한 'SK텔레콤의 CJ헬로비전 인수합병 관련 심사보고서'를 2016년 7월 4일 SKT에 발송했고, 이에 기초해 2주 후인 7월 18일 전원회의를 개최하고 SK텔레콤의 CJ헬로비전 인수합병 '불허'를 결정, 공식 발표했다. 공정위는 배경 설명에서 'SK텔레콤과 CJ헬로비전의 기업결합 건을 심사한 결과, 유료방송 시장과 이동통신 도·소매 시장에서의 경쟁을 실질적으로 제한할 우려가 있는 것으로 판단된다. 수평·수직형 기업결합으로 인한 경쟁 제한성이 혼재돼 있어, 행태적 조치나 일부 자산 매각으로는 이를 모두 치유하는 것이 어렵다고 본다. 두 회사가 합병하면 유력한 경쟁자가 사라져 케이블TV 요금이 인상될 가능성도 크다. 이를 근원적으로 해소하기 위해 기업결합 자체를 금지하기로 결정한다. SK텔레콤의 CJ헬로비전 주식취득 금지 및 CJ헬로비전과 SK브로드밴드 간 합병금지 결정을 내린다'고 밝혔다 이에 따라, 관련법상 인허가권을 갖고 있는 미래부의 심사절차도 무산되었다.

이날 케이블TV협회는 성명서에서 "공정위의 CJ헬로비전과 SK텔레콤 간 합병 불허 결정은 유료방송 경쟁규제의 핵심인 '시장획정'에 대한 혼란을 야기하고, 케이블TV업계의 불확실성을 가중시켰다는 점에서 유감스러운 일이다. … 정부와 국회가 향후 실효적인 공정경쟁 정책 및 케이블TV 활성화 대책을 마련해 줄 것을 촉구한다. … 지상파 재송신, 유료방송 요금 정상화, 콘텐츠사용료 공정 배분 등 정책 현안 관련 업계의 고충 해소에도 정부가 적극적으로 나설 것을 요구한다"고 주장했다.

한편, SK텔레콤은 7월 25일 공시를 통해 '공정위의 기업결합신고 불승인 처분(7월 18일)에 따라 CJ오쇼핑과 체결한 CJ헬로비전 주식매매 계약을 해

사위원 총 9인으로 구성한다'는 것이었다.

제한다'고 발표했다. 또 7월 27일에는 미래부에 요청서 제출하고 'CJ헬로비전 인수합병에 관한 인허가 신청을 취하해 달라'고 했다.

다음 날인 7월 28일 미래부는 'SK텔레콤의 CJ헬로비전 주식 인수 및 SK브로드밴드와 CJ헬로비전 합병 인허가 신청에 대한 심사절차 종결'을 공식 발표했다. "SK텔레콤의 CJ헬로비전 주식 인수 및 SK브로드밴드와 CJ헬로비전 합병 신청(2015.12.1)으로 '독점규제 및 공정거래에 관한 법률', '전기통신사업법', '방송법' 및 '인터넷멀티미디어방송사업법'에 따른 각각의 심사가 진행되어왔으나, 공정거래위원회의 '독점규제 및 공정거래에 관한 법률'에 따른 주식취득 및 합병 금지 결정(2016.7.18)이 이루어지면서 당해 기업 결합이 불가능해진 상황이다."

권영수 LG유플러스 부회장은 2016년 9월 23일 기자간담회에서 'SK텔레콤의 경우 절차가 잘못됐기 때문에 무산된 것 같다. (국회 계류 중인) 통합방송법이 제정돼 법적 근거가 마련되면 방통위, 공정위 등과 논의해 케이블 인수를 추진할 생각이 있다'고 말했다.

한편, ≪국민일보≫는 2017년 1월 11일 자 'SKT의 CJ헬로비전 인수합병' 관련 기사에서 "황창규 KT 회장이 지난해 2월 박근혜 대통령과 독대를 준비하는 과정에서 청와대에 'SK텔레콤(SKT)과 CJ헬로비전의 합병을 막아 달라'는 민원을 넣은 것으로 11일 전해졌다. 이후 합병 성사 가능성이 높은 것으로 평가됐던 양사의 결합은 그해 7월 공정거래위원회가 '합병금지' 결정을 내리면서 실패로 끝났다"고 주장하기도 했다.

박근혜 정부 기간 동안 IPTV 관련 법제적 변화들도 있었다. 우선 2013년 8월 7일 홍문종 의원이 대표 발의한 '방송법 개정안'과 2014년 11월 26일 조해진 의원이 대표 발의한 '방송법 개정안' 내용을 통합·조정한 '방송법 개정안'(대안)이 2015년 5월 29일 국회 본회의에서 의결처리되었다. 개정안의 골자는 특정 종합유선방송사업자 또는 위성방송사업자는 해당사업자와 특수관계자인 종합유선방송사업자, 위성방송사업자 또는 인터넷 멀티미디어 방송 제공사업자를 합산하여, 종합유선방송, 위성방송, 인터넷 멀티미디어 방송을 포함한 전체 유료방송사업 가입자 수의 3분의 1을 초과하여 서비스를 제공할 수 없도록 한다는 것이었다.9) 한편 개정안은 미래부장관이 도서산간 등 위성방송만 수신이 가능한 지역은 가입자 수 산정에서 배제할 수 있는 예외 지역으로 지정할 수 있도록 했다. 또 개정안이 시행일부터 3년간 효력을 가지도록 하되,10) 특정 종합유선방송사업자와 특수관계자인 종합유선방송사업자를 합산하여 전체 유료방송사업 가입자 수의 3분의 1을 초과할 수 없도록 한 개정규정은 이 법 시행 후 3년이 경과한 후에도 계속하여 효력을 가지도록 했다. 개정안의 취지는 유료방송사업에 있어 특정 플랫폼사업자가 특수관계자를 통해 다른 플랫폼사업을 겸영할 경우 나타날 수 있는 유료방송시장의 독과점을 제한한다는 것이었다.

2015년 11월 30일에는 방송법과 방송통신발전기본법 개정안이 국회 본회의에서 의결처리되었다. '방송법 개정안의 골자'는 '국민관심행사에 관한 실시간 방송프로그램 또는 일부 지상파방송 채널의 공급 또는 송출이 중단되거나 중단될 것으로 사업자 또는 시청자에게 통보된 경우, 방통위가 방송사업자 등에게 30일 이내의 범위에서 방송프로그램(채널)의 공급 또는 송출을 유지 또는 재개할 것을 명령할 수 있으며 한차례에 한하여 연장이 가능하

9) 전병헌 의원도 'IPTV 사업자의 시장 점유율 산정에 합산되는 특수관계자 범위에 종합유선방송사업자와 위성방송사업자를 포함시키자'는 내용을 골자로 한 인터넷멀티미디어사업법 개정안을 2013년 6월 14일 대표 발의한 바 있다.

10) 신경민 의원은 'IPTV사업자의 시장점유율 합산규제 일몰규정 폐지'를 골자로 한 인터넷멀티미디어사업법 개정안을 2016년 11월 15일 대표 발의했다.

다'는 것과 '방송사업자 등이 (지상파방송사업·종합유선방송사업 및 위성방송사업 상호간 또는 이들 방송사업과 인터넷 멀티미디어 방송 제공사업 간의 전송 방식을 혼합사용하는) 기술결합서비스를 제공할 경우에는 미래부장관 또는 방통위의 승인을 받도록 하고 심사기준 및 절차 등은 대통령령으로 정하도록 한다'는 것이다. 방송통신발전기본법 개정안의 골자는 '지상파방송사업자 및 종합편성 또는 보도전문 방송채널사용사업자(PP)로만 되어 있는 기존 재난방송 의무사업자 범주에 종합유선방송사업자(SO)와 위성방송사업자 및 인터넷티브이(IPTV)사업자를 새로 추가한다'는 것 등이었다.

'통합법제' 마련 차원에서 박근혜 정부는 방송법과 인터넷멀티미디어방송사업법으로 이원화된 방송서비스 규율체계를 방송법으로 일원화하는 차원에서 2016년 6월 17일 '방송법 개정안'을 입법 발의했다. 개정안의 골자는 케이블TV사업, 위성TV사업 및 IPTV사업을 하나로 묶어 '유료방송사업' 개념을 신설, 통합 규제하고, 종편, 보도 또는 상품소개와 판매에 관한 내용이 아닌 방송프로그램을 유료방송사업자에게 개별로 제공하는 방송채널사용사업을 하려는 자는 미래부장관에게 신고하고 사업을 할 수 있도록 하는 것 등이다. 이 방송법 개정안은 2015년 말 19대 국회에 제출됐으나, 국회 임기 만료로 자동 폐기된 뒤 이번에 다시 재발의되었다.

한국디지털미디어산업협회(KODIMA)는 2015년 2월 26일 '한국IPTV방송협회'(KIBA)로 개명하고, 2015년 4월 15일 현판식 행사를 갖었다. KIBA에는 KT, SK텔레콤, SK브로드밴드, LG유플러스, KT스카이라이프, 디즈니채널코리아, 동양디지털 등 37개 회원사가 가입 중이고, 2008년 출범 당시 회원사로 참여한 지상파3사는 지상파와 IPTV 간 재송신 분쟁 등이 발생하면서 2014년 말을 기점으로 협회 회원사에서 탈퇴한 상황이다.

2016년 6월 17일, 미래부가 주최하고 언론학회가 주관한 '2016 MCT 리더스 포럼'에서 이원진 삼성전자 부사장은 '콘텐츠 산업 동향과 TV의 미래'를 주제로 한 발제에서 '앞으로 프리미엄 채널 패키지 서비스가 경쟁력을 갖게 될 것이고, 인터넷 기반의 VOD서비스가 지속적으로 성장할 것이다. 삼성TV가 190개 국가에서 판매되고 있는데 이 중에서 절반이 인터넷 기반의 TV가 차지하고 있다. 글로벌 시장에서 TV가 하나의 플랫폼으로 기능하고 있는 현실이다'고 주장한 바 있다. 이는 미래 IPTV의 위상과 경쟁력 전반에 대한 방향성과 시사점을 주는 대목이라고 하겠다.

2) DMB

박근혜 정부 들어서도 지상파 DMB의 경영 상황은 호전되지 않았다. LTE 이동통신 환경의 보급, 스마트폰 확산, 그리고 스트리밍 등 모바일 N스크린 서비스 확산 등으로 DMB는 광고매출이 지속적으로 하락하면서 사실상 존립 위기에 처해 있는 상황이다.

현재 지상파 DMB의 이용자 수는 1000만 명을 약간 상회한 수준이다. 이는 휴대폰에 기본적으로 탑재된 디바이스인 데다 무료로 이용이 가능한 매체라는 특성에 기반한다.

DMB 사업자들은 현재 광고수익과 채널임대수익에 전적으로 의존하고 있는 형국이다. 이와 관련해 일각에서는 애초부터 DMB의 사업성을 제대로 확보하지 못한 것 아니냐는 주장을 하기도 한다. 방통위 자료에 따르면, 지상파 DMB는 사업 초반부터 적자를 내다가 2008년부터 흑자로 전환했다. 반면, 중소 DMB 3사(YTN DMB, 한국DMB, U1미디어)는 계속 적자 상태에 있다. 이와 관련해 이기주 방통위 상임위원은 2016년 5월 26일 열린 전체회의에서 "지상파방송사 계열 DMB도 회계를 분리해 엄밀히 따져보면 (흑자로 돌아섰다는 조사가) 안 맞다고 생각한다. 성장세가 둔화되는 것도 아니고 계속 감소세만 보인다면 DMB 발전 방향을 세울 것이 아니라 시장상황에 맞게 합리적인 정책 결정을 모색할 때다"라고 주장했다(ZDNet Korea, 2016.5.26).

한편 지상파 DMB특별위원회는 지상파 DMB의 활로 모색 차원에서 고화질(HD) 전환 정책을 추진했다. 2016년 8월 1일부터 각 사가 단계별로 HD(고화질)방송서비스를 개시한 것이다.[11] 이로써 DMB HD방송은 기존 서비스보다 12배 더 선명한 방송 화면을 송출하게 되었다.

DMB는 향후 활용성 극대화 차원에서 기술 업그레이드 등을 통해 음영지역 해소, (볼 만한) 채널 수 확대[12], 전용 콘텐츠 개발 등 서비스품질 제고노력이 더욱 요구되는 실정이다.

유료방송이 보편화된 상황에서 DMB는 무료 보편적 (이동) 서비스이자 재난방송을 실시간 이용할 수 있는 플랫폼이다. 재해와 재난 상황에 효율적으로 대처할 수 있는 DMB의 장점을 살리는 방향으로의 정책 수립이 필요해 보인다.

3. 소결

이명박 정부에서 방송통신융합서비스의 대표주자로 등장한 IPTV는 케이

---

11) 중소 DMB 3사인 YTN DMB, 한국 DMB, U1미디어 등이 초기 HD DMB 서비스 도입을 주도했다. 이어 KBS가 2016년 12월 27일부터 KBS스타(STAR)의 HD 서비스를 개시했다.

12) 현재 지상파 DMB에서는 홈쇼핑 채널이 다수 송출되고 있다. 경영상황이 양호하지 않은 상황에서, 채널 임대수익을 위해 홈쇼핑에 채널을 임대해주고 있는 방식인데, 일각에서는 이러한 경영전략이 DMB의 경쟁력을 약화시키는 원인이라고 지적한다.

블TV의 위상을 위협하면서 유료방송시장의 선두 주자로 발돋움하고 있다. IPTV는 이명박 정부 출범 초기에 상용화됨으로써 이명박 5년여 시간 동안 범정부 차원의 정책적 지원을 받을 수 있었던 것으로 보인다.

이용자들의 매체소비 패턴이 지속적으로 IP 기반으로 옮겨가는 과정에서 IPTV는 박근혜 정부에서도 지속적인 가입자 증가세를 보였다. 한편, 방송법 개정안이 2015년 5월 29일 국회 본회의에서 의결처리되어 특정 종합유선방송사업자 또는 위성방송사업자는 해당사업자와 특수관계자인 종합유선방송사업자, 위성방송사업자 또는 인터넷 멀티미디어 방송 제공사업자를 합산하여, 종합유선방송, 위성방송, 인터넷 멀티미디어 방송을 포함한 전체 유료방송사업 가입자 수의 3분의 1을 초과하여 서비스를 제공할 수 없게 되었다 (IPTV의 경우, 법 시행일부터 3년간 효력을 갖는 일몰 규정).

박근혜 정부에서 뜨거운 쟁점이었던 SK텔레콤과 CJ헬로비전의 인수합병 논의는 공정위의 '주식취득 및 합병 금지' 결정으로 결국 무산되었다.

전체적으로, 향후 IPTV 사업자들이 자신들의 사업에서 사실상 주력 업종이라 할 수 있는 이동통신(사업) 가입자들을 관리해나가는 데 있어 방송서비스를 하나의 하위 패키지 품목으로 인식하는 관점에서 벗어나 콘텐츠 투자 의지 등을 더욱 구체화해간다면 융합매체로서의 성장 개연성은 커 보인다는 것이 대체적인 의견이다.

이명박 정부에 이어 박근혜 정부에서도 DMB 정책은 정부 정책의 우선순위에서 밀려나 있었다. 이명박 정부 초기인 2008년부터 발표가 예상되었던 DMB 활성화 정책은 박근혜 정부 임기 말까지 끝내 발표되지 않았다. 결국 이 과정에서 위성 DMB 서비스는 2012년 문을 닫았다. 현재 지상파 DMB 방송은 다양한 스마트미디어의 출현 등으로 광고매출 감소, 정부 정책의 불투명성 등으로 인해 미래 활로 모색이 쉽지 않은 상황이다. 그럼에도 지상파

DMB 서비스는 모바일 사용자들에게 무료 보편 서비스 기반의 시청권을 제공한다는 측면에서, 그리고 사회적으로 재난방송 서비스 기반 등을 확대한다는 측면에서도 정책적 지원 방안 모색의 필요성이 인정된다.

새롭게 출범한 문재인 정부에서 노무현 정부 시절 출범한 지상파 DMB 서비스의 활성화 정책을 마련할지 귀추가 주목된다.

한편, 박근혜 정부에서는 IPTV·DMB 정책이 독임제 부처인 미래부로 이관됨으로써 일부 사회적 논란을 야기하기도 했다.

제6장

케이블TV와 위성TV 정책

1. 이명박 정부

김영삼 정부 중반부인 1995년 3월 상용서비스를 시작, 뉴미디어 시대를 개막한 케이블TV는 지상파방송 난시청 지역에서 지상파방송을 케이블로 보내주는 유선방송사업자로 출발했다. 사업 개시 초기 케이블TV는 가입자 확보에 어려움을 겪기도 하였으나 점차 안정적인 성장세를 이어갔다. 이 과정에서 2000년에는 중계유선방송과의 통합을 추진했다. 2005년부터는 디지털 케이블TV 서비스를 시작해 HD 고화질 방송, VOD, 데이터방송 등의 서비스를 개시하기도 했다.

케이블TV는 2003년 1000만 가구의 가입자를 확보한 데 이어, 현재는 약 1400여 만 가구의 가입자 규모를 유지하고 있다. 이로써 국민의 약 80% 정도가 가시청권에 든 셈이다. 케이블TV는 현재 위성방송, IPTV, 스마트TV

등 타 사업자들과 제로섬 게임의 양상 속에서 가입자 수 정체 등의 어려움을 겪고 있다. 하지만, 서비스 개시 20년이 된 지금 거대 플랫폼 사업자로서의 위상을 공고히 한 상태다. 현재 케이블TV업계는 IPTV 서비스의 등장 이후 인터넷망을 활용한 서비스를 강화하고 있다. 인터넷망을 활용한 서비스 사업과 관련해 케이블방송협회는 이명박 정부 출범 초기인 2008년 3월 3일 창립 13주년 행사에서 '통신 사업 분야 진출'을 공식적으로 선언한 바 있다. 당시 협회는 TPS(Triple Play Service: TV·인터넷·전화)와 QPS(Quad play Service: TPS+이동전화)에 역점을 두겠다고 선언했다. CJ헬로비전의 경우, 2010년 6월 1일 TV 없이도 TV 시청이 가능한 환경을 만들겠다는 취지로 한국판 'TV EVERYWHERE'[1)] 형식의 '티빙(Tiving)'을 오픈했다. 국내 케이블TV 방송을 세계 어디서나 인터넷으로 볼 수 있는 환경을 만든다는 취지로 시작한 '티빙'은 케이블TV의 새로운 서비스 유형을 보여주었다. '티빙'은 실시간 방송 채널과 VOD 등을 인터넷으로 제공하면서, IPTV에 대응하는 케이블TV업계의 웹방송 시스템을 본격화한 것으로 평가받는다. 현재 국내 케이블TV업계는 케이블방송, 초고속인터넷, 인터넷전화 등의 결합상품으로 다원적 서비스 사업자로서의 위상 강화에 주력하고 있다.

2002년 출범한 위성방송은 이명박 정부 5년 동안 꾸준한 성장세를 보였다. 2009년에는 IPTV와의 연계 서비스인 '올레TV스카이라이프' 서비스를, 2012년에는 위성방송을 제공할 때 수신 접시안테나를 거치지 않고 위성신호를 IP 신호로 변환하여 인터넷망을 통해 전달하는 방식의 DCS 서비스를

---

1) 뉴스나 프로그램 등 방송콘텐츠를 컴퓨터, 태블릿PC, 스마트폰 등 인터넷 접속을 통해 시간과 장소에 구애받지 않고 이용할 수 있는 서비스로서 타임워너, 컴캐스트 등 미국의 유료 방송사업자들이 제공 중.

개시하기도 했다. 한편 '스카이라이프'는 KT의 자회사로 편입된 후, 2011년 3월 30일 열린 2011년도 정기 주총에서 상호를 '한국디지털위성방송 주식회사'에서 '주식회사 KT 스카이라이프'로 변경했다. '주식회사 KT 스카이라이프'는 2011년 6월 3일 유가증권 시장에 상장되기도 했다.

이 장에서는 케이블방송과 지상파방송 간 재송신 갈등, 케이블방송 규제 완화, 신규 홈쇼핑채널 허가 등을 중심으로 케이블방송 정책을 살펴보고 '올레TV스카이라이프'(OTS)와 DCS 논쟁 등을 중심으로 위성방송 정책을 살펴보고자 한다.

1) 재송신 갈등

이명박 정부의 케이블방송 정책에서 지상파방송 재송신 문제는 최대 현안이었다. 재송신 논의는 '보편적 접근권', '매체 간 공정경쟁', '콘텐츠저작권 보호', '사업자 간 자율계약', '방통위의 (직권) 중재' 등 다양한 관점에서 진행되었다.

재송신 논쟁에서 지상파방송의 기본 입장은 지상파방송 콘텐츠 이용에 대한 케이블방송업계의 대가 지급이 우선이며, 의무 재전송 채널 확대에 반대한다는 것이었다. 이에 반해 케이블방송업계는 지상파방송 난시청 해소에 케이블방송이 기여해온 점, 지상파방송의 광고 효과 제고에 기여한 점 등을 인정받아야 한다는 입장이었다. 또한 지상파방송과 IPTV 사업자 간 계약 사례를 케이블방송에 적용하는 것은 무리라는 입장이었다. 지상파방송과 IPTV 사업자 간 가격협상 당시 IPTV 실시간 가입자가 거의 없었다는 것이 케이블방송업계의 논리였다.

2011년에는 지상파방송 3사(KBS·MBC·SBS)와 케이블방송사 간 분쟁이 재송신 중단 사태로 이어지기도 했다. 2011년 11월 28일 오후 2시, 전국적으로 지상파 HD방송(KBS2·MBC·SBS)의 재송신이 중단되었다. 케이블방송 측은 지상파 HD 신호인 8VSB를 차단하는 대신 아날로그와 SD 신호를 송출하였으므로 지상파방송의 시청 자체는 가능하다는 입장이었다. 당시 방통위는 지상파 HD방송 재송신 중단으로 아날로그 케이블방송 가입자(1100만) 중 디지털TV를 통해 지상파 HD방송을 시청하는 약 500만 가입자와 HD케이블방송 가입자 약 270만 등 총 770만 가입자가 화질 저하에 따른 불편을 겪은 것으로 추정했다.

재송신 중단 사태는 지상파방송사와 케이블방송사 간의 해묵은 갈등이 결국 폭발한 것이었다. 재송신 갈등의 과정을 간단히 보면, 지상파방송과 케이블TV의 재송신료 갈등은 MBC와 CJ헬로비전 협상이 시작된 2007년부터 지속되었다. 2008년에는 지상파방송 3사와 위성방송·IPTV 3사 간 콘텐츠 사용료 협상이 가입자당 280원으로 타결되었다. 이에 반해 지상파방송 3사와 케이블TV 간 견해차는 좁혀지지 않았다. 케이블TV 측은 난시청 지역 해소와 지상파방송의 광고 효과를 높이는 데 기여한 점을 감안해 100원 이상은 어렵다는 입장을 보였다. 2009년부터는 지상파방송 3사와 케이블방송사업자 간 법적 소송이 이어지기도 했다. 결국 2011년 11월 28일 양자 간 최종 협상이 결렬되자 지상파방송 HD방송 송출이 중단된 것이다. 케이블방송 측은 지상파방송사들과의 (다음 날) 협상 재개를 밝히면서 2011년 12월 5일 오후 6시부터 '대승적 차원'을 명분으로 8일 만에 지상파방송 HD 신호 송출을 재개했다.

하지만 케이블TV협회는 2012년 1월 16일 '법원에서 지상파방송에 지급하라고 한 케이블방송 측(CJ헬로비전)의 간접강제 이행금이 과다하고, 이는 케이블방송의 일방적 희생만을 강요하는 것'이라는 성명서를 발표하고,

KBS2TV 재송신 중단을 결행했다. 케이블방송협회 측은 '수신료로 운영되는 KBS의 2TV에까지 재전송료를 내는 것은 시청자의 부담을 고려할 때, 불합리한 것'이라며 송출 중단을 선언했다. 케이블방송 측이 2011년 재송신 중단 때와는 달리 2012년에는 표준화질(SD) 신호 송출까지 끊자 시청자의 불편은 가중되었다. 2012년 1월 16일 전국 84개 케이블TV에서 중단되었던 KBS2 TV 방송은 다음 날인 17일 정상화되었다.

이후 지상파방송과 케이블방송 간 재송신 협상이 재개되었고, 2012년 2월 17일 CJ헬로비전을 필두로, 2013년 4월 9일 티브로드·현대HCN을 마지막으로 지상파방송과의 재송신 협상이 모두 타결되었다(협상 내용 미공개). 이로써 5대 MSO와 지상파방송 간 재송신 협상은 2013년 상반기에 모두 종료되었다.

한편 방통위는 2012년 2월 3일 열린 전체회의에서 '지상파방송 의무재송신 채널범위'와 '지상파방송 재송신 대가산정 기준'에 대해 논의했으나, 지상파방송의 직접수신 개선대책이 함께 고려되어야 한다는 이유로 의결이 보류되었다. 의무재송신 채널범위 등과 관련해 방통위는 2012년 대선 직후인 12월 28일 전체회의에서 지상파방송 재송신 제도 개선안을 논의했으나 상임위원 간 이견으로 의결을 보류했다.

당시 방통위가 준비한 4개 안을 보면, ① KBS1·2TV, EBS는 무상 의무재송신, MBC는 유상 의무재송신, SBS·민방은 선택, ② KBS1·2TV, MBC, EBS는 무상 의무재송신, SBS·민방은 자율계약, ③ 전체 지상파방송 의무 재송신, ④ KBS의 상업광고 폐지 시점까지 현행 제도 유지 등이었다. 방통위는 이날 4개 안 중에서 '1안: 2TV까지 확대, 2안: 2TV와 MBC까지 확대' 등 2개 안을 상정했다. 방통위 실무진들은 1안에 대해서는 2002년 '방송법' 개정 이전 시점까지 2TV가 의무재송신 채널에 포함된 적이 있었다는 점을, 2안에 대해서는 MBC가 방문진이 지분 70%를 보유한 공영방송이기 때문에 의무재

송신 채널에 포함될 수 있다는 점을 고려한 것으로 보인다.[2)]

이 같은 움직임에 대해 가장 큰 우려를 표명한 곳은 KBS였다. 두 개의 안 모두에 2TV가 포함되었기 때문이다. KBS는 2TV 무상 의무재송신은 '방송법'이 허용한 신규 매체를 통한 수입 담보 기회를 박탈하는 것이라는 입장이었다. 그리고 2TV의 광고 수입 축소는 경영의 안정성을 저해할 뿐만 아니라, 수신료 인상 요인 증가로 국민적 부담을 가중할 것이라고 주장했다. 또한 KBS는 광고재원이 약 40%로 주 재원인 상황에서, 2TV를 MBC, SBS와 차별하는 것은 형평성에도 문제가 있다는 입장이었다. 이와 함께 재송신 문제는 방송사업자의 재산권, 저작권 등과의 연관성도 함께 고려되어야 한다는 입장이었다.

한편 2011년 12월 5일 자 국회 입법조사처의 '재송신' 관련 ≪이슈와 논점≫ 보고서에서는 '분쟁의 가장 큰 원인이라 할 수 있는 대가정산 문제와 관련해서 지상파방송과 케이블방송사업자 각각의 이익 및 손실을 분석해 기준을 정해야 한다'라고 주장한 바 있다. 또한 '지상파방송 직접수신 가구 비율, 유료방송 가입자 수, TV광고수익, 수신료, 시청점유율 등 다양한 변수들을 충분히 고려해 실증적으로 검토해야 한다'는 견해를 내놓은 바 있다.

2) 케이블TV 규제 완화

이명박 정부 출범 이후 IPTV서비스 관련 논의가 사회적으로 본격화되면

---

2) 참고로 새누리당 남경필 의원은 박근혜 정부 출범 후인 2013년 3월 27일 대표 발의한 '방송법개정안'에서 "국민의 보편적 시청 접근권을 충분히 보호, 신장하기 위하여 의무재송신 대상을 공공성을 지니는 KBS2와 MBC 방송까지 확대하자"라고 주장했다.

서, 케이블TV에 대한 정부 차원의 규제 완화 정책이 본격화되었다.

2008년 11월 26일 방통위는 '방송법 시행령 개정안'을 전체회의에서 3 : 2로 의결처리했다. 개정안의 핵심은 '보도·종편' 채널 소유기업의 자산 규모 허용 한도를 3조에서 10조 미만으로 늘리고, SO의 사업 권역도 전체 77개 권역 중 종전 15개(1/5) 권역에서 25개(1/3) 권역으로 확대하는 것이었다. 사업자의 매출액 1/5 제한도 가입 가구의 1/3 제한으로 완화했다. 특히 자산 규모 허용 한도를 3조에서 10조 미만으로 확대하는 조치는 공정거래위원회 고시 기준으로 보았을 때 30여 개 대기업에 방송사업 참여의 길을 열어주는 것이었다. 이와 관련해서 당시 야당인 민주당은 자산 규모를 10조가 아닌 5조 선으로 낮추는 방안을 제안했으며, 당시 최문순 의원은 관련법을 입법 발의하기도 했다.

정부의 이러한 케이블TV 지원정책 기조에 대해 당시 위성방송과 지상파 방송사들은 크게 반발했다. 스카이라이프는 케이블방송의 '시장독점'을 강화하는 것은 공정경쟁을 저해한다면서, 위성방송의 소유 규제 완화가 더 중요한 이슈라는 주장을 폈다. 지상파방송사들도 정부의 정책 기조가 무료 보편 서비스를 위협하면서 방송의 공공성을 훼손할 뿐만 아니라, 정체된 광고 시장을 재분할하게 될 것이라고 우려를 표명했다. 또한 방송 정책이 과도하게 시장주의로 흐르고 있음을 비판하고, 편성 정책 등 지상파방송에 대한 비대칭 규제의 개선을 주장했다.

2008년 11월 26일 방통위 전체회의를 통과한 '방송법시행령 개정안'은 국무회의 의결을 거쳐 그해 12월 31일 공포, 발효되었다.

방통위는 2012년에는 방송사업자 소유 겸영 규제를 완화하는 방향의 '방송법 시행령 개정안'을 마련했다. 이 개정안은 2012년 2월 1일 전체회의에 보고되었다. 개정안의 핵심은 케이블방송 등에 대한 규제 완화였다. 주요 내용으로는 SO는 전체 PP 수의 1/5을, PP는 전체 SO 방송구역의 1/3을 초과하여 경영할 수 없도록 하는 규정을 삭제했다. MSO (Multiple System Operator)는 전체 SO 가입 가구 수의 1/3, 전체 방송구역의 1/3을 초과하여 경영할 수 없도록 한 규정 중 방송구역 제한은 삭제하고, 가입 가구 수 제한은 전체 유료방송 가입 가구 수의 1/3 제한으로 변경했다. 특정 PP의 매출액은 전체 PP 매출 총액의 33%를 초과할 수 없도록 규정하고 있으나 이를 49%까지로 완화했다.

이 같은 내용은 케이블TV업계 등이 지속적으로 요구해온 것들이었다. 방송구역 제한의 경우, 케이블방송업계는 구역 제한이 없는 IPTV와의 형평성에도 맞지 않다고 주장해왔다. 가입 가구 수 규제도 IPTV와의 형평성을 고려해 'SO 가입 가구 1/3'을 '유료방송 가입 가구 수의 1/3'로 개정해야 한다고 주장해왔다.

케이블방송의 구역제한 폐지, 가입 가구 제한 완화 등을 골자로 한 시행령 개정안에 대해 케이블방송업계는 방송영상 시장 개방을 앞두고 콘텐츠산업 전반의 경쟁력을 높이려면 일정 정도 규모의 경제가 불가피하다면서, 구역 제한이 풀리면 가입자 확보가 더 용이할 것이라며 기대감을 표했다. 반면에 지상파방송, 종합편성채널 PP 등은 개정안의 주요 내용이 CJ E&M 등 특정 MSO에 대한 특혜라는 비판적인 입장을 견지했다. 이들은 법안 개정 절차가 모두 끝나면 케이블방송업계의 인수합병 등을 통해서 전국 단위의 거대 공룡 MSO가 출현할 것이라고 우려했다. 한편 PP의 매출 규제 완화와 관련해서는 군소 PP들의 생존을 위협하게 될 것이라는 우려가 대두되었다.

3) 신규 홈쇼핑채널 허가

이명박 정부는 여섯 번째 홈쇼핑채널의 사업을 허가했다. 방통위는 2009

년을 전후로 신규 홈쇼핑채널 허가 문제를 검토하기 시작했다. 논의 초기부터 중소기업 전용 홈쇼핑채널의 필요성이 제기되었다. 중소기업중앙회는 기존 홈쇼핑채널들이 과도한 판매수수료를 책정하고, 대기업 위주로 상품을 판매하고 있다면서, 중소기업 판로 개척 차원에서 중소기업 전용 홈쇼핑채널의 필요성을 역설했다. 중소기업중앙회는 2009년 11월 16일 방통위에 전달한 건의문에서 중소기업 전용 홈쇼핑채널은 '높은 수수료로 인해 판매수단이 없는 중소기업에 판로를 열어주는 현실적 정책대안이다'라고 주장했다. 이와 관련해서 당시 최시중 방통위원장 등은 중소기업 전용 홈쇼핑채널 신설에 긍정적 발언을 하기도 했다.

반면 기존 TV홈쇼핑채널사업자들은 시장 과열 등의 우려가 크다면서 추가 홈쇼핑채널사업자 선정에 반대의 뜻을 표했다. 당시 야당인 민주당도 '여당(한나라당)이 종합편성채널 배정에 설득력을 부여하려고 신규 홈쇼핑 도입 정책을 펴고 있다'라고 하면서, '신규 홈쇼핑채널 도입으로 종합편성채널의 채널 연번제를 추진할 가능성이 있다'라는 주장을 펴기도 했다.

방통위는 2010년 12월 13일 전체회의에서 '중소기업 지원 홈쇼핑채널 정책방안'을 의결했다. 사업자 수는 1개 사업자를 선정하고, 채널 운영방식은 '중소기업' 상품 소개와 판매에 관한 전문편성으로 하기로 했다. '방송법'상 전문편성비율 규정을 고려, 중소기업 제품을 80% 이상 편성해야 한다는 것이 골자였다. 채널 소유에 관해서는 최대주주 신청 자격은 제한하지 않되, 중소기업 중심 주주 구성을 심사 과정에서 우대하기로 했다. 최소 납입자본금은 1000억 원으로 하고, 기존 홈쇼핑 PP의 지분 참여를 배제하기로 했다. 방통위 전체회의는 2011년 1월 26일 '중기 전용 홈쇼핑 PP 선정 로드맵'을 확정하면서, 세부 심사 기준안을 의결했다. 주요 내용은 중소기업 중심 주주 구성을 우대하고, 대기업 참여에 대해서는 불이익을 주며, 중소기업 주주 지분이 70%를 넘어야 하며, 기존 홈쇼핑채널은 참여를 금지했다. 이후 사업신청 설명회, 신청서류 접수·심사 과정을 거쳐, 사업자 선정 절차를 밟았다.

2011년 3월 9일 방통위 전체회의에서 중소기업 전용 홈쇼핑방송채널 사용 사업 승인 대상 법인으로 쇼핑원(대표 이효림)이 선정되었다. 쇼핑원의 납입자본금은 총 1000억 원 규모로, 주요 주주 구성은 중소기업중앙회(최대주주) 32.93%, 중소기업유통센터 15%, 중소기업은행 15%, 농업협동조합중앙회 15% 등이었다. 이로써 전체 방송 내용의 80%를 중소기업 제품으로 편성하는 중소기업 전용 홈쇼핑채널이 등장하게 되었다. 방통위는 2011년 6월 22일 전체회의에서 중소기업 전용 홈쇼핑방송채널 사용 사업을 최종 승인했다. 쇼핑원의 등장으로 TV홈쇼핑채널은 GS홈쇼핑, CJ오쇼핑, 현대홈쇼핑, 우리홈쇼핑, 농수산홈쇼핑을 포함해 모두 6개가 되었다.

중소기업 전용 TV홈쇼핑 '홈&쇼핑'은 2012년 1월 7일 개국했다. '홈&쇼핑'은 방송을 통한 건전한 유통 사업자를 지향하면서, 판매상품 중 80%를 중소기업 제품으로 편성해 해당 기업의 판로 활성화와 균형 발전을 추구한다는 것을 운영 목표로 제시했다. 하지만 당시 업계에서는 홈쇼핑채널 시장구조가 과포화 상태라는 지적이 끊이지 않았다.

4) 올레TV스카이라이프 논쟁

다음은 김대중 정부 시절 서비스를 시작한 위성TV 정책을 살펴보자. 이명박 정부 시절, 올레TV스카이라이프(OTS)와 DCS(Dish Convergence Solution) 이슈가 대표적 정책 사안이었다. 먼저 OTS 서비스에 관한 논쟁을 살펴보자. IPTV와의 연계 서비스인 OTS는 하이브리드형 서비스로서 이용자들의 호평을 받았다. 2009년 8월 출시된 OTS는 HD 위성방송, IPTV VOD, 집전화, 초고속인터넷 서비스 등을 연계해 제공하면서, 가입자 확보 면에서 비교적 빠른 성장세를 보이고 있다.

'OTS'는 서비스 방식과 관련해서 케이블TV업계가 '결합 서비스 방식의 법적 근거 부재' 등을 문제 삼음으로써 KT와 공방을 벌이기도 했다. 케이블TV 시청자협의회는 2011년 4월 20일 성명을 내고, OTS를 통한 통신사업자의 시장질서 교란은 잘못된 것이라고 비판했다. 협의회는 'OTS가 가입자 유치를 위해 지나친 가격 할인을 벌여 시장 질서를 교란하고 있다'면서, '과도한 경쟁은 결국 시청자 피해로 이어질 것인 만큼 정부는 제도적 개선책을 마련해야 한다'라고 주장했다. 또한 '힘과 규모를 내세운 통신사업자들의 결합상품이 시장을 지배하면 (유료)방송은 통신시장의 사은품으로 복속되어 선택권을 박탈당한 시청자들의 피해가 점점 심각해질 것'이라고 주장했다.

이어 케이블방송협회는 2011년 5월 25일 방통위에 OTS 판매 중지를 공식 요청하는 신고서를 제출하기도 했다. 협회는 신고서에서 KT가 적합성 인증을 받지 않은 셋톱박스 설치('전파법' 위반), 사업권 없이 위성방송사업 영위('방송법' 위반), 특수 관계자 지위를 이용한 담합('공정거래법' 위반) 등을 저질렀다고 주장하고, KT의 OTS 판매 행위를 중단해달라고 했다. 더 나아가 케이블방송협회는 2011년 6월 13일 OTS를 형사 고발했다. 케이블협회는 '방송법' 위반(무허가 위성방송사업 영위)과 '전파법' 위반(불법 셋톱박스 유포) 등의 혐의를 주장했다. 무허가 위성방송사업은 '방송사업자가 아닌 KT가 위성방송 운영에 참여하는 것은 '방송법'상 역무 위반에 해당한다'라는 주장이었고, 불법 셋톱박스 유포는 'OTS 셋톱박스를 설치하는 과정에 필요한 기기 적합 인증을 받지 않아 '전파법' 위반'이라고 주장했다. 하지만 검찰은 이에 대해 2011년 12월 1일 불기소 처분을 내렸다. KT가 방송설비를 설치·유지·보수하거나 위성방송사업자의 위탁을 받아 가입자와의 계약업무를 대행하는 것만으로는 '방송법' 위반으로 볼 수 없고, 방통위로부터 OTS 셋톱박스 형식승인을 받아야 함에도 고의로 받지 않아 '전파법'을 위반했다는 주장에 대해 KT가 자체적으로 성능 평가를 했다는 점 등을 고려해 불기소 결정했다.

5) DCS(Dish Convergence Solution) 논쟁

2012년에는 위성방송을 제공할 때 수신 접시안테나를 거치지 않고 위성신호를 IP 신호로 변환해 인터넷망을 통해 전달하는 방식의 DCS(Dish Convergence Solution) 논쟁도 있었다. 케이블방송협회는 2012년 8월 13일 'KT스카이라이프DCS불법위성방송중단' 비대위 발족식을 개최했고, 방통위는 2012년 8월 29일 DCS 서비스에 '위법' 판단을 내렸다. 방통위는 KT스카이라이프의 DCS 서비스에 대해 방송 관련 법령에 적합하지 않다고 판단하고, 신규 가입자의 모집을 중단하라는 시정 권고 결정을 내렸다. 기존 가입자의 경우 가급적 이른 시일 내에 해지할 수 있도록 촉구한다는 방침을 정하기도 했다. 방통위는 DCS 서비스가 위성방송과 IPTV 서비스 방식을 조합한 것으로, '방송법'·'전파법'상 사업 허가 범위 등을 벗어난 방송으로 판단했다. 방통위는 2012년 9월 13일 전체회의에서, KT가 방통위 권고를 받아들여 DCS 서비스에 대해 신규 가입자 모집을 중지하겠다는 입장을 밝힘에 따라, KT에 대한 청문 및 행정처분을 하지 않기로 결정했다.

한편 방통위가 운영한 방송제도연구반은 2013년 1월 18일 DCS 등 방송사업 간 기술결합서비스의 조속한 허용을 방통위 전체회의에 건의키로 최종입장을 정리했다. 연구반의 최종입장은 '국민편익 위주로 기술결합서비스를 조속히 도입한다. DCS뿐만 아니라 위성방송과 케이블TV, 케이블TV와 IPTV의 기술결합 등 모든 방송사업 간 기술결합서비스를 허용하도록 관련

제도 개선을 추진한다. 제도 개선 방식은 '방송법'에 DCS 등을 허용하는 특례규정을 두어 방통위의 승인을 받도록 한다. 기존 DCS 가입자에 대해서는 정책 방향의 큰 틀 속에서 이용자 의사에 반하는 해지를 강제하지 않기로 한다. DCS 허용과 관련하여 제기된 특수관계자의 시장점유율 규제, 망 개방 등 공정경쟁 환경 조성 문제는 DCS 등의 허용 입법 추진과 별개로 별도의 논의기구에서 후속 과제로 연구하는 것이 바람직하다'라는 것 등이었다. 이에 대해 KT스카이라이프는 법 개정 시 시간이 소요된다는 이유로 반발했으며, 타 사업자들은 KT의 방송시장 점유율 규제, 망 개방 등 공정경쟁 환경 조성 문제와 동시 해결을 해야 한다는 입장을 보였다.

방송제도연구반에서 검토한 '기술결합서비스' 도입과 관련한 정책 방향은 2013년 2월 1일 방통위 전체회의에 보고되었다. 보고 기조는 2012년도에 위법으로 판단한 DCS를 포함한 모든 기술결합서비스를 수용하기 위하여 특례규정을 신설하는 '방송법' 개정을 추진하고, 별도 연구반을 구성하여 '시장점유율'에 대한 규제개선 방안 등을 논의하며, 단계적으로 방송 관련 법률을 개정해나가겠다는 것이었다.

2. 박근혜 정부

1) PP 육성 등 케이블TV 정책기조

지난 20여 년 가까이 성장세를 거듭해온 케이블TV가 IPTV 등 인터넷 기반의 서비스가 확대되면서, 근래에는 가입자 정체·감소 현상을 다소 보이면서 어려움을 겪고 있다. KISDI가 2016년 12월 26일 발표한 '2016년 방송시장경쟁상황평가' 결과에 따르면, 방송시장 성장률 추세가 계속 둔화(2013년 6.3% → 2014년 4.9% → 2015년 4.1%)되는 가운데, IPTV와 종편PP의 성장세는 뚜렷한 반면, 케이블은 '침체' 국면을 보이고 있다. 이 같은 추이 속에 미래부는 2016년 7월 7일 자 '2016년도 유료방송 방발기금 분담금산정' 관련 고시 행정예고에서 2016년도 IPTV의 기금 징수율을 지난해 매출의 0.5%에서 1%로 상향조정하는 반면, 케이블의 경우 매출에 따라 1.0%~2.8%였던 징수율을 1.0~2.3%로 하향조정했다.[3]

박근혜 정부의 케이블TV 정책에서 가장 두드러진 특징 중의 하나는 PP산업을 육성하자는 의지가 강했다는 것이다. 미래부·방통위·문체부는가 2013년 12월 10일 공동으로 발표한 '방송산업발전 종합계획안' 5대 전략에는 방송산업 규제혁신, 스마트미디어 산업 육성, 차세대 방송 인프라구축, 글로벌 시장 진출 확대와 함께 '방송콘텐츠 시장 활성화'가 포함되어 있었다. 이후 미래부와 방통위는 2014년 3월 18일 'PP산업 재도약' 선포식을 갖고 '20주년을 맞이하는 PP 산업을 박근혜 정부 국정이념인 창조경제의 핵심으로 육성하겠다'는 의지를 피력했다. 한편, 2014년 2월 17일 열린 방통위의 2014년도 청와대 업무보고에서 박근혜 대통령도 모두 발언에서 '최근 방송시장에 진출한 대기업들이 수직계열화를 통해서 방송채널을 늘리는 등 영향력을 확대해가고 있다. 이 과정에서 중소프로그램 제공업체의 입지가 좁아져서 방송의 다양성이 훼손된다는 우려가 있다. 방송시장의 독과점구조가 발생하지 않도록 신중하게 검토해주기 바란다'라고 말한 바 있다.

박근혜 정부에서는 SK텔레콤의 CJ헬로비전 인수합병 건이 주요 정책 이

---

3) 연매출이 100억 원 이하이면 1%, 100억 원 이상 200억 원 이하이면 2%, 200억 원 이상이면 2.3% 적용.

슈 중의 하나였다. 하지만, 2016년 7월 28일 미래부는 공정거래위원회의 '독점규제 및 공정거래에 관한 법률'에 따른 주식 취득 및 합병 금지 결정(2016.7.18)에 기초해 'SK텔레콤의 CJ헬로비전 주식 인수 및 SK브로드밴드와 CJ헬로비전 합병 인허가 신청에 대한 심사절차 종결'을 공식 발표했다. 이후 케이블업계는 케이블TV 위기론이 확산되는 상황에서 비대위를 구성해 케이블TV 발전 방안을 논의하고, 2016년 10월 5일 '케이블TV 발전 방안' 관련 자료집을 발표했다. 여기에서 비대위는 발전 방안의 골자로 '원(One)케이블 전략'을 제시했다. 전국 78개 권역으로 나눠져 있는 SO가 서비스·기술 등을 통합함으로써, 전국 단위 사업자인 IPTV와 경쟁하겠다는 복안이었다. 주요 내용으로는 지역채널 통합브랜드 출범, 2018년 디지털 전환 완료, UHD방송 활성화, 이통사와 '동등할인·동등결합 서비스' 허용 요구, 'SO사업권 광역화' 반대, '로컬초이스'(지상파 패키지상품 선택 요금제) 허용 요구 등이 내재되어 있었다. '로컬초이스' 제도는 재전송료(CPS) 분쟁극복 차원에서 시청자가 원하는 지상파 방송을 골라 시청할 수 있게 하자는 것이었다. 이와 관련해 이날 김정수 케이블TV협회 사무총장은 '각 지상파 별로 가입자당 요금(CPS)이 280원이다. 지상파 3사를 다 골랐을 때 840원이 된다. 이것을 방송요금 청구서로 알리고 시청자들이 선택할 수 있게 하자. 즉, 지상파가 유료로 받고 있는 부분을 정당하게 공시해 받아가게 하자'고 주장했다. 이는 가입자가 KBS2나 MBC, SBS를 안볼 경우, 매월 840원씩을 절약할 수 있다는 개념이었다. 이와 같은 지상파별도 요금표시제에 대해 방송협회는 2016년 11월 9일 '반대' 성명을 발표하고, '자신들의 이익은 보전한 채 소비자에게 부담을 전가하려는 시도다. 유독 지상파 콘텐츠 수급 비용만을 표시하자는 것은 요금 인상에 따르는 모든 비난을 지상파로 돌리려는 꼼수다. 지상파별도 요금표시제가 소비자 후생 제고를 위한 것이라면 지상파뿐 아니라 모든 콘텐츠에 대한 수급 비용과 셋톱박스 비용 등 원가 내역 전체를 투명하게 공개해야 한다'고 주장했다. 이에 대해 이창훈 MBC 부장도 최명길 의원이 2016년 12월 15일 '유료방송 발전방안'을 주제로 주최한 세미나에서 '시청자 알 권리 차원에서 요금표시제 취지에 공감한다. 홈쇼핑 수수료 등을 포함해 유료방송사들의 상세 원가 내역 공개제도도 필요하다'는 주장을 폈다.

이후 미래부는 2016년 12월 27일, 2013년 12월 10일 발표된 '방송산업발전 종합계획안'등에 기초해 '유료방송 발전방안' 최종안을 확정해 발표했다. 정책 기조는 산업적 성장 기반 조성, 공정경쟁 환경 조성, 시청자 후생 제고 등이었다. 주요 내용으로는 동일 서비스 동일 규제 실현, 케이블, 위성, IPTV로 각각 부여하고 있는 사업허가를 '유료방송'으로 일원화, 이동통신사와 케이블의 결합상품 출시 지원, SO사업 권역 개편 추진 등이 내재되어 있었다. 논란이 됐던 지상파 요금표시제는 소비자 선택권 문제가 있다는 판단에 따라 최종안에서 빠졌다.

한편, SO사업 권역 개편 이슈와 관련해 케이블협회는 2016년 11월 15일 미래부에 제출한 탄원서에서 '78개로 나뉜 사업권역 폐지에 대해 반대한다. 폐지 시 SO의 지역사업권의 가치를 상실해 시장에서 헐값으로 퇴출되는 결과를 초래할 수 있다. IPTV 사업자에게는 특혜를 제공하는 시장 상황을 초래할 수 있다. 권역 제한 폐지는 사업자의 재산권을 침해하고, 헌법적 가치이자 풀뿌리 민주주의의 근간인 지역성을 훼손하며, 공정경쟁을 저해하는 결과를 가져올 것이다'라고 주장했다. 신경민 의원은 2016년 11월 15일 대표 발의한 '방송법 개정안'에서 '지역사업권을 폐지함으로써 유료방송시장에 경쟁체제를 도입해 방송의 다양성 보장과 시청자의 권익 향상에 기여하게 하자'고 주장했다. 이와 관련하여, 김성진 SK브로드밴드 실장은 최명길 의원이 2016년 12월 15일 '유료방송 발전방안'을 주제로 주최한 세미나에서

'융합 트렌드에 맞게 동일 서비스 동일 규제 차원에서 케이블의 전국화는 불가피하다. 지역성 개념도 재해석이 필요한 시점이다'라고 주장했다.

전체적으로 보았을 때, 박근혜 정부가 표방했던 'PP 산업을 박근혜 정부 국정이념인 창조경제의 핵심으로 육성하겠다'는 정책 의지는 구체적인 성과물을 거두었다고 말하기는 어려워 보인다. PP 업계 내부에서는 여전히 PP 시장 내 양극화 구조, 다수 PP들의 영세성, 지상파 콘텐츠에 대한 과도한 의존도, 저가 시장구조 등을 주요 문제점으로 인식하고 있는 실정이다. 2017년 4월 10일 마련된 미래부의 제13차 ICT 정책 해우소 'PP산업 활성화 방안' 행사에서 이종관 법무법인 세종 전문위원은 'UHD·VR 등 혁신형 콘텐츠에 대한 지원 강화, PP와 플랫폼의 동반성장을 이끌기 위한 유료방송 수신료 정상화, 채널 운용과 편성 규제에 대한 전향적 정책기조 등이 필요하다'고 주장했다. 또 이날 미래부 최재유 차관은 '우수 PP의 채널 송출 기회 확대, UHD 콘텐츠 제작 지원 확대, PP-유료방송사 간 표준계약서 마련, PP 평가에 기반한 합리적 수익 배분 방안 등을 통한 공정거래 환경 조성을 위해 적극 노력하겠다'고 말했다.

이러한 산업적 지형하에서 케이블TV협회 산하 PP협의회는 2017년 2월 14일 이사회를 열고, '케이블TV협회 탈퇴' 건을 의결 처리했다. IPTV, 위성 등 미디어플랫폼이 다양해지는 상황에서 PP들이 특정 플랫폼에 귀속되어선 안 된다는 데 의견을 모으고, 추후 독자적인 PP협회를 만들기로 결의한 것이다.

한편, 케이블TV의 신기술을 활용한 서비스에 대한 정부 차원의 지원도 이어졌다. 대표적인 것이 8VSB 정책이다. 8VSB(8-level vestigial side band)는 디지털 지상파방송에 이용되는 전송 방식으로서 기존 아날로그 케이블 상품 가입자가 8VSB로 변경 시 별도 셋톱박스 없이 고화질의 디지털방송 시청이 가능한 방식이다. 정부의 케이블에 대한 8VSB 허용 정책기조는 2013년 12월 10일 정부가 발표한 '방송산업발전 종합계획안'에서 나타났고, 정책 취지는 아날로그 케이블 가입자들의 디지털방송복지 제고 차원에 있었다.

이러한 정부 차원의 케이블에 대한 8VSB 허용 정책기조에 대해 지상파와 타 유료방송사업자들은 반대 입장을 분명히 했다. 방송협회는 2013년 9월 23일 미래부에 제출한 의견서 등을 통해 입장을 개진했다. 논리는 '케이블에 8VSB 노입을 허용하는 것은 정부가 견지해온 디지털 전환 정책에 역행하는 기조이고 케이블SO와 종편 사업자 등에 대한 과도한 특혜다. 또 8VSB가 허용되어 아날로그 케이블 가입자가 HD화질을 볼 수 있다 하도라도, 전송 용량 문제로 1개의 채널이 기존 4개의 채널을 대체하는 관계로 선택을 받지 못한 상당수 PP들이 시장에서 퇴출되게 될 것이다. 이는 미디어의 다양성을 축소하는 행위가 될 것이다' 등이었다. IPTV3사와 위성방송 KT스카이라이프도 2013년 12월 5일 미래부에 제출한 건의서에서 '단방향 실시간방송만 가능한 8VSB 전송 방식을 허용하는 것은 정부의 양방향 중심의 디지털 정책에 역행하는 것이다. 콤(QAM) 전송 방식과 달리, 8VSB 전송 방식은 콘텐츠 보호 장치가 없어 콘텐츠 불법 도·시청이 가능하게 된다. 콘텐츠 불법 사용 확대로 인한 콘텐츠시장 피해, 유료방송시장 저가화 고착, 서비스 요금에 컨버터 비용이 전가될 가능성 등 문제가 많다'면서 케이블에 8VSB가 허용되어서는 안 된다고 주장했다.

지상파와 타 유료방송 업계의 반대에도 불구하고 미래부는 2014년 3월 11일 창조경제 활성화를 명분으로 그동안 케이블에 제한되었던 8VSB 변조방식 허용을, 아날로그 유료방송 이용자의 디지털방송 복지 향상 목적에서, 추진한다고 발표했다. 케이블TV MSO인 CMB는 2014년 10월 8일 일부 권역에서 업계 처음으로 8VSB 상용화를 개시한다고 발표했다.

한편, 박근혜 정부 기간 동안 케이블TV 관련 여러 유형의 법제 정비 작업도 이뤄졌다. 우선 2013년 8월 7일 홍문종 의원이 대표 발의한 '방송법 개정안'과 2014년 11월 26일 조해진 의원이 대표 발의한 '방송법 개정안' 내용을 통합·조정한 방송법 개정안(대안)이 2015년 5월 29일 국회 본회의에서 의결 처리되었다. 개정안의 골자는 특정 종합유선방송사업자 또는 위성방송사업자는 해당사업자와 특수관계자인 종합유선방송사업자, 위성방송사업자 또는 인터넷 멀티미디어 방송 제공사업자를 합산하여, 종합유선방송, 위성방송, 인터넷 멀티미디어 방송을 포함한 전체 유료방송사업 가입자 수의 3분의 1을 초과하여 서비스를 제공할 수 없도록 한다는 것이었다.[4] 한편 개정안은 미래부장관이 도서산간 등 위성방송만 수신이 가능한 지역은 가입자 수 산정에서 배제할 수 있는 예외 지역으로 지정할 수 있도록 했다. 또 개정안이 시행일부터 3년간 효력을 가지도록 하되, 특정 종합유선방송사업자와 특수관계자인 종합유선방송사업자를 합산하여 전체 유료방송사업 가입자 수의 3분의 1을 초과할 수 없도록 한 개정규정은 이 법 시행 후 3년이 경과한 후에도 계속하여 효력을 가지도록 했다. 개정안의 취지는 유료방송사업에 있어 특정 플랫폼사업자가 특수관계자를 통해 다른 플랫폼사업을 겸영할 경우 나타날 수 있는 유료방송시장의 독과점을 제한한다는 것이었다.

한편 이에 앞서 2014년 1월 28일 열린 국무회의에서는 미래부가 준비한 방송법시행령 개정안이 의결되었다. 개정안의 골자는 종합유선방송사업자(SO)의 가입가구 수 제한을 '종합유선방송사업 가입가구' 기준에서 '전체 유

---

4) 전병헌 의원도 'IPTV 사업자의 시장 점유율 산정에 합산되는 특수관계자 범위에 종합유선방송사업자와 위성방송사업자를 포함시키자'는 내용을 골자로 한 '인터넷멀티미디어사업법 개정안'을 2013년 6월 14일 대표 발의한 바 있다.

료방송사업 가입가구' 기준으로 완화하고 방송구역 겸영 제한(전체 SO 방송구역 수의 1/3 초과금지)을 폐지하는 것이었다. 이는 당시 기준으로 약 500만 정도를 최대치로 하던 SO들의 가입자 제한이 최대 800만 정도까지 늘어나는 것을 의미하는 것이었다.[5)]

한편, 2015년 11월 30일에는 '방송법'과 '방송통신발전기본법' 개정안이 국회 본회의에서 의결처리되었다. '방송법 개정안'의 골자는 '방송사업자 등이 (지상파방송사업·종합유선방송사업 및 위성방송사업 상호 간 또는 이들 방송사업과 인터넷 멀티미디어 방송 제공사업 간의 전송 방식을 혼합사용하는) 기술결합서비스를 제공할 경우에는 미래부장관 또는 방통위의 승인을 받도록 하고 심사기준 및 절차 등은 대통령령으로 정하도록 한다'는 것이다.

이후 미래부는 2016년 12월 26일 케이블TV의 CCS(Cable Convergence Solution) 서비스를 승인했다. CJ헬로비전이 2016년 10월 말 영서방송 지역(강원도 원주·평창 등)에 CCS를 도입하기 위해 기술결합서비스 승인을 신청한 데 대해 미래부가 조건부과 없이 승인결정을 내렸다. CCS는 기존 케이블TV의 방송신호를 케이블방식(RF)으로 송신하는 대신, IPTV처럼 자사의 인터넷망을 통해 인터넷프로토콜(IP) 전송 방식으로 송신하는 새로운 융합형 전송 방식으로, 케이블TV와 IPTV의 전송 방식을 결합한 '케이블 융합 솔루션'이다. CCS는 2016년 10월 승인된 KT스카이라이프의 '접시 없는 위성방송'(위성+IPTV) 서비스에 이어 두 번째로 승인된 기술결합서비스이자, 케이블TV가 IPTV 전송 방식을 접목하는 첫 번째 사례다. CCS는 케이블업계가 준비해온 'All-IP 전환사업'의 일환이다.

---

5) 이는 2013년 국회 방송공정성특별위에서도 여야가 인식을 같이했던 사안이면서, 2013년 12월 정부가 발표한 '방송산업발전 종합계획'의 후속 조치의 의미를 담고 있다.

한편, 모바일 서비스 부재로 결합할인 경쟁에서 어려움을 겪어왔다고 주장해온 케이블업계는 2017년 2월 28일 이동통신사 SKT와의 결합상품도 출시했다. 케이블TV협회 소속 5개 SO(CJ헬로비전, 티브로드, 딜라이브, 현대HCN, JCN울산중앙방송)는 SKT와의 제휴를 통해 케이블 초고속인터넷과 SK텔레콤 모바일이 결합한 동등결합 상품 '온가족케이블플랜'을 출시했다.[6]

한편, 2015년 11월 30일 국회에서 통과된 '방송통신발전기본법 개정안'의 골자는 '지상파방송사업자 및 종합편성 또는 보도전문 방송채널사용사업자(PP)로만 되어 있는 기존 재난방송 의무사업자 범주에 종합유선방송사업자(SO)와 위성방송사업자 및 인터넷티브이(IPTV)사업자를 새로 추가한다'는 것 등이었다.

또 '통합법제' 마련 차원에서 박근혜 정부는 '방송법'과 '인터넷멀티미디어방송사업법'으로 이원화된 방송서비스 규율체계를 '방송법'으로 일원화하는 차원에서 2016년 6월 17일 '방송법 개정안'을 입법 발의했다. 개정안의 골자는 케이블TV사업, 위성TV사업 및 IPTV사업을 하나로 묶어 '유료방송사업' 개념을 신설, 통합 규제하고, 종편, 보도 또는 상품소개와 판매에 관한 내용이 아닌 방송프로그램을 유료방송사업자에게 개별로 제공하는 방송채널사용사업을 하려는 자는 미래부장관에게 신고하고 사업을 할 수 있도록 하는 것 등이다. 이 방송법 개정안은 2015년 말 19대 국회에 제출됐으나, 국회 임기 만료로 자동 폐기된 뒤 20대 국회에서 재발의되었다.

---

6) SK텔레콤은 케이블TV 사업자들의 '동등결합' 요청에 '동등결합 상품 출시를 위해 협조하겠다'고 2016년 8월 22일 회신했다. 이후 미래부는 2016년 12월 13일 '방송·통신 동등결합 판매 가이드라인'을 발표했다. 가이드라인에는 결합 원칙과 방법, 절차 등에 대한 기준이 포함되었다.

2)재송신 정책

이명박 정부에 이어 박근혜 정부에서도 재송신 이슈는 주요 방송정책 현안이었다. 정부의 재송신가이드라인 등이 나오긴 했으나 정책의 실효성 부족으로 지상파방송사와 케이블사업자 간 갈등과 협상이 반복되었다. 또 재송신료(CPS) 등을 둘러싼 법정 분쟁과 서비스 차질도 반복되었다.

재송신 이슈와 관련해 지상파방송사와 케이블사업자는 이명박 정부 때와 다르지 않은 논리를 폈다.

지상파의 경우, '고비용으로 만든 지상파의 콘텐츠를 케이블사업자들이 영리 목적으로 이용하는 것이니 합당한 비용을 지불해야 한다', '합당한 콘텐츠 대가는 시장원리에 맞게 결정되어야 하는 것이므로 협상 과정에 정부가 직접 개입하는 것은 시장질서에 역행하는 것이다' 등의 논리를 폈다.

이에 반해, 케이블사업자들은 '재송신 비용 산정 근거가 약하고, 인상률이 과도하며, (90% 이상 가구가 유료방송에 가입해 있는 상황에서) 케이블의 재송신을 통해 지상파가 얻는 편익 측면도 반영해 재송신 대가가 산정되어야 한다', '재송신 분쟁 시 시청자 피해 측면을 고려해 사업자 간 협상 과정에 정부 개입이 필요하다'는 등의 논리를 폈다.

방통위는 2014년 11월 18일 전체회의를 열어 방송분쟁해결 제도와 관련한 '방송법 개정안'을 의결했다. 주요 내용은 직권조정제도, 방송유지·재개명령권, 재정제도를 도입한다는 것이었다. '직권조정제도'는 (재송신료 등) 방송사업자 간 분쟁으로 인해 방송중단 등의 사태가 발생할 경우, 당사자의 신청이 없더라도 방송분쟁조정위원회에서 직권으로 조정절차를 개시할 수 있는 제도다. '방송유지·재개명령권'은 방송사업자 간 분쟁으로 인해 방송중단 등 시청권 침해가 예상되는 경우 방통위가 30일 내의 기간을 정해 방송 프로그램 공급·송출의 유지·재개를 명할 수 있는 제도다. '재정제도'는 방통위가 (언론의 자유를 고려) 올림픽·월드컵 등 국민적 관심사에 한해 조사, 심문 등 준사법적 절차를 거쳐 해결 방안을 제시함으로써 (소송을 대신해) 분쟁을 마무리할 수 있는 제도다.

이러한 정책 기조의 배경은 2011년과 2012년 케이블, 위성방송과 지상파 간 재전송 대가 산정 협상이 결렬되면서 케이블, 위성방송을 통한 지상파방송 중단 사태[7]가 발생함으로써 국민들의 시청권 침해 사태가 발생했다는 정부의 상황 인식이었다

2015년 4월 21일 국무회의는 직권조정제도, 방송유지·재개명령권, 재정제도 등을 골자로 한 '방송법 개정안'을 의결하고, 4월 29일 입법 발의했다.

이와 관련해 방송학회가 2015년 7월 23일 '미디어 콘텐츠 가치 정상화 방안'을 주제로 개최한 세미나에서 홍원식 동덕여대 교수는 '방송 콘텐츠의 가치 정상화와 바람직한 재송신 질서' 발제에서 '최근 국내 방송정책의 모습을 보면, 필요 이상의 유료 매체 도입을 위해 시장에 대한 인위적 개입과 불균형적인 시장 획정이 이뤄지고 있다. 시장의 역동성이 저하되면, 이를 다시 새로운 시장 개입의 장치를 통해서 해결하려는 모습을 보이고 있다. 경쟁과 선택에 기반한 시장의 역동성을 제고하려는 노력보다는 인위적인 시장 개입을 통해서 이용자들의 선택을 오히려 제한하는 양상으로 나타나고 있다. 결

7) 2011년 4월 14일 MBC가 위성방송 수도권 HD방송 공급을 중단한 바 있으며, 4월 19일 협상 타결로 방송을 재개했다. 2011년 4월 27일에는 SBS가 위성방송 수도권 HD방송 공급을 중단한 바 있으며, 6월 13일 협상 타결로 방송을 재개했다. 2011년 11월 28일에는 케이블이 지상파 3사 HD 방송 송출을 중단한 바 있으며, 12월 5일 방통위 권고로 방송을 재개했다. 2012년 1월 16일에는 케이블이 KBS-2TV HD 및 SD 방송 송출을 중단한 바 있으며, 1월 17일 협상 타결로 방송을 재개했다.

과적으로, 시청자들이 선택할 수 있는 양질의 콘텐츠는 여전히 제한되거나 오히려 줄어드는 모습이다. 유통업자들의 수익성은 상대적으로 보장받고 있는 가운데 이용자들의 선택은 비탄력적인 모습을 보이고 있다. 이는 방송 이념과 정책을 흔들고 있는 모습이다. 지상파 재전송 문제도 동일한 구조다. 유료방송의 저가구조 속에서 콘텐츠 제공 사업자의 희생을 강제하는 규제기관의 시장 개입은 시청자의 권익보호라는 정책 목표와는 거리가 있어 보인다. 양질의 콘텐츠 제작을 위해 힘써야 할 콘텐츠 제작자들의 수익이 제한되는 것은 결국 시청자들의 콘텐츠 선택권을 제한하는 것이라고 볼 수 있다. 시장에 대한 올바른 규제는 직접적 개입보다는 시장 내 사업자들의 거래가 공정하게 이뤄질 수 있도록 하는 시장 감시와 감독이라고 하겠다. 미국의 FCC의 경우, 시장에 대한 개입을 최소화하면서도 적절한 시장획정과 일반적인 시장경쟁 원칙에 기반한 공정거래 개념으로 접근하고 있다'고 주장했다. 한편, 언론학회가 2015년 9월 4일 '방송 생태계 선순환을 위한 콘텐츠-플랫폼의 합리적 거래 방안'을 주제로 주최한 토론회에서 주정민 전남대 교수는 "유럽은 재송신 문제를 공적 서비스 차원에서 보는 반면, 미국은 사업자 간의 문제로 본다. 한국은 사업자 간의 문제로 방치하고 있는 것 같다. 블랙아웃은 막아야 한다. 재송신 문제는 시청자 복지와 콘텐츠산업 경쟁력 제고 차원에서 풀어야 한다. 정책 결정자가 시장에 개입해야 해결이 가능한 자꾸 법원으로 가지고 가는데, 그럼 규제기구는 왜 존재하는가"라고 주장했다. 또 이날 홍대식 서강대 교수는 "정책은 법의 판단을 넘어서는 문제다. 철학과 상황인식, 결단의 문제이기 때문이다"라고 주장했다.

한편, 방송협회는 국회 처리를 앞두고 있는 '방송법 개정안'에 대해 2015년 11월 16일 '반대' 성명서를 발표했다. 성명서에서 협회는 "'방송법 개정안'은 방송사업자 간 분쟁을 효율적으로 해결해 안정적인 시청권을 보장하겠다는 점에서는 일리가 있으나 방통위가 자의적인 해석이나 판단에 따라 재송신 문제에 개입하겠다는 것이다. 이 법안이 통과되면 방통위가 방송사의 저작권 협상과 소송을 모두 담당하는 법원이자 협의체 기능을 가져가게 된다. 모든 콘텐츠 거래가 정부 규제에 의해 결정된다면 한국 콘텐츠의 경쟁력은 글로벌 시장에서 뒤처지고 콘텐츠의 질 또한 떨어질 것이다"라고 주장했다. 반면, 케이블협회는 다음 날인 11월 17일 발표한 성명서에서 "지상파와 케이블업계 간 (재송신)협상이 원활하지 않을 경우 시청권 보호를 위해 정부가 개입해야 한다는 필요성에 대해 공감한다. 그러나 재송신을 둘러싼 근원적, 실질적 갈등을 방치한 채 분쟁 발생 시 조정하는 역할에 머물러서는 안 된다. 근본적 문제해결을 위해서는, 첫째, 재송신 대가 산정 방안(기준) 마련을 위해 상설협의체 운영 및 제도화가 필요하다. 둘째, 직권으로 방송이 재개되는 경우, 재송신료 지급을 면제해야 한다. 셋째, 재송신료 협상에 VOD 등 부가서비스까지 영향을 미쳐서는 안 된다. 마지막으로 보편적 시청이 필요한 채널에 대한 의무재송신을 확대해야 한다"고 주장했다.

한편, 케이블협회는 2015년 10월 20일 미래부와 방통위에 'SO 송출료 협의체 구성을 촉구'하는 탄원서를 제출하기도 했다. 탄원서에서 협회는 "최근 법원 판결로 법적 근거가 마련된 만큼 지상파방송 재송신료와 함께 플랫폼 사업자(SO, IPTV, 위성방송)들의 송출료도 논의되어야 한다"고 주장했다.[8)]

---

8) 울산지법은 2015년 9월 3일 '지상파방송이 케이블망을 통해 시청자들에게 송신됨으로써 방송 송출비용 절감 등 이익을 얻고 있다'고 부당이득 반환 의무를 인정하는 판결문을 냈다. 또 서울남부지법은 2015년 10월 16일 지상파3사가 CMB를 상대로 낸 '지상파재송신 상품 신규판매금지 가처분' 신청 건 결정문에서 '케이블의 재송신이 영리행위로 이뤄졌다 하더라도 더 많은 사람이 지상파방송을 시청할 수 있는바 케이블이 자원을 투자해 난시청을 해소하고 지상파방송 보급에 기여해온 측면을 부인할 수 없다'라고 판시했다.

이러한 상황에서 정부가 제출한 재송신 분쟁 관련 '방송법 개정안'이 2015년 11월 18일 국회 미방위 법안소위에서 통과되었다. 하지만 통과된 개정안에는 당초 개정안 내용에 들어 있던 '직권조정 및 재정제도'는 삭제되고 '방송유지·재개명령권'만 포함되었다.

11월 30일 이 개정안은 국회 본회의를 통과했다. 최종 내용은 '국민관심행사에 관한 실시간 방송프로그램 또는 일부 지상파방송 채널의 공급 또는 송출이 중단되거나 중단될 것으로 사업자 또는 시청자에게 통보된 경우, 방통위가 방송사업자 등에게 30일 이내의 범위에서 방송프로그램(채널)의 공급 또는 송출을 유지 또는 재개할 것을 명령할 수 있으며 한차례에 한하여 연장이 가능하다'는 것이었다.

2016년 6월 14일 열린 국무회의에서는 '방송법시행령 개정안'이 의결되었다. 골자는 방송유지·재개명령에 대한 세부 기준으로 '방송법에 방송유지·재개명령권을 도입함에 따라 동 명령 불이행 시 방통위는 방송사업자와 IPTV사업자 등에게 업무정지 3개월 또는 허가유효기간 단축 3개월, 업무정지 처분에 갈음한 과징금 5천만 원 등 부과 처분'이 가능하다는 것 등이었다.

한편, 방통위와 미래부는 2016년 10월 20일 '지상파방송 재송신 협상 가이드라인'을 발표했다. 가이드라인에는 대가 산출 근거 자료로 광고수익, 가시청범위, 시청률 및 시청점유율, 투자보수율, 방송제작비, 영업비용, 유료방송사업자의 수신료, 전송설비 등 송출비용, 홈쇼핑 채널의 송출수수료 등이 적시되었고, 사업자가 재송신료 요구의 적정성 여부에 대한 판단을 요청하면 이를 자문할 전문가협의체를 구성할 수 있도록 했다. 또 사업자 간 협상 시, 3회 이상 협상을 요청했는데도 거부하는 경우, 협상대표자를 지명하지 않는 경우, 합리적인 사유 없이 협상을 지연시키는 경우, 단일안만 강요하는 경우 등을 금지행위로 규정했다. 가이드라인 위반 시에는 '방송법'과

'인터넷멀티미디어방송사업법'을 적용해 시정명령을 내리고, 이를 이행하지 않으면 과징금을 부과하기로 했다. 하지만, 갈등의 핵심인 재송신료 산정 공식 등은 포함되지 않았다. 전체적으로 법적 효력이 크지 않은 법령해석 지침 수준이었다는 평가다.

지난 2007년부터 본격화한 지상파방송사와 케이블사업자 간 재송신 대가 산정 관련 분쟁은 이명박 정부를 거쳐 박근혜 정부에서도 결국 구체적인 해결책을 찾지 못하고 문재인 정부에서 출범하게 될 방통위 4기의 주요 정책 이슈로 이관되는 양상이다.

3) 제7 홈쇼핑채널 허가

박근혜 정부에서는 기술혁신 신제품의 판로를 지원한다는 취지에서 제7의 TV 홈쇼핑 채널이 설립되었다. 한정화 중기청장은 2014년 3월 25일 취임 1주년 기자간담회에서 '벤처기업들이 창의력 있는 제품을 수없이 쏟아내지만 10개 중 9개는 판로를 뚫지 못하고 있는 상황을 고려해, 제7의 TV홈쇼핑 설립을 검토하고 있다'고 발언했다. 당시 중소기업계 일각에서는 중소기업 제품의 판로 지원 차원에서 설립된 '홈앤쇼핑'이 충분히 제 역할을 다하지 못하고 있다는 의견을 제기하는 상황이었다. 반면, 홈쇼핑 채널 시장을 적절히 제한하는 정책 방향이 필요하다는 의견도 있었다. 방송학회가 2014년 3월 26일 주최한 '홈쇼핑 채널의 역할과 미래' 세미나에서 황근 선문대 교수는 발제에서 "홈쇼핑 채널이 늘어나고 사업자 간 경쟁이 심화(황금채널 확보 목적)되면 송출 수수료 증가[9] 등으로 중소 개별 PP는 직접적인 피해자가 되면서,

9) 이와 관련해 일각에서는 유료방송 플랫폼 사업자들이 홈쇼핑 채널의 송출수수료에 크게 의

생존에 큰 타격을 받게 될 것이다. 중소 개별 PP의 존립을 보장하는 것은 유료방송의 다양성을 구현하는 데 중요하다. 홈쇼핑 채널을 적절히 제한하는 정책 방향이 필요하다"는 의견을 제시했다. 당시 시장 상황은 GS홈쇼핑, CJ 오쇼핑, 현대홈쇼핑, 롯데홈쇼핑, NS홈쇼핑, 홈앤쇼핑 등 6개 TV홈쇼핑사와 다수 T커머스사들이 존재해 일정 부분 시장 과포화 상황이라는 주장도 있었다. 또 홈쇼핑채널사업자의 납품비리 문제를 지적하는 의견도 나왔다. 이와 관련해 전병헌 의원은 2014년 5월 15일 '방송법 개정안'을 대표 발의했다. 골자는 '홈쇼핑 사업자가 그 지위를 이용하여 납품업체에게 불공정한 계약을 강요하거나 부당한 이익을 취득한 경우, 영업정지, 승인·허가 단축 등의 제재를 할 수 있도록 법적 근거를 마련하자'는 것이었다. 전 의원은 법안 발의 배경으로 '최근 미래창조과학부로부터 채널 승인을 받은 대다수의 홈쇼핑업체의 임직원 들이 갑·을 지위를 남용하여 납품업체로부터 금품을 상납받다 적발돼, 업계 전반에 대한 소비자들의 불신이 커지고 있으며 경제민주화 정책에도 역행하고 있다. 홈쇼핑의 평균 판매수수료율은 34%로 백화점보다 높은 수준이며, 최근 납품 비리가 불거진 특정 업체의 경우 대기업에 27.8% 중소기업에 35.2%의 수수료율을 적용하는 등 불공정한 행태가 심각한 상황이다. 납품업체와 홈쇼핑 간 지위 격차를 이용하는 거래구조하에서 중소기업들은 황금시간대 방송을 내보내기 위해 금품 로비를 하는 것은 물론, 홈쇼핑 업체의 판촉비용 전가, 서류 없이 구두 발주 등의 불공정 관행에 노출돼 있는 상황이다'라고 주장했다.

한편, 2014년 8월 12일 청와대에서 열린 무역투자진흥회의에서 '공영홈쇼핑' 신설 내용이 담긴 '유망 서비스산업 육성 중심의 투자 활성화 대책'이 발

존하고 있어 유료방송시장의 수익구조가 왜곡되어 있다고 주장한다.

표되었다. 중소기업 제품과 농수산물의 판로 확대 차원에서 중기제품·농수산물 전용 '공영 홈쇼핑' 채널 신설을 예고하는 것이기도 했다. 이후 미래부는 2014년 8월 12일 무역투자진흥회의 후속 대책으로 2014년 11월 17일 '공영TV홈쇼핑(제7홈쇼핑) 승인 정책 방안' 공청회를 수최했다. 이날 발표된 두 가지 안은 수익을 추구하지 않는 비영리 재단법인 형태(1안)와 영리법인인 주식회사로 설립하되 출자자를 제한하는 형태(2안)였다. 2안의 경우, 공공기관, 비영리법인, 공익법인만 투자가 가능한 것이었다. 두 가지 안 모두 민간기업 투자를 배제한 100% 공영 홈쇼핑채널 성격이었다. 판매 수수료율도 기존 6개 TV홈쇼핑의 판매 수수료율이 30% 전후인 점을 고려해, 20%로 제한하겠다고 했다. 미래부는 2014년 12월 9일 제7홈쇼핑채널 신설 관련 '공영TV홈쇼핑 승인 정책 방안과 기본 계획'을 발표했다. 골자는 '사업자는 컨소시엄 형태로 참여할 수 있으며, 공공기관, 공익 목적을 위해 특별법에 근거해 설립된 법인, 그리고 비영리법인으로 제한한다'는 것 등이었다. 미래부는 '공영TV홈쇼핑' 신설 검토 배경에 대해 다음과 같이 설명했다. "기존 공적 성격의 TV홈쇼핑사가 당초 설립 목적을 달성하였다고 평가하기는 어렵지만, 각 분야의 판로 확대라는 측면에서는 일정 부분 효과가 있었던 것도 사실이다. 그러나 민간 TV홈쇼핑사와 같이 이윤 추구가 경영의 최우선 목표가 되었고, 채널 확보 경쟁에 몰입함에 따라 송출수수료와 판매수수료를 인상시키고, 결과적으로 상품 공급 업체의 진입장벽을 낮추는 데에는 기여하지 못했다는 평가다. 공적 성격 기관이 출자자로 참여하였고 편성 비율에 일부 공적인 의무가 부과되었으나 경영 원칙 등이 본질적으로 민간 사업자와 차이가 없었고, 공적 목적 달성을 촉구할 관리 수단도 미흡했기 때문이다."

미래부는 2015년 1월 21일 공영TV홈쇼핑 방송채널 사용 사업 승인 대상 법인으로 '㈜공영홈쇼핑'(가칭) 컨소시엄을 선정, 발표했다. 컨소시엄에는 중소기업유통센터, 농협경제지주, 수산업협동조합중앙회 등이 출자자로 참여했다. '시장 과포화'라는 사회적 비판 속에 제7홈쇼핑PP가 선정되었다. 미래부는 2015년 4월 15일 '㈜공영홈쇼핑'에 승인장을 교부했고, '㈜공영홈쇼핑'은 2015년 7월 14일 농수축산물과 중소기업 제품을 전문적으로 판매하는 홈쇼핑채널로 개국했다. 한편, 2015년 3월 3일 열린 국회 본회의에서는 홈쇼핑 사업자의 불공정 행위에 대한 제재를 강화하는 것을 골자로 한 '방송법 개정안'이 통과되었다. 이로써, 홈쇼핑채널사업자가 방송 편성을 조건으로 납품 업체에 대하여 상품판매방송의 일자, 시각, 분량 및 제작 비용을 불공정하게 결정·취소 또는 변경하는 행위를 하는 경우 방통위가 미래부장관에게 통보하도록 하고, 이를 통보 받은 미래부장관은 홈쇼핑채널사업자에 대하여 승인 취소, 업무정지, 승인 유효기간 단축 명령 등을 할 수 있게 되었다. 또 2017년 2월 23일 국회 본회의에서는 위성곤 의원이 2016년 6월 3일 대표 발의한 '방송법 개정안'이 통과되었다. 개정안의 골자는 (종합편성 또는 보도전문편성 PP의 경우처럼) 홈쇼핑채널사업자도 시청자위원회를 설치하도록 함으로써 홈쇼핑 시청·구매자의 피해를 사전에 예방하고, 소비자의 권익 보호에 기여하도록 하자는 것이었다.

지금까지 박근혜 정부의 케이블TV 정책을 살펴보았다. 더불어민주당 정책위원회가 2016년 7월 12일 발간한 케이블 관련 '정책보고서'는 "케이블TV 업계 1위 사업자인 CJ헬로비전이 이동통신 1위 SK텔레콤에 피인수를 결정한 현실은 케이블업계가 당면한 위기를 여실히 보여주고 있다고 하겠다. 특히 공정위의 인수합병 불허 정책기조는 업계의 자발적 구조조정을 통한 탈출구를 막으며 케이블TV산업 전반을 진퇴양난의 위기로 몰아넣게 될 것이다. 이는 유료방송 정책을 방통위 대신 미래부가 관할토록 한 박근혜 정부의 지난 2013년 정부 조직개편 결정이 잘못됐음을 입증하고 있다"고 주장한다.[10] 향후, 문재인 정부에서의 케이블 정책 기조에 관심이 주목되는 대목이다.

현 상황에서 케이블TV는 2017년 말로 예정된 디지털 전환사업을 종료함과 아울러, 신규 서비스 개발 차원에서 IOT, 빅데이터, 클라우드 등과 연계된 서비스 제공, 그리고 UHD 등 차세대 사업을 확대해나가는 노력이 중요해 보인다. 이와 함께 역시 중요한 것은 콘텐츠 파워를 담보해나가는 것이라 하겠다.[11)]

4) 위성TV 정책기조

박근혜 정부에서 위성TV 정책은 법제 정비와 DCS 허용 이슈 등으로 압축된다. 먼저 법제 정비 이슈를 살펴보자. 우선 OTS에 대한 법적 논란이 사실상 마무리되었다는 것이다. 케이블업계가 '방송법'·'전파법' 위반으로 고발한 건에 대해 검찰이 2011년 12월 1일 불기소 처분을 내린 데 이어, 공정위도 케이블협회가 'OTS가 공정거래법 위반이다'라고 신고한 건에 대해 박근혜 정부 초기인 2013년 7월 9일 '무혐의' 결정을 내렸다.

박근혜 정부 기간 동안 위성TV 관련 여러 유형의 법제 정비 작업이 이뤄졌다. 우선 2015년 5월 29일 국회 본회의에서 의결처리된 방송법 개정안에 따라 위성방송사업자는 특수관계자인 종합유선방송사업자 또는 인터넷 멀티미디어 방송 제공사업자를 합산하여, 종합유선방송, 위성방송, 인터넷 멀

---

10) 당시 야당은 방통위가 지상파와 케이블, 위성, IPTV 등 방송산업 정책 전체를 담당해야 한다고 주장했다.

11) 나영석 피디는 2015년 2월 23일 자 ≪조선일보≫ 인터뷰에서 '(지상파에서 나와 케이블에서 제작을 해보니) 어떤 제한도 두지 않는 게 지상파와 다른 매력인 것 같다. '케이블'이라는 단어는 곧 있으나 마나 한 것이 될 것이다. 지상파와 같은 방송 채널이라고 본다'고 말했다. 결국 중요한 것은 '콘텐츠 파워'라는 의미다.

티미디어 방송을 포함한 전체 유료방송사업 가입자 수의 3분의 1을 초과하여 서비스를 제공할 수 없게 되었다. 한편 개정안은 미래부장관이 도서산간 등 위성방송만 수신이 가능한 지역은 가입자 수 산정에서 배제할 수 있는 예외 지역으로 지정할 수 있도록 했다. 개정안의 취지는 유료방송사업에 있어 특정 플랫폼사업자가 특수관계자를 통해 다른 플랫폼사업을 겸영할 경우 나타날 수 있는 유료방송시장의 독과점을 제한한다는 것이었다. 이와 관련해 전국 257개 스카이라이프 유통망 대표들은 2015년 2월 10일 '합산규제 반대' 성명서를 발표하고, "그동안 순탄치 못했던 국내 위성방송 사업이 합산규제로 인해 또 한 번 심각한 위기를 맞게 됐다. 스카이라이프의 영업을 제한하는 합산규제를 반대한다"고 주장하기도 했다.

한편, 2015년 11월 30일 국회에서 통과된 '방송통신발전기본법 개정안'의 골자는 '지상파방송사업자 및 종합편성 또는 보도전문 방송채널사용사업자(PP)로만 되어 있는 기존 재난방송 의무사업자 범주에 위성방송사업자와 종합유선방송사업자(SO) 및 인터넷티브이(IPTV)사업자를 새로 추가한다'는 것 등이었다. 또 '통합법제' 마련 차원에서 박근혜 정부는 '방송법'과 '인터넷멀티미디어방송사업법'으로 이원화된 방송서비스 규율체계를 '방송법'으로 일원화하는 차원에서 2016년 6월 17일 '방송법 개정안'을 입법 발의했다. 개정안의 골자는 위성TV사업, 케이블TV사업 및 IPTV사업을 하나로 묶어 '유료방송사업' 개념을 신설, 통합 규제하자는 것이다. 이 '방송법 개정안'은 2015년 말 19대 국회에 제출됐으나, 국회 임기 만료로 자동 폐기된 뒤 20대 국회에서 재발의되었다.

5) DCS(Dish Convergence Solution) 정책

위성TV 정책과 관련해 박근혜 정부에서는 DCS(Dish Convergence Solution)가 주요 의제 중의 하나였다. 이명박 정부 시절인 2012년 8월 29일 당시 방통위가 케이블TV협회의 민원을 받아들여, KT스카이라이프가 제공해오던 'DCS' 서비스에 대해 '위법'판단을 내린 조치에 대해, 박근혜 정부 초기 '허용' 기조가 검토되었다. 2013년 6월 25일 국무조정실은 'DCS(결합방송서비스) 정책'을 국무회의에 보고했다. 보고 기조는 '결합방송서비스 전반의 규제를 완화해나가겠다'는 것이었다. 이는 위성·케이블·IPTV 등 전송 방식 간 결합(혼용) 서비스를 법적으로 허용해주겠다는 의미였다. 미래부도 2013년 7월 8일 당정 협의를 거쳐 ICT 분야 규제·제도 개선 20대 과제를 확정하고, 여기에 '기술결합서비스의 제도적 수용 차원에서 DCS를 허용'하는 것을 포함시켰다.

이러한 움직임 속에 홍문종 의원은 2013년 8월 6일 '기술결합서비스의 근거 및 승인절차 마련'을 골자로 한 '방송법 개정안'을 대표 발의했다. 개정안은 '최근 방송통신기술의 발전으로 방송사업 간 다양한 기술결합을 통한 새로운 방송서비스가 도입됨에 따라 변화하는 미래의 방송환경에 걸맞은 관련 규정의 정비가 필요하다'면서, '지상파·케이블 및 위성방송 상호 간 또는 이들 방송사업과 IPTV 간의 전송 방식을 혼합사용하여 제공하는 서비스를 기술결합서비스로 정의하고, 기술결합서비스를 제공할 경우, 미래부장관의 승인을 받도록 하고 심사기준 및 절차 등은 대통령령으로 정하도록 하자'고 제안했다. 이경재 당시 방통위원장도 2013년 8월 20일 열린 IT리더스포럼 조찬회에서 "DCS 등 신기술 방송 서비스 문제를 전향적으로 검토하겠다. DCS 같은 신기술 도입으로 시청자 편익이 증진된다면 허용하는 것이 바람직하다"고 발언했다. 최문기 미래부 장관도 2013년 8월 23일 자 ≪문화일보≫ 인터뷰에서 "정부는 현재 'ICT특별법'(2013년 7월 2일 국회 본회의 통과) 시행령 등 하위 법령을 제정하고 있으며, 하위 법령이 마련되는 2014년 2월 이후부터는 (KT스카이라이프가 사업 시행을 위해 신속처리를 신청할 경우) 임시허가제도를 통해 DCS 서비스가 가능할 것으로 본다"고 말했다.

이후 KT스카이라이프는 DCS 서비스가 중단된 지 3년여 만인 2015년 6월 23일 미래부에 DCS 서비스의 신속 처리·임시 허가를 신청했다. 골자는 'DCS 서비스 재개를 허용해달라'는 것이었다. 이에 미래부는 2015년 11월 5일 '정보통신 진흥 및 융합 활성화 등에 관한 특별법'(ICT법)상 '임시허가' 조문을 활용해 KT스카이라이프 'DCS 서비스'를 1년간 임시허가했다. '임시허가'에서 DCS 서비스 지역은 접시 안테나를 설치할 수 없거나 위성방송 신호를 수신할 수 없는 물리적 음영지역으로 국한했다. 이 같은 미래부의 결정에 대해 케이블TV업계는 'DCS가 KT계열의 공격적 마케팅 수단이 될 수 있다'는 우려를 표명했다. KT의 초고속인터넷 시장지배력이 유료방송 쪽으로 전이될 수 있다는 논리였다.

이후 2015년 11월 30일 '방송법 개정안'이 국회본회의에서 의결처리되어, DCS가 '지상파방송사업·종합유선방송사업 및 위성방송사업 상호간 또는 이들 방송사업과 인터넷 멀티미디어 방송 제공사업 간의 전송 방식을 혼합 사용하여 제공하는 서비스를 기술결합서비스'로 정의되고, '방송사업자 등이 기술결합서비스를 제공할 경우에는 미래부장관 또는 방통위의 승인을 받는다'는 제도적 절차가 마련되었다.

한편, KT스카이라이프는 2015년 12월 31일 DCS 서비스 이용 약관을 미래부에 신고하고 승인을 받아, 2016년 2월 1일 수도권 지역에서 접시 없는 위성방송 'SKY DCS' 서비스를 재개했다.

2016년 6월 14일 국무회의에서는 '방송법시행령 개정안'이 의결되었다.

방통위와 미래부가 부처별 소관사업자에게 기술결합서비스를 승인 할 수 있는 근거 규정이 방송법에 신설됨에 따라, 기술결합서비스를 제공하려는 자가 방통위·미래부에 승인 신청을 하면 60일 이내에 방송의 공적 책임·공익성의 실현 가능성, 해당 방송 사업에 미치는 영향 등을 심사하여 신청인에게 통보하여야 하며 심사 진행 중 시청자 의견의 공개 청취 절차도 규정하게 한 것이다. KT스카이라이프는 2016년 9월 5일 미래부에 DCS 허가신청서를 제출했다. 전국적으로 DCS 상품을 출시하겠다는 것이었다. 이에 대해 미래부는 2016년 10월 10일 위성방송과 IPTV 전송 방식을 결합한 'DCS 서비스'를 처음으로 공식 승인했다.

한편, DCS 서비스 재개 이후 가입자 규모는 2012년 초기 도입 당시에 비해 더디게 증가하는 상황이다. 이와 관련해 일각에서는 가입자 증가율이 더딘 이유로 DCS를 물리적 음영지역에 한해 허용했다는 점, DCS 서비스 재개까지 3~4년여 시간 소요 등 '늑장' 정책으로 인한 가입자 확보 과정의 실기 등을 지적하기도 한다. 3~4년 기간 동안 소비자들이 인터넷, 모바일 등에 기초한 '결합상품'으로 다수 이동했다는 관점이다.

3. 소결

케이블TV는 IPTV 출범 이후 가입자 정체 등의 어려움 속에 타 유료방송 사업자들과 치열한 경쟁구조하에 놓여 있는 상황이다. 최근 IPTV와 종편PP는 또렷한 성장세를 보이는 반면, 케이블TV는 '침체' 국면을 보이고 있다.

지상파방송사와 케이블방송사 간 재송신 갈등은 이명박 정부에 이어 박근혜 정부에서도 계속되었다. 정부의 재송신가이드라인 등이 나오긴 했으나, 정책의 실효성 부족으로 양자 간 갈등과 협상이 반복되었다. 박근혜 정부에서는 재송신 갈등으로 서비스 중단 시 방통위가 사업자들에게 방송유지·재개명령권을 행사할 수 있게 방송법 개정이 이뤄지기도 했다.

케이블 업계는 SK텔레콤의 CJ헬로비전 인수합병 건이 무산된 후 위기론 속에 '원(One)케이블 전략' 등을 골자로 한 '케이블TV 발전 방안'을 발표했다. 또한, 미래부는 동일 서비스 동일 규제 실현, 이통사와 케이블의 결합상품 출시 지원 등을 골자로 한 '유료방송 발전 방안'을 발표하기도 했다. 또 박근혜 정부에서는 방송법 개정을 통해 특정 종합유선방송사업자 또는 위성방송사업자는 해당사업자와 특수관계자인 종합유선방송사업자, 위성방송사업자 또는 인터넷 멀티미디어 방송 제공사업자를 합산하여, 종합유선방송, 위성방송, 인터넷 멀티미디어 방송을 포함한 전체 유료방송사업 가입자 수의 3분의 1을 초과하여 서비스를 제공할 수 없도록 했다. 박근혜 정부의 케이블TV 정책에서 가장 두드러진 특징 중의 하나는 PP산업을 국정이념인 창조경제의 핵심으로 육성하고자 했다는 것이다. PP시장 내 양극화, PP들의 영세성, 지상파 콘텐츠 의존도, 저가 시장구조 등을 고려할 때, 결과적으로 정부의 정책 의지가 소기의 성과를 거뒀다고는 보기 어려운 상황이다.

박근혜 정부에서 위성TV 정책은 법제 정비와 DCS 허용 등으로 압축된다. DCS의 경우, 이명박 정부 시절인 2012년 방통위가 케이블TV협회의 민원을 받아들여 DCS서비스에 대해 '위법' 판단을 내렸지만, 박근혜 정부에서는 2015년에 방송법개정으로 DCS서비스의 법제도적 승인 절차가 마련되었다. 한편, OTS도 박근혜 정부에서 검찰과 공정위 등의 '불기소·무혐의' 결정에 따라 법적 논란이 사실상 종료되었다.

제7장

신기술 서비스 정책

1. 이명박 정부

이명박 정부의 신기술 서비스 정책은 디지털 전환, 3DTV, 스마트TV 이슈 등으로 압축된다.

1) 디지털 전환 정책

먼저 국책사업으로 추진되었던 디지털 전환 사업의 추진 경과를 살펴보자. 2012년 12월 31일 종료된 지상파방송 디지털 전환 사업은 지난 1999년 '지상파방송 텔레비전 방송의 디지털 전환'에 관한 정부의 계획 수립 이후, 2000년 (구)방송위원회의 제1기 디지털방송추진위원회에서부터 추진되어온 주요 국책사업이었다. 고화질, 다채널, 양방향서비스, 난시청 해소, 정보격차 해소, 산업적 진흥 효과 등 시청자 권익 향상을 모토로 한 디지털 전환 정책은 2007년 말 '지상파 텔레비전방송의 디지털 전환과 디지털방송의 활성화에 관한 특별법(디지털 전환 특별법)'이 제정되고, 이명박 정부에서의 방통위 출범 이후 특별법 관련 하위 법령들이 정비되면서, 법적 구속력 속에 실질적으로 추진되었다(김광호, 2011). '디지털 전환 특별법'은 2012년 12월 31일 아날로그 방송 종료를 명기했으나, 방송사들의 재원 조달, 저소득층 지원 방안 문제 등으로 전환 정책 추진 과정에서 난항이 일기도 했다. 2009년 5월 6일 발표된 정보통신정책연구원(KISDI)의 「디지털 전환 갈등관리 방안」 보고서에서는 '디지털 전환 정책이 강제이주 정책과 같아서 시청자들의 수신장비 구입 거부 등 상당한 강도의 저항이 있을 수 있다'라고 경고하고, '홍보활동 강화, (완충기간 확보 차원에서의) 기존 아날로그 유료방송 연장, 가전사 비용 부담 방안' 등이 필요하다는 주장이 제기되기도 했다.

디지털 전환 과정에서의 논점과 난항은 방송사 재원 조달과 저소득층 지원 방안 등 크게 두 가지였다. 먼저 방송사 재원 조달 문제를 보면, '디지털 전환 특별법' 제11조의 경우 "수신료 및 방송광고 제도 등 개선책을 마련할 수 있다"라고 되어 있어 형식적 규정만 있을 뿐, 방송사의 디지털 전환비용 마련 방안과 관련한 구체적 내용이 빠져 있었다. 이런 이유로 방송사들은 디지털 전환 과정에서 수신료와 광고 제도의 개선책이 뒷받침되지 않아 재정적 어려움을 겪어야 했다.

저소득층 지원 문제와 관련해서, 방통위는 2010년 7월 15일 전체회의에서 '디지털 전환 특별법 시행령 개정안'을 의결했다. 개정안에서 방통위는 저소득층 지원 대상에 국가유공자와 시청각장애인 가구 중 직접수신 가구를 추가했다. 기존의 지원 대상 범주는 기초생활수급권자 가구 전체와 차상위계층 중 직접수신 가구에 국한되어 있었다. 시행령 개정안 의결로 이들에게는 10만 원을 지원하거나 디지털방송용 컨버터를 무료로 제공했다. 수혜자 규모는 전국적으로 31만 명 수준이었다.

정부의 디지털 전환 지원 정책과 관련한 또 다른 비판점은 케이블방송, 위성방송, IPTV 등 유료방송 가입자들에 대한 지원 대책이 없었다는 것이다. 이러한 비판의 배경은 정부가 2011년 6월 9일 내놓은 기초생활수급권자와 차상위계층 등 취약계층 디지털 전환 지원 정책에서 '취약계층이라 하더라도 정부 지원 신청 자격을 지상파방송을 직접 수신하는 가구'로 제한한 내용이었다. 이에 대해 당시 유료방송 업계에서는 유료매체에 가입한 취약계층에 대한 정부 지원이 함께 이뤄지지 않는다면 실질적인 디지털 전환 정책이 될 수 없다면서, 정부 정책이 전체 가구 중 소수(10~20%)만을 위한 것이 되어서는 안 된다고 주장했다. 즉, 유료매체를 통해 지상파방송을 시청하는 가구가 전체의 80% 이상인 상황에서 유료매체 가입자를 배제한 디지털 전환 정책이 과연 현실적일 수 있겠느냐는 것이 비판의 핵심이었다. 유료방송 업계는 전체 취약계층 약 170만 가구 중 정부 지원 대상이 아날로그 지상파방송만을 직접 수신하는 31만 가구로 국한되는 것은 문제라고 주장했다.

한편 방통위는 디지털 전환 사업의 원활한 수행을 위해 4개 시범사업 지역을 선정·활용했다. 2009년 9월 3일 협약식을 체결했으며, 충북 단양, 경북 울진, 전남 강진 등 3곳이 2010년 사업 지역으로, 제주도가 2011년 사업 지역으로 결정되었다. 시범사업은 해당 지역 주민에게 디지털TV 수신 환경을 제공한 후, 디지털 전환에 따른 문제점 파악과 개선책 마련에 목적이 있었다. 4개 지역 시범사업은 경북 울진(2010년 9월 1일), 전남 강진(2010년 10월 6일), 충북 단양(2010년 11월 3일), 제주(2011년 6월 29일) 순으로 종료되었다.

정부는 기초생활수급권자, 차상위계층, 시청각장애인, 국가유공자 등 취약계층 중 아날로그 수상기만을 보유하고 지상파방송을 직접 수신하는 가구에 대한 컨버터 무료 제공(또는 디지털TV 수상기 구매 시 10만 원 지급) 사업을 2011년 7월부터 수도권 지역을 시작으로 시행에 들어갔다. 이 사업은 2011년 11월 14일부터 전국의 모든 지역으로 확대 시행되었다. 이를 위해 정부는 전국의 모든 읍·면·동 주민센터(3477개)에서 취약계층 디지털 전환 지원 신청을 접수했고, 신청자에 대한 원활한 지원을 위해 전국 8개 지역에서 디지털방송전환 지원센터를 운영하기도 했다.

정부는 2012년 1월 21일부터 아날로그방송 직접수신 가구를 대상으로 화면 하단 일부를 자막과 함께 검은색으로 내보내는 '부분 종료'를 실시했다. 이어서 8월 16일 울산광역시를 시작으로, 디지털수신기기 보급률이 99%에 도달한 지역부터 해당 지자체와 협의 후 화면 전체에 자막을 내보내는 가상 종료를 실시했다.

정부는 2008년 '디지털 전환 특별법'에 명기된 대로 2012년 12월 31일 새벽 4시를 기해 지상파 아날로그방송을 전면 종료했다. 한편 방통위는 2012년 4월 27일 전체회의에서 디지털TV 채널재배치 변경계획(안)에 관한 건을 의결했다. 이에 따라 방통위는 기존의 '동시 재배치' 계획에서 2013년 10월 16일까지 유예 기간을 두고, 전국을 3개 권역으로 나눠 순차적으로 디지털 TV 채널을 재배치했다.

방통위 추정에 따르면, 아날로그 종료 후 전체 1700여 만 가구의 99.7% 이상이 지상파 디지털TV를 시청할 수 있게 되었다. 정부는 디지털TV방송 수신기를 준비하지 못한 가구(방통위 추정 5만 가구 이하)에 대해서는 우체국·주민센터 등을 통해 신청을 받아 디지털 컨버터 보급 등 정부 지원을 연장해서 시행했다.

방통위는 디지털 전환 사업이 예정대로 종료될 수 있었던 배경으로 무엇보다 지역별로 종료 시기를 분산해 국민 불편을 최소화하면서 지상파 아날로그 TV 방송 종료를 추진했던 점을 꼽았다. 디지털 전환 사업 초기 국내의 디지털TV 보급률은 저조했다. 그 이유는 시청자 대부분이 디지털방송과 아날로그방송에 큰 차이가 없다는 인식에 따라 고가의 디지털TV를 구매할 필요성을 느끼지 못했다는 데 있었다. 디지털 전환으로 가전사의 수출 진흥 등 국가 산업적 가치와 고화질 등 디지털방송의 다양한 혜택을 담보할 수 있다는 논리만으로는 전체 국민을 설득하고 동의를 구하는 데 한계가 있었다(김광호, 2011). 다행히 2011년과 2012년 방통위의 정책 홍보 등 집중적인 노력으로 디지털TV 보급률이 급격히 높아져 당초 계획대로 디지털 전환 사업이 종료될 수 있었다.

디지털 전환 정책 추진 과정에서 방송협회의 한국지상파디지털방송추진협회(DTV코리아) 또한 나름의 역할을 수행했다. DTV코리아는 2008년 10월 30일 출범식을 갖고 본격적인 활동에 들어갔다. 영국의 디지털UK와 미국의 DTV 트랜지션을 모델로 한 DTV코리아는 지상파방송사들의 인력 지원을 받은 비영리 사단법인으로서 디지털 전환 홍보 및 시청자 지원 활동을 전개했다.

디지털 전환 사업이 당초 일정대로 마무리됨에 따라 앞으로 디지털방송의 혜택을 실질적으로 높여나가는 노력이 중요해 보인다. 디지털 전환의 성공은 고화질, 전파 자원의 효율성도 중요한 문제지만, 다양한 콘텐츠와 서비스 제공 또한 중요한 문제이다. 디지털 전환 이후 시청자들의 사회적 혜택을 확대하는 차원에서 지상파방송의 다채널 서비스 제공에 대한 사회적 논의가 전향적으로 전개될 필요가 있다고 본다. 디지털 시대 경제적 약자 보호와 디지털 정보 격차 해소 문제는 중요한 사회적 의제이기 때문이다. 특히 유료방송의 확대로 방송문화 전반이 점차 상업화되는 과정에서 수용자 복지를 담보하는 무료의 보편적 서비스 정책은 보호될 필요가 있다.

한국방송협회와 언론정보학회가 2012월 9월 20일 공동주최한 '지상파방송 미래' 세미나에서 DTV코리아 정화섭 사무총장은 "디지털방송 정책은 사업자의 이해가 아닌 시청자의 입장에서 추진되어야 한다. 디지털 전환의 메리트는 다채널 서비스이다. 디지털 전환 이후 영국은 채널이 51개로 늘어났고, 프랑스는 23개로 증가했다. 한국은 여전히 5개 채널인 상황이다. 무료 보편 서비스의 채널 확대 정책을 미룰 필요가 없다"라고 주장해 지상파 다채널 서비스 정책에 대한 시사점을 주었다.

2) 3DTV 정책

3DTV는 이명박 정부 중반부인 2010년을 전후로 주요 방송정책 이슈로 부상했다. 여권 일각에서는 2009년 하반기부터 '3차원(3D) 입체실감 방송' 육성을 위한 정부정책이 구체화되어야 한다는 주장이 제기되기 시작했다. 3DTV 산업 육성을 주장하는 쪽에서는 '3DTV는 포스트 디지털TV를 이어갈 국가적 사업이다'는 논리를 폈다.

당시 미국에서는 할리우드에서 〈쿵푸팬더〉 같은 3D 애니메이션이 성공을 거두고 있었다. 반면, 일본에서는 일부 이용자들이 3D를 장시간 시청할 경우 어지럼증, 구토 등을 호소해 후생성이 진상 조사를 벌이고 있는 상황이었다.

당시 국내에서는 스카이라이프가 2009년 10월 13일 부터 16일까지 위성플랫폼을 이용해 3D방송을 전국에 실시간 시험 송출했고, 2010년 1월 1일부터는 영화, 스포츠, 다큐 등을 중심으로 24시간 3D전문채널 서비스를 개시했다. 또 가전사들은 시장 확대에 대비하는 차원에서 3DTV를 본격적으로 개발하는 문제에 대해 전향적 검토를 하고 있었다.

당시 정부 조직법상 방송서비스는 방통위가, 단말기산업은 지경부가, 그리고 콘텐츠정책은 문화부가 관장하는 구조여서, 3DTV의 정책 진흥을 위해서는 여러 정부 부처의 공조가 중요한 전제였다.

이러한 상황에서 방통위는 2010년 2월 2일 전파진흥협회 산하 조직으로 '3DTV방송 진흥센터' 출범식을 개최했다. 2010년 4월 8일 열린 대통령 주재 '제4차 국가고용전략회의'에서는 3D산업 발전을 위한 장·단기 정부전략이 논의되었다. 이날 정부는 2013년 본격적인 3DTV 방송시대를 개막하고, 2015년 무안경 3DTV 시대를 실현하여 안경식 3DTV로 잡은 주도권을 지속적으로 유지해나가는 데 기여하고, 2015년 영화·게임·드라마 등 모든 콘텐츠의 20%를 3D화하여 본격적인 3D 콘텐츠 시대를 개막하며, 의료·건설·국방·교육 산업에도 3D기술을 응용하여 활성화하겠다고 했다. 정부는 이와 같은 종합 대책을 원활히 추진하기 위해 2015년까지 약 8000억 원의 예산을 투입하겠다고 발표했다.

당시 정부는 3D산업이 과거 흑백에서 컬러TV로 전환되었던 것에 비견될 정도로 향후 경제·문화·사회 전반에 큰 파급효과를 불러오고, 이로 인해 기업의 경쟁 패러다임에 변화가 유발될 것으로 예상했던 것으로 보인다.

한편, 방통위는 2010년 12월 20일 의료계·학계·방송계·가전업계 등이 참여한 '3D시청 안전성 협의회'의 권고안에 기초해 '3D영상 안전성에 관한 임상적 권고안'을 발표하기도 했다. 주요 내용은 '3D 디스플레이 화면의 세로 길이의 2~6배 이내에서 시청할 것(시청거리), 3D 디스플레이 좌우 20°이내에서 시청할 것(시청각도), 1시간 시청 후 약 5~15분 정도 휴식(시청시간), 차량이나 놀이기구 등에서 멀미 증상을 느끼는 사람은 주의(멀미감수성), 동공 간 거리가 짧은 사람은 주의(동공 간 거리)' 등이었다.

한편, 지상파 4사는 3D방송방식의 기술 검증과 국민적 인지도 제고 차원에서 2010년부터 2011년까지 대구세계육상선수권대회와 런던올림픽 기간에 공동으로 3D 실험방송을 실시하고 2012년도에는 전국에 걸쳐 3D 시범방송을 실시했다. 또 KBS 3D 콘텐츠 제작단은 2011년 초에 지상파 최초로 40분짜리 3D 드라마 〈스마트 액션〉을 선보이기도 했다.

위성방송도 '3D방송'에 적극적이었다. 스카이라이프는 2011년 3월 1일부터 국내 최초 실시간 3D채널 '본방송' 서비스를 개시했다. 2010년 1월 3D전문채널 '스카이3D' 시험방송 개시 14개월 만에 본방송 서비스로 전환한 것이다. 하지만, 실시간 3D 전용 방송채널 '스카이3D'는 서비스 개시 5년여 만인 2014년에 고비용·저수익 등 수익성 문제[1)]와 저조한 3DTV 보급률 등으로 서비스를 중단했다.

3DTV는 이명박 정부 시절 정부 차원에서 주요 정책 사안으로 다뤄지는 듯 했으나, 종국에는 정부 정책의 우선순위에서 밀려났다(김경환, 2014). 3DTV 정책 실패의 가장 큰 요인은 무엇보다도 제작 비용이 고비용인 구조인 콘텐츠가 충분히 확보되지 못했다는 점, 입체 안경 착용 등 시청환경의 불편함, 3DTV 보급률이 낮았다는 점 등에서 찾을 수 있다. 이와 관련해 방통위도 2013년 1월 9일 발표한 자료에서 '관건은 고품질 3D 콘텐츠의 안정적 확보와 3D 시청 안전 보장 문제 해결책이다'라고 밝힌 바 있다.

3DTV 이슈는 결국 일시적인 '유행'으로 끝나고 말았다. 박근혜 정부 들어서 UHDTV 이슈가 신기술 서비스 정책 측면에서 3DTV를 대체하는 양상이다.

1) 업계는 3D 프로그램이 제작이 일반 프로그램 제작보다 50% 가량 비용이 더 소요되는 것으로 본다. 또한 당시 3DTV 보급률도 국내의 경우 10%를 넘지 못했었다. 영국과 미국 등 해외 유수의 방송사들도 비용과 보급률 등의 이유로 3DTV 서비스를 결국 중단했다.

3) 스마트TV 정책

이명박 정부에서는 스마트TV 정책 이슈도 주요 정책 사안이었다. 스마트TV의 개념과 논의 배경, 각 사업 주체들의 기본 인식, 향후 과제 등을 중심으로 살펴보고자 한다.

2011년을 전후로 스마트TV가 미디어산업 정책 논의의 핵심 의제 중의 하나로 부각되었다. 스마트TV의 부각은 방송통신 미디어 분야의 새로운 진화 과정을 보여주었다. 스마트TV가 지금까지의 콘텐츠, 플랫폼, 네트워크, 단말기 사업자 중심의 방송서비스 구조에 일대 변화를 주었기 때문이다. 별개의 영역으로 간주되어온 방송, 통신, 인터넷, 단말기 사업자 등이 동일 시장에서 새로운 비즈니스 모델을 형성하는 계기가 되었다.

2010년 11월 16일 방통위 등의 주최로 열린 2010 스마트TV 글로벌 서밋에서 윤부근 삼성전자 사장 등 가전업계 주요 관계자들은 '사회 각 분야 패러다임이 스마트화되고 있다'면서, '2010년이 스마트폰의 해라면 2011년은 스마트TV의 원년이 될 것'이라고 주장한 바 있다.

스마트TV의 개념에 대해서는 사회적으로 합의된 것은 없다. 스마트TV의 개념화 작업이 더딘 것은 디바이스 이용 방식이 다양한 특성을 내포하고 있기 때문이라는 것이 대체적인 의견이다. 서비스 특성을 압축·표현하기가 쉽지 않다는 뜻일 것이다. 전반적으로 스마트폰 이용 문화가 스마트TV에 대한 인식 확산에 큰 영향을 준 것으로 보인다.

방통위는 2011년 4월 6일 발표한 자료에서 "스마트TV는 지상파 실시간 방송시청은 물론 인터넷에 연결해 VOD, 게임, 영상통화, 앱 활용 등 컴퓨터 기능이 가능한 TV"라고 정의한 바 있다. 또한 스마트TV는 "점차 인터폰·에너지 제어와 같은 스마트홈 기능까지 수행하는 등 소비자편익을 극대화하는 방향으로 진화해갈 것"이라고 전망했다.

방통위는 지식경제부·문화관광부 등과의 경제정책조정회의 후 발표한 이날 자료에서 스마트TV 산업 발전에 관한 정부 정책기조를 제시했다. 정부는 스마트TV 산업 발전을 위해 스마트TV 경쟁력 제고, 콘텐츠 및 서비스 육성, 통신 인프라 구축 등 3대 정책 과제를 범정부적으로 추진하겠다고 발표했다.

첫 번째, 스마트TV 경생력 제고 차원에서는 플랫폼·UI 등에 대한 차세대 원천기술 등을 확보하는 데 노력하겠다고 했다. 두 번째, 콘텐츠 및 서비스 육성 차원에서는 시장 창출형 고품질 융합형 콘텐츠와 양방향 서비스 등을 집중적으로 지원하겠다고 했다. 세 번째, 통신 인프라 구축 차원에서는 신규 방송통신 융합서비스 확산에 적합한 제반 환경을 지속적으로 구현하겠다고 했다. 이와 함께 정부는 방송·통신·인터넷 법제의 정비를 위해서도 노력하겠다고 밝혔다.

당시 정부의 기본 인식은 스마트TV 산업의 성공을 위해서는 하드웨어 경쟁력 외에도 콘텐츠·인터넷망 등 생태계 전반의 활성화가 중요하다는 데 있었다. 정부의 판단은 한국이 하드웨어 경쟁력을 통해 그간 세계 TV시장을 석권해왔으나, 스마트TV에서 경쟁요소를 갖추지 못할 경우 시장 주도권을 상실할 수 있다는 것이었다. 또한 플랫폼 등에서 비교우위를 지닌 애플(Apple), 구글(Google) 등이 스마트TV 시장에 본격 진출한 상황도 국내 기업들에게는 위기라는 인식을 하고 있었다. 정부는 글로벌 TV시장 선도를 위해서는 스마트TV의 경쟁력 제고와 국내 서비스 활성화를 위한 전략 수립이 필요하다고 판단, 범정부 차원의 정책 방향을 마련해 발표했다. 이러한 정책기조 발표 내용에 대해 당시 업계는 망 중립성, 법제 정비 방향 등에 대한 세부적이고 현실적인 방안이 빠졌다는 반응을 보였다.

스마트TV에 대한 인식은 사업자별로 다르게 나타나고 있다. 정부, 가전사, 통신사, 방송사의 관점을 간략히 보자.

먼저 정부의 인식이다. 2011년 7월 20일 방통위 전체회의에서 확정된 2기 방통위원회(2011~2014년)의 주요 정책 방향은 '함께 누리는 스마트 코리아'를 모토로 했다. 향후 3년 동안 스마트TV·클라우드·T커머스·3D방송 등을 중심으로 콘텐츠-플랫폼-네트워크-기기의 선순환적 발전 생태계를 조성한다는 계획이었다. 그동안 네트워크 부문 경쟁에 집중한 정책영역을 생태계 전반으로 확장하기 위한 법·제도도 마련한다는 입장이었다. 동일 서비스, 동일 규제 기반의 수평적 규제체계 도입을 원칙으로 'IPTV 사업법'과 '방송법'을 일원화하는 통합 '방송법'도 제정하려는 움직임을 보였다.

가전사, 즉 TV 제조업체들은 스마트TV를 미래사업의 호재로 판단하고 있는 것으로 보였다. 스마트TV 정책에서 가전사들은 기본적으로 기술적 측면에서 TV 제품의 고도화를 주요 목표로 삼고 있었다. 2011년 7월 13일에 열린 '취약계층 지원용 디지털TV 배송식 행사'에 참석한 한 TV 제조사 관계자는 다음과 같이 밝혔다.

> 전 세계 TV 브랜드가 370개를 넘어 잠깐만 방심해도 점유율이 금방 떨어진다. 2시간 단위로 체크하면서도 잠시도 마음을 못 놓는다. 2류 업체들도 브랜드 홍보와 마케팅을 위해 TV 가격을 낮추고 있어 경쟁이 가열되고 있다. 소니를 비롯해 TV사업 대부분이 적자다. 하지만 TV가 브랜드의 얼굴이기 때문에 아무리 어려워도 포기하려 하지 않는다. TV가 활성화되면 가전사도 한발 더 도약할 것이다. 향후 스마트TV에 방점을 둘 계획이다(≪ZDNet Korea≫, 2011.7.13).

반면 가전사들 일부에서는 망과 콘텐츠에 대한 투자를 다른 사업자들의 영역으로 간주하는 경향을 보였다.

통신사들은 스마트TV가 자신들의 망 투자 부담을 가중시킨다면서, 산업 구조상 수혜를 보는 가전업체 쪽에서 비용 부담에 참여해야 한다는 입장이었다. 이런 관점에서 트래픽 증가에 대한 부담, 망 중립성 문제 등에 대한 사회적 논의를 주장했다. 통신사들은 스마트TV의 성공은 콘텐츠 확보에 달렸다는 인식에 따라 스마트TV 콘텐츠가 대폭 증가할 경우를 대비하여 망 중립성 문제를 우선적으로 논의해야 한다는 입장이었다. 통신사들은 이와 함께 IPTV와 스마트TV 간 규제의 '형평성' 문제를 제기했다. 통신업계는 스마트TV와 IPTV가 IP 기반의 전송 기술, 서비스 내용, 단말기 측면에서 차별성이 거의 없다면서, IPTV는 허가 대상 사업자로, 스마트TV는 신고 사업자로 되어 있는 규제질서는 불공정하다고 주장했다. 현행 'IPTV사업법'에서는 일정한 서비스품질(QoS: Quality of Service)이 보장되는 실시간 방송 및 콘텐츠를 제공하는 사업자만 규제 대상에 포함하고 있다. 이에 반해 스마트TV는 '전기통신사업법'상의 부가통신사업자로 일반적인 인터넷서비스와 동일한 규제를 받고 있다.

방송사들의 경우 스마트TV가 방송서비스의 'Time-Free' 속성을 강화시킨다는 측면에서는 긍정적으로 상황을 인식하고 있지만, 플랫폼 사업자로서의 영향력이 축소될 수 있다는 점에서는 일부 우려를 하고 있다. 또한 이 과정에서 TV 제조사들이 방송 편성권 등에 영향력을 확대할 수 있다는 점에 대해 경계하고 있으며, 콘텐츠 사업자와 수용자 간의 접점 확대 개연성에 대해서도 대비해야 한다는 기본인식을 갖고 있다(탁재택, 2011b). 지상파방송의 경우 방송시장 확대와 사업 다각화라는 측면에서는 스마트TV가 새로운 기회요인이 될 수 있을 것으로 보고 있다. 지상파방송사들은 스마트TV 시대라는 상황을 맞아 여러 대응 방안을 모색하고 있다. 기본 방향은 지상파방송 사업자별로 조금씩 차이가 있을 수 있지만 실시간 전파(on air)망에 의존하는 것에서 벗어나 인터넷을 기반으로 한 오픈 스마트(open smart) 플랫폼[2] 모델 등을 검토했다.

스마트TV는 가전·콘텐츠·통신망 등 여러 유형의 인프라가 결합된 생태계 간 경쟁으로 인식되고 있으며, 따라서 스마트TV 환경의 안정적 정착을 위해서는 종합적인 생태계 환경 구축이 필수적이라 하겠다. 향후 스마트TV는 기기, 콘텐츠, 네트워크 등 산업 간 칸막이 내에서의 경쟁이 아닌 플랫폼을 기반으로 한 생태계 간 경쟁구조의 특성을 더 강하게 띨 것으로 전망된다.

스마트TV의 안정적 정착을 위해서는 여러 과제가 선결되어야 할 것으로 보인다. 현재 망 중립성 문제는 스마트TV 논의 구조에서 핵심적 의제이다. 이와 관련해서 방통위는 2011년 12월 26일 전체회의에서 '망 중립성 및 인터넷 트래픽 관리에 관한 가이드라인'을 확정해 발표했다. 방통위가 제시한 가이드라인은 이용자의 권리, 인터넷 트래픽 관리의 투명성, 차단 금지, 불합리한 차별 금지, 합리적인 트래픽 관리 측면 등 다섯 가지를 담고 있다.

방통위는 스마트기기 확산에 따른 트래픽 급증과 신규서비스 출현에 따른 경쟁 심화 등 통신시장이 급변함에 따라 개방적이고 공정한 인터넷 이용환경 조성과 정보통신기술 생태계의 지속가능한 발전을 위해 가이드라인을 제정했다고 취지를 설명했다.

하지만 가이드라인에 망 중립성과 관련한 세부적인 내용의 부재로, 2012년 2월에는 가전사와 통신사 간 잠재되어 있던 '망 중립성' 갈등이 폭발하기

---

2) TV 화면을 통해 지상파 디지털 방송 인터넷 스트리밍, VOD, 스마트 애플리케이션 등을 통합적으로 제공하는 하이브리드형 방송 서비스.

도 했다. KT가 삼성전자의 스마트TV 인터넷 접속을 제한한 것이다. KT는 스마트TV 제조사가 무단으로 자사 선로를 이용해 과도한 트래픽(IPTV 대비 최소 5배에서 최고 15배)을 유발하는 만큼 망 비용을 분담해야 한다는 주장을 폈다. 이에 대해 제조사는 '수혜자 부담 원칙'을 강조하며, 고속도로를 이용할 경우 이용료는 차량 제조사가 아닌 차량 운전자에게 부과되어야 한다는 논리로 대응했다.

KT와 삼성전자 간 스마트TV 차단 사태는 2012년 2월 15일 방통위의 중재로 일단락되었다. 방통위는 이번 사례에서 제기된 트래픽 증가 및 망 투자 비용 분담 등과 관련하여 망 중립성 정책자문위원회에서의 논의를 조속히 추진하고, 정책자문위원회 산하에 트래픽 관리 및 신규서비스 전담반을 구성하는 등 망 중립성 정책에 관한 논의를 적극적으로 추진하겠다고 밝혔다.

이어 방통위는 2012년 5월 4일 전체회의에서 'KT의 삼성 스마트TV 서비스접속 제한행위(차단) 관련 초고속인터넷 이용자이익 침해 행위에 대한 시정조치' 건을 '경고' 의결했다. 방통위는 KT가 삼성전자 스마트TV 이용자만을 대상으로 충분한 고지 없이 인터넷 접속을 제한한 것은 KT의 이용약관을 어겼을 뿐만 아니라 이용자 차별행위를 금지한 '전기통신사업법'을 위반한 것으로 판단했다고 설명했다. 하지만 KT가 접속제한 조치를 조기에 해제했고 사과 광고 및 이용자 피해 보상조치를 시행했다는 점 등을 종합적으로 고려해 제재수위를 '경고'로 결정했다고 말했다. 또한 삼성전자에는 '망 중립성 논의에 적극 참여하라'는 권고 조치를 내렸다.

한편 민주당 김경협 의원은 2012년 6월 19일 '방통위 내 망 중립 심사위원회 신설'을 골자로 한 '전기통신사업법 개정안'을 발의하기도 했다. 김경협 의원은 법안에서 논란 중인 망 중립성 문제와 관련하여 방통위 내에 전담 망 중립 심사위원회를 방통위원장 추천 2명, 정보통신 관련 시민소비자단체 추천 2명, 한국소비자원 추천 1명 등 총 5명으로 구성, 신설하자고 제안했다.

망 중립성 문제는 현재 통신사와 가전사의 주요 현안으로만 인식되고 있으나, 향후에는 통신을 기반으로 하는 방송서비스 업계 전반의 주요 쟁점이 될 것으로 전망된다.

이와 함께 스마트TV, N스크린, OTT(Over the Top) 서비스 등 다양한 스마트미디어 상용 서비스가 등장하는 상황에서 이에 걸맞은 법·제도 정비가 시급한 과제로 인식된다. 각 사업자 간 협력과 융합을 포괄할 수 있는 통합적 법제 정비가 이루어져야 한다는 뜻이다.

2. 박근혜 정부

1) 700MHz 주파수대역 재분배 정책

2012년 디지털 전환 종료 후 아날로그 시대에 지상파방송이 사용했던 700MHz 대역(698~806MHz)의 108MHz 폭의 주파수가 유휴대역으로 남게 되었다. 700MHz 대역은 전파 도달 거리가 길고 혼선이나 잡음이 적다는 이유로 '황금 주파수'로 불리었다. 통신사업자들은 모바일 데이터 전송량 폭증에 대비하고 광대역 통신주파수 확보를 위해 (통신)산업용으로 활용해야 한다는 입장이었다.

반면, 방송사들은 UHDTV 등 차세대 고품질 방송서비스와 디지털 방송 난시청 해소 등을 위해 (방송)공익용으로 활용해야 한다는 입장을 보였다. 또한 방송업계는 공적 자산인 주파수를 통신사들의 이익 창출 목적에 쓰는 것은 문제라면서 무료 보편적 서비스 기능을 수행하는 지상파방송이 활용할 수 있도록 정부가 허용해야 한다고 주장했다.

미래부는 2013년 12월 18일 향후 5년간의 '전파진흥기본계획안'을 주제로 공청회를 열었다. 이날 논의된 미래부의 주파수정책 기조는 '공익적 활용' 쪽보다는 '경제적 환원론'에 더 무게가 실려 있었다.

이러한 기조에 대해 방송협회는 2013년 12월 19일 성명서를 발표하고, "희소 공공재인 주파수에 물질만능주의가 적용되어선 안 된다. 자본력 있는 통신사나 유료방송만 주파수를 점유할 수 있게 하는 것은 주파수의 사유화 정책이다. 주파수의 주인이라 할 수 있는 국민 모두에게 혜택이 골고루 돌아갈 수 있도록 하는 차원에서 무료 보편적 서비스로서의 지상파 UHD 상용화를 전파진흥기본계획에 포함시켜야 한다"고 주장했다.

이런 가운데, 국무조정실 주파수심의위원회는 2014년 11월 14일 미래부와 안행부가 추진한 '718~728MHz와 773~783MHz 등의 20MHz 폭을 국가재난안전통신망에 쓰일 통합공공망으로 활용'하는 방안을 심의, 의결했다. 국무조정실은 '세월호 참사 이후 국가적 재난에 효율적으로 대응하기 위한 국가재난안전통신망 구축의 중요한 발걸음을 내딛었다'고 설명했다.

한편, 국회 미방위는 2014년 11월 21일 주파수 관련 소위원회 구성에 합의하고, 소위 차원에서 '700MHz 주파수 대역 용도 배정' 문제를 논의해나가겠다고 했다. 이날 전체회의에서 여야 다수 의원들은 미래부의 '친통신' 정책 기조를 비판했다.

이와 관련해, 최양희 미래부 장관은 2015년 4월 10일 국회 미방위 업무보고에서 "정부는 700MHz 주파수를 방송과 통신이 사용할 수 있도록 노력해왔고 상당한 진전을 보았다. 주파수를 쪼갠다고 하기보다는 균형 있는 분배를 추구하고 있다"면서, 700MHz 대역을 '방송과 통신 양쪽에 모두 분배' 하는 방안을 검토하고 있다고 말했다. 최성준 방통위원장도 이보다 3일 앞선 4월

7일 기자간담회에서 '700㎒ 대역 주파수를 나눠 쓰는 방법은 두 가지가 있다. 분량의 측면에서 나누는 방법과 시간적으로 나누는 방법이 있다. 상반기 내 방안을 만들도록 노력하겠다'고 했다.

국회 미방위 주파수정책 소위는 2015년 7월 13일 회의를 열고 '황금 주파수' 대역으로 평가받는 700㎒ 대역을 지상파방송 5개 채널(UHD)과 이통사에 분배하기로 합의했다. 지난 2년여 기간 동안 지속되어온 방송과 통신 업계 간 700㎒ 대역 주파수배분 논쟁이 사실상 마무리되었다. 합의 내용의 골자는 698~806㎒에서 광대역 LTE 용도 40㎒ 폭, UHD방송 용도 30㎒ 폭, 통합공공망 용도 20㎒ 폭 등 총 90㎒ 폭을 통신, 방송, 재난망에 분배하는 것이었다. 이에 대해 통신업계에서는 대부분의 나라가 모바일 통신의 급증을 고려해 700㎒ 대역을 통신 용도로 할당하는 것이 일반적이라면서, 시대 역행적 조처라는 반응을 보였다. 반면, 미래부는 국가별로 처한 상황과 수요 특수성을 고려해 활용 방안이 결정된다는 입장이었다.

한편, ≪동아일보≫는 2015년 7월 21일 자 "靑·국회가 부당개입한 주파수정책 전면 재검토하라" 제목의 사설에서 "이 황금 주파수를 미국 유럽 등 115개국은 통신에 배분했지 우리처럼 방송과 통신에 쪼개준 나라는 없다. … 전파는 국민의 재산이다. 주파수를 통신사에 팔면 1조 3000여 억 원의 나라 재정을 확보할 수 있다. 자율주행자동차나 사물인터넷(IoT) 발전을 위해서도 통신용 주파수 확보가 시급하다. 지상파 방송사들은 700MHz를 UHD 방송에 쓰는 것이 공익적이라고 주장하지만 UHD가 보편화되려면 20년은 걸릴 것으로 전망된다. 국가의 희소 자원인 주파수를 아무 대가도, 명분도 없이 지상파에 내주는 것은 국익을 외면한 정책이다"라고 비판했다.

총리실 산하 주파수심의위원회는 2015년 7월 27일 미래부가 국회 미방위 주파수정책 소위 합의 내용에 기초해 상정한 '700㎒대역 주파수 분배안'을 최종 심의·확정했다. 골자는 재난망에 20㎒ 폭을 주고, 방송에 30㎒폭, 이동통신에 40㎒폭을 분배하는 것이었다. 총리실은 “폭증하는 모바일 통신 수요에 대한 시장 요구와 통신의 국제적 조화를 고려함과 동시에 첨단 UHD콘텐츠 제작, 방송의 활성화를 통한 한류 확산 및 국민의 보편적 시청권 요구 등을 감안하여 통신과 방송 모두가 상생 발전할 수 있는 최적의 방안을 마련했다”고 설명했다.

2) UHDTV 정책

IP 기반의 뉴플랫폼으로서 실감 미디어 성격을 지니면서 양방향성이라는 특장점을 갖고 있는 UHDTV는 박근혜 정부에서 신기술 방송서비스 정책 측면에서 가장 부각된 이슈였다. 이명박 정부 기간인 2010년을 전후로 주요 방송정책 이슈로 부상했던 3DTV가 종국에는 크게 부각되지 못하고 대신 UHDTV가 새로운 정책이슈로 부각되는 양상이었다.

이와 관련하여 신동희 성균관대학교 교수는 ‘UHD TV가 넘어야 할 3DTV 실패의 교훈’이라는 칼럼(≪한국일보≫, 2016.8.29)에서 다음과 같은 주장을 한다. “UHDTV가 여러 신기한 기능과 한 차원 업그레이드된 몰입을 제공하지만, 수용자는 새로운 차원의 경험이나 몰입보다 여전히 TV를 오락, 휴식과 같은 여가의 수단이나 편안한 기분 전환의 고전적 TV기능으로만 여길 수 있다는 분석이 지배적이다. UHD TV가 고화질이나 현실감 등의 서비스 특성을 갖고 있지만, 사용자가 느끼는 어지러움, 눈의 피로, 안경 착용의 불편함, 장시간 시청에서 오는 역겨움 등의 면에서 3DTV의 실패를 교훈으로 삼아야 한다.”

HDTV보다 4배 이상의 초고화질 방송인 UHDTV는 시청자 복지와 산업적 파급효과를 고려한 차세대 실감방송 서비스(김광호, 2013b)로 인식되었다. UHD방송 환경을 조기에 구축함으로써 국내 기술과 산업 및 콘텐츠의 세계 시장 선점 효과를 극대화하고 국가 경쟁력을 견인해나가야 한다는 논리가 작용했다.[3)]

미래부는 2013년 6월 발표한 '차세대 방송기술 발전전략'에서 2014년 케이블방송, 2015년 위성방송 등 유료방송 중심의 UHD방송 상용화 정책을 발표했다. 미래부의 이 같은 정책 방향에 대해 지상파사업자들은 2013년 7월 30일 미래부에 의견서를 제출하고 '미래부의 UHD 전략이 유료방송 일변도로 가는 것에 반대한다'는 입장을 밝혔다. 지상파사업자들은 또, 'UHD 콘텐츠산업 육성을 위해서는 지상파방송 중심의 UHD 정책이 추진되어야 한다'고 주장했다. 한편, 일각에서는 미래부의 유료방송 중심의 UHDTV 정책 방향이 '디지털 빈부격차'를 확대할 수 있다는 주장을 펴기도 했다.

우선 지상파방송사들은 2012 디지털 전환 사업 이후 명품 콘텐츠 제작과 함께 초고선명 4K 영상 등 시청자 서비스의 질적 개선 사업을 주요 정책 현안 과제로 인식했다.

한국방송협회는 2015년 9월 2일 제52회 방송의 날 축하연에서 '4배의 감동, 5천만의 기쁨, 70억의 한류'라는 주제로 '지상파 UHD 비전 선언문'을 발

---

3) 일본의 경우도 TV산업이 몰락하는 상황에서 UHDTV를 새로운 전략적 출구로 보고 있다(박성규, 2013). 총무성은 UHD정책에 있어 한국과의 경쟁을 우선적으로 고려해야 한다는 입장을 보이고 있다(≪전자신문≫, 2013년 8월 12일 자). 총무성은 2013년 6월 11일 방송서비스 고도화를 위한 검토회의 결과물인 '방송서비스 고도화에 관한 검토회: 현재까지의 검토 결과 정리' 보고서를 발표했다. 이 보고서에서 총무성은 글로벌 차세대 TV 시장의 선두 주자로 자리매김 하기 위해 4K·8K 상용서비스를 조기에 실시하겠다고 밝혔다(KCA, 2013년 8월호).

표했다. 한국방송협회는 "국민들이 2018년 평창 동계올림픽을 UHD로 시청하고, 전국 어디서나 UHD 방송을 볼 수 있도록 지역 주파수를 확보해 시청자 복지를 향상시키겠다"고 했다.

방통위와 미래부는 2015년 12월 29일 '지상파 UHD방송 도입 정책방안'을 발표했다. 정책방안의 골자는 '지상파 3사가 평창올림픽 1년 전인 2017년 2월 수도권 지역에서 UHD 본방송 서비스를 개시한다. EBS는 2017년 9월 UHD 본방송 시비스를 개시한다. 이후 단계적으로 사업을 확대해 2017년 12월 광역시권(부산·대구·광주·대전·울산)과 평창동계올림픽 개최지 일원(평창·강릉 등)에서 지상파 UHD 본방송을 개시한다. 그 외 시·군 지역은 2020년부터 순차적으로 도입하여 2021년까지 도입을 완료한다'는 것이었다.

이후 방통위는 2016년 5월 26일 전체회의에서 '지상파UHD 신규 허가 기본계획'을 의결했다. 요지는 '방송법 제10조의 심사 기준을 참조하되, UHD 신규 허가의 특수성을 고려하여 방송사업자의 기술적 능력 및 UHD 관련 투자계획의 적절성 항목 등을 중점 평가한다. 심사결과 총점 1000점 중 650점 이상 획득한 경우에 '허가'를 의결하고, 650점 미만일 경우에는 '허가거부' 또는 '조건부 허가' 의결한다'는 것이었다.

한편 민간 표준화기구인 한국정보통신기술협회(TTA)는 2016년 7월 4일 공청회를 열고 유럽식(DVB-T2) 기반 표준과 미국식(ATSC 3.0) 기반 표준 중 미국식 표준안을 '지상파 UHD 송수신 정합 표준'으로 적합하다고 발표했다. 미국식이 주파수 효율성이 높아 동일 주파수대에서 UHDTV뿐만 아니라 모바일HD방송, 재난방송까지 가능하다는 이유에서였다.

이에 기초해 미래부는 2016년 7월 26일 지상파 UHD방송의 표준을 유럽식(DVB-T2) 대신 미국식(ATSC3.0)으로 확정한다고 발표했다.[4] 미래부는 미국식 선정 이유로는 '수신 성능 우수', 'VOD 등 IP연계 융합서비스 활성화', '단말기·장비 시장 확보' 등이 고려되었다.

한편, 2016년 7월 19일 미래부와 방통위 주도로 열린 '지상파UHD추진위원회'[5] 출범 회의에서 지상파 측은 UHDTV에 있어 '불법 복제 등을 방지하는 콘텐츠 암호화, 내장 안테나 탑재 등이 필요하다'는 입장을 밝혔다. 이에 대해 가전사 측은 '지상파 요구가 반영된 UHDTV를 2017년 2월까지 출시하는 것은 현재로서는 불가능하다. 기술 검증 등 물리적인 스케줄이 나오지 않는다'는 입장을 보였다. 또 '수신 안테나가 내장된 TV를 판매한 전례가 없고, 안테나를 내장하더라도 지상파 UHD방송신호가 안정적으로 수신된다고 보장하기 어려우며 지상파방송 직접수신율이 높지 않은 상황에서 모든 UHDTV에 안테나를 내장하는 것은 효율성이 떨어진다'고 주장했다.

방송학회가 2016년 6월 10일 개최한 '지상파UHD' 관련 세미나에서 가전사 관계자는 토론자 발언에서 "내장안테나의 유효성에는 공감한다. 지상파 직수율 제고에도 도움이 될 것이다. 삼성전자가 연 5000만대의 TV를 팔지만 내장 안테나를 넣은 적이 없다. 우선 기술적 어려움으로, 우리나라는 콘크리트 건물이 많은데 콘크리트 건물의 특성상 신호의 세기가 적게는 10분

---

4) 이와 관련해, 일각에서는 미국식(ATSC3.0) 기반의 기술표준 확정에 따른 후속 이슈가 원만히 해결되어야 한다고 주장한다. 북미식이 확정되기 전, 지상파방송사가 2012년부터 유럽식 표준으로 실험방송을 실시하였고, 정부도 2014년 10월 UHD 실험방송 표준을 유럽식으로 잠정 결정한 바 있어, 이에 국내에서 판매된 UHD TV는 유럽식 표준을 적용해왔다는 것이다. 그런데 기술표준이 미국식으로 결정되면서 유럽식 표준에 맞춰 UHD TV를 제작한 제조사나, 이를 구입한 시청자가 피해를 입을 수밖에 없기 때문에, 별도의 튜너가 내장된 셋톱박스를 설치해야 미국식 표준이 적용된 지상파 UHD방송을 시청할 수 있다는 주장이다(≪미디어스≫, 2016.8.10).

5) 한편, 한국지상파디지털방송추진협회(DTV KOREA)는 지상파 UHD방송의 효과적인 추진과 수신환경 조성 차원에서 2016년 5월 1일 'UHD KOREA'로 명칭을 변경했다.

의 1, 많게는 100분의 1로 낮아진다. 임계값 밑으로 내려가면 TV를 아예 볼 수 없다. 수신상의 어려움이 있을 수 있다. 디자인 측면에서는, 지금 TV가 갈수록 얇아지고 있고 벽걸이 방식으로까지 장착되고 있다. TV가 벽에 걸리면 전파 수신이 더 어렵다. 극복해야 할 기술적 어려움들이 있다. 방송사와 가전사가 광범위한 실측 데이터를 갖고 기술의 유효성에 대해 충분히 검토하는 시간이 필요하다'는 의견을 피력했다. 이에 대해 지상파 관계자들은 '수신환경 개선 의무는 방송사와 가전사 모두에게 있다. 시청자 편익을 위해 내장의무화 정책이 필요하다'고 주장했다.

'암호화' 문제와 관련해 케이블TV방송협회와 IPTV협회는 2016년 9월 25일 미래부에 의견서를 전달하고, 반대 입장을 표했다. 양 협회는 의견서에서 '지상파방송사들이 UHD콘텐츠 암호화 장치를 갖게 되면 유료방송사업자들이 셋톱박스에 암호화 장치를 해제하는 장치를 추가로 탑재해야 해서 많은 비용이 발생하게 된다'고 주장했다.

미래부는 2016년 9월 30일 자로 지상파UHD 방송표준방식과 기술기준을 정한 '방송표준방식 및 방송업무용 무선설비의 기술기준'(고시)을 확정·시행했다.

이어 방통위는 2016년 11월 11일 전체회의에서 '지상파3사 수도권 지역 UHD 방송국 신규허가' 건을 의결했다. 신규허가 의결은 지상파 UHD 도입 1단계인 수도권 지역의 UHD 본방송 개시 차원에서 이뤄졌으며, 유효기간은 3년이었다. 허가 조건으로는 '허가신청서에 기재한 콘텐츠 투자금액 이상 집행', 'UHD 투자 및 편성 실적·계획 등 전반적인 UHD 추진 상황이 포함된 「지상파 UHD 추진 실적 및 계획 보고서」를 매년 방통위에 제출', '2017년 UHD 프로그램을 5%이상 편성하고 매년 5%씩 확대(2017년 5%, 2018년 10%, 2019년 15% 이상)' 등이었다.

이후 방통위는, 지상파방송사들이 기술적 문제 등을 이유로 2월 UHD 본방송 일정 연기를 요청해옴에 따라, 2017년 2월 15일 전체회의를 열고 '지상파3사 수도권 UHD방송국 운용개시일 조정' 건을 의결했다. '지상파 수도권 UHD 본방송 일정을 2017년 2월 28일에서 2017년 5월 31일로 3개월 연기한다'는 것이 골자였다. 방통위는 연기 결정 배경으로 'UHD 시험방송 과정에서 발견한 예상치 못한 오류를 수정하고, 방송 장비 간 정합성을 충분히 검증할 시간이 필요하다는 지상파3사의 UHD 본방송 연기 요청을 일부 수용하기로 결정했다'고 설명했다.

한편, 2017년 3월 3일 전체회의에서는 지상파UHD 도입 2단계 지역 18개 방송국에 대한 지상파 UHD 방송국 신규허가 기본계획인 '광역시 및 강원(평창·강릉 일원) 지역 지상파UHD 방송국 신규허가 기본계획(안)'을 의결했다. 골자는 2017년 12월 광역시 및 평창·강릉 일원에 지상파 UHD 방송을 도입할 수 있도록 2017년 5월까지 허가 신청서를 접수하고, 6월부터 허가심사위원회를 운영하여 7월 중으로 허가 여부를 결정한다는 것이었다.

이러한 일련의 과정들 속에 지상파방송사들은 2017년 5월 31일 수도권 UHD 본방송 서비스를 개시했다.

지상파 UHDTV 정책에 있어 아직 해결해야 할 과제들이 남아 있는 상황이다. 콘텐츠 암호화, 내장 안테나 탑재 문제 외에도 막대한 투자 재원을 고려한 관세·세제 혜택, 방송통신발전기금 징수 유예, 광고제도 개선, 수신료 현실화 등 재원 확보 방안과 UHD 의무제작 편성비율 축소 등을 지상파사업자들이 요구하고 있다.

지상파 UHD방송 도입에서 가장 중요한 이슈는 역시 재원 조달이라고 볼 수 있다. 정부계획에 따르면 지상파방송사의 UHD방송 투자액은 2016년부터 2027년까지 총 6조 7902억 원(콘텐츠 투자액 5조 8298억 원)이며, 이는 방송사

자체 조달을 원칙으로 하고 있다. 또한 지상파방송사는 2017년 5%에서 2027년 100% 편성 비율을 달성해야 한다. 당장 내년부터 UHD 콘텐츠 제작에 대한 투자를 시작해야 하는 것이다. 문제는 국내외 경제 여건이 악화되고 있어 UHD방송에 투자할 비용을 어떻게 확보할 것이냐는 것이다. 이런 면에서 관세·세제 혜택, 방발기금 징수 유예, 광고제도 개선, 수신료 현실화, 가전업계의 기금 출연 등의 이슈와 UHD 의무제작 편성비율 축소, UHD활성화 특별법 제정 문제 등이 거론되는 있는 것이다.[6)]

언론학회가 2016년 12월 19일 주최한 'UHD방송 활성화 정책' 세미나에서 조삼모 SBS 정책실 매니저는 '지상파 UHD 방송 현황과 주요 쟁점' 발제를 통해 "아날로그에서 디지털로의 전환은 이뤄졌으나, 다채널·데이터 방송, 양방향 서비스 등 디지털 방송의 다양한 혜택 제공에는 실패했다. 직접수신가구 비율도 최저 선에 머물고 있다. UHD 정책에 있어 디지털 전환 당시의 정책 방안을 재사용하거나 프리미엄 콘텐츠를 확보하지 못해 UHD 생태계 조성에 실패한다면 향후 지상파 UHD 정책 구현은 제대로 되기 어려울 것이다'라고 주장한 바 있다.

한편, 국내 유료방송사업자들도, 주파수와 방송 표준 이슈에서 비교적 자유롭다는 이점을 살려, UHDTV 도입에 적극적으로 나서고 있다. 2013년 5월 23일 제주에서 열린 '2013 디지털 케이블티브이 쇼'에서 케이블 방송사들

---

6) 국회 입법조사처는 2015년 8월 4일 발표한 '2015 국정감사 정책자료'에서 '방송광고시장의 정체, 수신료 인상의 어려움, 유료방송시장의 확대, 프로그램 제작비용 상승 등으로 지상파의 재정적 어려움이 가중되는 현실에서 고비용 UHD 방송 제작에 지상파방송사들의 한계가 있을 것으로 전망한다. UHD 방송 제작을 위해 지상파의 경영 여건 개선이 필요하며, 정부는 방송 제작 여건의 점검과 합리적 정책 방안 마련을 위해 노력해야 한다'는 의견을 제시했다.

은 UHDTV를 상용화하겠다고 밝혔다. 일각에서는 유료방송시장 내 주도권이 IPTV로 기울 조짐이 보이는 상황에서 UHD는 케이블업계에 하나의 새로운 기회요인이라고 주장한다. 5대 MSO는 '2014년 상용화 준비' 차원에서 2013년 7월 17일 시범방송을 개시했다. 이어 미래부는 2013년 10월 7일 '유선방송국 설비 등에 관한 기술기준' 개정을 고시했다. 골자는 케이블방송에 UHD 압축 규격으로 UHD방송 상용화를 위한 필수 기술이라 할 수 있는 HEVC를 허용한다는 것이었다. 정부가 기술기준 개정을 고시함으로써, 케이블TV의 UHD 방송 상용화를 위한 제도적 근거가 마련된 것이다. 케이블TV협회는 2014년 4월 10일 '2014 디지털케이블TV쇼' 개막식에서 케이블TV의 UHD 방송 '상용화'를 선포했다. 또 이날 협회는 개막식 직후 CJ헬로비전, 티브로드 등이 주도적으로 참여해 만든 UHD 전용채널 '유맥스(U-max)'의 개국식을 개최했다. 위성방송 KT스카이라이프도 2013년 8월 16일부터 UHD 시험방송에 들어갔다. 무궁화6호 위성을 통한 영상압축방식 HEVC를 활용했다. 이후 KT스카이라이프 2014년 6월 2일 'SkyUHD' 개국식 행사를 했다. KT스카이라이프는 'SkyUHD' 장점으로, 위성 특유의 대용량 정보 전달이 가능하고, 지역단위가 아닌 동시전국방송(광대역성)이 가능하다는 점을 강조했다. SkyUHD의 운영은 KT스카이라이프의 자회사며 UHD제작 시설 및 노하우를 보유한 스카이라이프TV가 맡았다. 이로써 유료방송사업자들이 지상파에 앞서 UHD 상용서비스를 개시한 형국이 되었다.

전체적으로, UHDTV는 방송서비스 진화 과정의 측면에서 1980년 칼라TV 도입, 2000년 디지털 HDTV방송 도입, 2012년 아날로그 종료 및 디지털방송시대 개막에 이어 방송서비스의 새로운 장을 여는 것으로 볼 수 있다. UHDTV 정책은 기술 발전을 통한 사회 안전망 구축, 산업적 파급 효과, 방송시청 복지 제고 등의 측면에서 신기술 방송서비스의 큰 획을 긋게 될 것이다. 이에 합당한 정부의 정책적 지원 방안 모색이 중요한 과제라 하겠다.

3) 스마트 미디어 정책

사회 전반이 점차 스마트화되면서, 박근혜 정부에서도 스마트 미디어는 미디어 정책의 주요 이슈로 자리 잡았다.

미래부는 2013년 9월 13일 '스마트 미디어 생태계 활성화 위원회'를 발족했다. 이 과정에서 미래부는 스마트 미디어의 범주를 '스마트폰·TV·셋톱 등 인터넷 접속이 가능한 기기를 기반으로 방송과 함께 인터넷콘텐츠 이용이 가능한 신유형 방송서비스를 의미한다'고 설명했다. 세부적으로, Pooq, Tving 등 인터넷 방송, 스마트플러스(티브로드)·올레TV스마트(KT) 등 스마트 셋톱 기반, 삼성전자·LG전자 스마트TV 기반 등을 지칭했다.

이어 정부는 2013년 12월 10일 방송산업발전 종합계획안을 발표하고, 여기에 '스마트 미디어 산업 육성'을 포함시켰다. 세부적으로는 스마트 미디어 서비스 활성화, 방송의 스마트화 지원 등에 방점을 두었다.

이후 미래부는 2014년 3월 24일 '스마트TV 앱 개발 지원사업 착수'를 발표했다. 국내 스마트TV 산업 활성화 유도 차원에서 스마트TV·스마트셋톱에 탑재돼 서비스되는 TV앱 개발을 지원하겠다는 것이 핵심이었다. TV앱은 방송 프로그램과 연동해 게임, 교육, 전자상거래, 공공서비스 등을 제공하는 것으로 구조화했다.

한편, 미래부는 2014년 10월 15일 '스마트 미디어 산업 육성 계획안'을 발표했다. 방송과 ICT가 결합된 '스마트 미디어'를 창조경제 핵심 산업으로 육성한다는 복안이었다. 주요 내용은 2015년부터 (실감미디어, OTT, 디지털사이니지, 스마트홈 등) 차세대 개방형 미디어 플랫폼과 관련 기술을 개발해나가겠다는 것이었다. 이후 2014년 12월 5일 정홍원 국무총리 주재로 열린 정보통신 전략위원회는 미래부와 방통위, 문화부, 중소기업청 등이 공동으로 마련한 스마트미디어 산업 육성계획안을 심의, 확정했다.

방송과 통신의 융합, 유무선 인터넷·스마트 기기 확산 등 미디어와 ICT를 기반으로 다양한 산업과 기술이 결합된, 스마트미디어 산업을 창조경제 신성장 동력으로 삼고 집중 육성하겠다고 했다.

세부적으로는 2015년부터 실감미디어(오감정보와 감성정보를 제공하는 미디어 서비스), OTT(인터넷망을 통해 동영상 콘텐츠를 전송), 디지털사이니지(디지털 디스플레이를 통해 정보와 광고를 제공) 등 차세대 개방형 미디어 플랫폼을 적극 개발하고, 관련 법제(네거티브·최소·자율규제 원칙 및 산업진흥 기조 중심)도 정비해나가겠다고 했다.

이러한 정부의 정책 기조하에서 삼성전자와 LG전자 등 가전사들은 2015년 9월 유료방송 가입 없이 스마트TV만 있으면 인터넷 연결만으로도 리모콘을 활용해 방송을 시청할 수 있는 서비스를 시작했다. 삼성전자가 예능, 여행, 드라마, 뷰티, 교육 콘텐츠를 중심으로 'TV PLUS' 서비스를, LG전자가 종편, 홈쇼핑 콘텐츠를 중심으로 '채널 플러스' 서비스를 개시한 것이다.

3. 소결

이명박 정부 말기인 2012년 국책사업으로 진행된 디지털 전환 사업이 다행히 성공적으로 마무리되었다. 디지털 전환이 애초 기대했던 성과에 도달했느냐에 대해서는 견해가 갈린다. 일부에서는 법으로 정한 시한에 맞춰 사업을 종료하는 데 과도하게 역점을 둔 측면도 있었다고 주장한다. 또한 정부가 아날로그방송 종료를 무리하게 추진함으로써 경제적 부담이 커도 유료방송에 가입하는 시청자들이 크게 증가했다는 주장들도 있다. 디지털 전환의 실질적 혜택이 화질과 음질 등의 개선에 머물지 않고 채널 선택권 등의 확대로 이어지기 위해서는 지상파 다채널 정책 등에 대한 보다 전향적 논의가 필요해 보인다.

이명박 정부에서는 3DTV와 스마트TV 정책도 주요한 이슈였다. 3DTV는 이명박 정부 중반부인 2010년을 전후로 주요 방송정책 이슈로 부상했다. 당시 정부는 3D산업이 경제·문화·사회 전반에 상당한 파급효과를 불러올 것으로 예상했다. 하지만 3DTV 이슈는 결국 일시적인 '유행'에 불과했다. 콘텐츠 부족, 시청환경의 불편함 등이 주원인이었다.

스마트TV 정책 이슈는 이명박 정부의 산업적 정책 의지와 가전업계의 신규 사업 개척 의지가 큰 동인이었다. 하지만, 정책 논의 자체가 과도하게 기기 중심의 산업 논리로 흘러, 소비자의 실제적 편익과 연결되지 못했다.

박근혜 정부에서는 700MHz 주파수대역 재분배와 UHDTV, 그리고 스마트 미디어 정책 이슈가 중심적 화두였다.

700MHz 주파수대역의 경우, 지상파방송이 사용했던 700MHz 대역의 108MHz 폭의 주파수가 유휴대역으로 남게 되어 처리 방향을 두고 방송계와 통신계가 견해차를 보였다. 통신사업자들은 모바일 데이터 전송량 폭증에 대비하고 광대역 통신주파수 확보를 위해 산업용으로 활용해야 한다는 입장이었다. 반면, 방송사들은 UHDTV 등 차세대 고품질 방송서비스와 디지털방송 난시청 해소 등을 위해 공익용으로 활용해야 한다는 입장이었다. 종국에는 재난망에 20㎒, 방송에 30㎒폭, 이동통신에 40㎒폭이 분배되었다.

UHDTV는 박근혜 정부에서 신기술 방송서비스 정책 측면에서 가장 부각된 이슈였다. 이명박 정부의 3DTV 이슈가 박근혜 정부에서 UHDTV로 대체되는 양상이었다. 지상파의 경우, 2017년 5월 31일 수도권 UHD 본방송 서비스를 개시했다. 현재 지상파사업자들은 콘텐츠 암호화, 내장 안테나 탑재 등을 요구하고 있다. 이외, 막대한 투자 재원 마련도 현안이다. UHDTV는 칼라TV, HDTV, 디지털방송 시대에 이어 방송서비스의 새로운 장을 열게 될 것으로 보인다.

스마트 미디어 정책은 박근혜 정부에서 창조경제 신 성장 정책의 주요 어젠다였다. 박근혜 정부는 스마트 미디어의 범주를 '인터넷 접속이 가능한 기기를 기반으로 방송과 함께 인터넷콘텐츠 이용이 가능한 신유형 방송서비스' 정의하고, 실감미디어, OTT, 디지털사이니지 등 차세대 개방형 미디어 플랫폼 개발을 위해 노력을 기울였다.

제8장

방송광고산업 정책

1. 이명박 정부

이명박 정부의 방송광고산업 활성화 정책에서는 민영 미디어렙의 등장과 한국방송광고진흥공사의 출범, 가상·간접광고 도입, 광고 심의 제도 변화 등이 주요 현안이었다.

1) 한국방송광고공사(KOBACO) 해체와 미디어렙 도입

이명박 정부에서 SBS 민영 미디어렙과 한국방송광고진흥공사가 출범함으로써, 1981년부터 이어온 한국방송광고공사(KOBACO)의 독점적 방송광고 판매대행 체제가 종식되었다. 그동안의 방송광고 판매대행 제도와 관련된 논의 이력을 돌아보면, 이 논의는 2000년 3월 13일 발효된 통합 '방송법'으로 거슬러 올라간다. 1980년 당시 신군부의 언론통폐합 조치 후 방송의 공익성 실현을 위해 방송과 광고영업을 분리해야 한다는 논리로 1981년 설립되었던 무자본 특수법인 형태의 한국방송광고공사가 방송광고영업을 독점하고 있다는 비판이 지속적으로 제기되었다. 이러한 배경에서, 2000년 통합 '방송법'에 '방송광고 판매대행사 설립 근거'가 마련되었다.

2000년을 전후로 한 논의는 민영 미디어렙을 도입할 경우 과도한 시청률 경쟁으로 인한 방송의 공공성 훼손, 군소·신생미디어의 위축, 광고 요금의 급등, 광고주의 프로그램 간섭과 영향력 확대 가능성 등이 우려된다는 이유로 진전을 보지 못했다. 이후 미디어렙에 대한 논의는 구체적 결말 없이 2008년까지 이르렀다.

헌법재판소는 이명박 정부 출범 첫해인 2008년 11월 27일, 한국방송광고공사의 지상파방송광고 판매대행 독점 구조가 헌법상 보장된 직업의 자유와 평등권을 침해한다는 이유로 '헌법 불합치' 판결을 내렸다. 한국방송광고공사 27년의 역사에 대변화를 야기하는 판결이었다. 헌재가 불합치를 결정한 이유는, 단순 위헌을 선언할 경우 방송광고 판매대행의 법적 근거가 사라지므로 2009년 12월 31일까지 위헌성을 배제한 입법을 촉구하는 헌법 불합치 결정을 내렸다는 것이 법 전문가들의 해석이다. 2008년 2월 출범한 이명박 정부도 정권 초반부터 국내 방송광고 시장이 저평가되어 있고, '끼워 팔기' 등으로 시장질서가 왜곡되어 있어 산업 발전에 역행하는 구조라면서, 미디어렙 등 경쟁체제를 도입해 방송광고시장을 활성화해야 한다는 논리를 지속적으로 전개해온 상태였다.

이 당시 진행되었던 미디어렙 제도 도입 논의의 핵심은 경쟁 유형, 미디어렙 업무 영역, 군소방송 지원 방안 등으로 압축된다. 다시 말해 '1사 1렙'으로 할 것이냐 아니면 '1공영 1민영'으로 할 것이냐, 새롭게 출범하는 종합편성채널 PP들에 독자적 방송광고 영업권을 줄 것이냐 아니면 종합편성채널사업자들을 미디어렙 틀 속에 둘 것이냐, 지역·종교 방송 등 취약 매체 지원방안을 어떻게 마련할 것인가 등으로 쟁점이 모인 상태였다.

경쟁 유형 측면에서 볼 때, '1사 1렙'의 경우는 지상파방송 3사가 각자 독자적인 미디어렙을 운영하는 것이었으며, '1공영 1민영'의 경우는 공영 미디어렙 영역에 KBS, EBS, MBC 등이 들어가고, 민영 미디어렙에는 SBS와 지역민방 등이 속하는 것이었다. 1사 1렙, 즉 완전 자율경쟁체제를 주장하는 쪽에서는 사업자 자율성 담보와 경쟁 촉진 차원에서 민영 미디어렙 수를 법으로 정해선 안 된다는 입장이었다. 반면, 1공영 1민영, 즉 제한 경쟁체제를 주장하는 쪽에서는 방송에 대한 자본의 영향력 억제, 방송의 다양성 제고, 취약 매체 지원, 광고단가 급상승 억제 등을 주요 논리로 내세웠다.

미디어렙의 경쟁 유형과 관련해 방송사업자들은 서로 다른 입장을 내세웠다. 민영방송 SBS는 자율 경쟁이라는 원칙하에 민영 미디어렙을 주장했고, 공영방송 KBS는 기존 체제가 안정적이라는 판단이었으나 제도 변화 시 EBS 등과 함께 공영 미디어렙을 갖는 구조를 생각했던 것으로 보인다. 공영방송을 표방하는 MBC는 자신들의 재원구조가 상업 재원에 기반하고 있다면서, SBS와의 형평성 등을 이유로 독자 미디어렙을 가져야 한다는 입장이었다. MBC는 방송문화진흥회가 주식의 70%를 보유하고 있다는 이유만으로 공영 미디어렙 지정을 강제하는 것은 직업 수행의 자유와 재산권 침해의 가능성이 있다고 주장했다. 반면 미디어 공공론자들은 MBC가 공영 미디어렙 범주에 들어와야 한다면서, 그 이유로 공·민영 이원적 미디어렙 질서로 갈 경우 공영 미디어렙은 투명한 거래질서와 광고요금 정책을 추구하면서 혼탁한 미디어시장의 바로미터 역할을 담당해야 하기 때문이라고 설명했다. 이를 위해서는 공영 미디어렙이 적정한 시장점유율을 유지해야 한다면서,

MBC가 공영 미디어렙 범주에 있어야 한다고 주장했다. 이들은 또한 공영 미디어렙이 최소한의 경쟁력을 갖고 있어야 취약 매체 지원도 가능하다고 주장했다. 언론단체 일각에서는 MBC가 SBS처럼 독자적인 민영 미디어렙을 갖게 될 경우, 종합편성채널의 미디어렙 적용을 더욱 어렵게 할 것이라고 주장하기도 했다. 한편 18개 지역 MBC의 경우는 지역방송의 '고사' 위기감 속에 본사의 1사 1렙 안에 반대하는 양상을 보이기도 했다.

종교·지역방송 등 군소 방송사들은 한국방송광고공사 체제가 해체되고 민영 미디어렙이 등장할 경우, 민영 미디어렙의 우월적 위상과 지위로 인해 자신들의 존립 기반이 위협받는다면서 기존 한국방송광고공사 체제의 골격이 유지되어야 한다고 주장했다. 또한 취약 매체들에 대한 구체적인 지원책 마련이 우선적 과제라고 주장했다. 이들은 구체적 방안으로 사업자 간 과당 경쟁 및 분쟁 조정 등의 권한을 갖는 방송광고균형발전위원회 같은 기구가 만들어져야 한다는 입장이었다. 이외에 방송통신발전기금의 일부가 활용되어야 한다는 주장도 제기되었다. 이에 대해 타 방송사업자들은 군소방송에 대한 지원 문제는 법으로 강제할 것이 아니라, 방송사업자들의 자율적인 결정에 맡겨야 한다는 입장이었다.

종편사들의 경우는 시장 안착을 위해서 미디어렙 제도와 무관한 독자적인 영업 방식이 필요하다고 주장했다.

한편 광고주와 대형 광고대행사들은 방송광고 영업의 효율화와 광고시장 활성화 차원에서 완전경쟁체제를 선호하는 입장이었다(탁재택, 2011a).

미디어렙과 관련해 국회 문방위에 제출된 법안은 대략 6개였다. 이들 법안을 중심으로 국회, 정부, 학계, 언론단체, 방송사업자 들은 자신들의 이해관계에 따라 첨예한 의견 대립을 보였다. 당시 국회에 제출되었던 6개 법안 중 한나라당 한선교·이정현, 민주당 전병헌 의원은 '다민영 미디어렙'을 주장했고, 한나라당 진성호, 자유선진당 김창수, 창조한국당 이용경 의원은 '1민영 미디어렙'을 주장했다.

'방송광고 판매대행 등에 관한 법률'(이하 '미디어렙 법') 개정 논의는 결국 1공영 1민영으로 결론지어졌다. 국회 문방위는 2012년 1월 5일 전체회의에서 한나라당 단독표결로 '미디어렙 법안'을 통과시켰다. 국회 본회의에서는 2012년 2월 9일 '미디어렙 법안'이 다수 의석인 한나라당이 수정 발의한 내용으로 통과되었다. 이로써 2008년 11월 27일 헌법재판소의 헌법 불합치 판결이 내려진 지 3년 3개월여 만에 입법 공백이 해소되었다.

국회를 통과한 '미디어렙 법'은 MBC를 공영 미디어렙에 지정하고, 민영 미디어렙은 최대 소유지분을 40% 이하로 했다. 종합편성채널에는 미디어렙 위탁을 (승인 기준으로) 3년 유예했다. 이외에 동종 매체 간 크로스미디어 판매가 허용(신문과 방송 간 불가, 지상파방송과 케이블방송 간 가능)되고, 중소방송에 대한 연계판매(과거 5년간 평균 매출액 이상) 등이 포함되었다.

참고로 당시 민주당 전혜숙 의원 등을 중심으로 발의한 수정안의 골격은 종합편성채널의 개국 2년 후 미디어렙 적용, 민영 렙 방송사 소유 지분 20% 제한, 중소방송에 대한 연계판매 평균지원 비율의 법적 의무화, 동종 미디어렙 크로스 판매 불허, MBC에 2년 후 공·민영 렙 선택권 부여 등이었다.

MBC는 독자 민영 렙을 희망하였으나 결국 소기의 목적을 이루지 못했다. 반면 종합편성채널은 렙 위탁 3년 유예를 받음으로써 나름대로 성과를 거뒀다고 할 수 있다. 민영 렙의 최대 지분을 40%까지 허용한 것은 SBS에 우호적인 결과라 할 수 있다. 이와 관련해 일각에서는 '국회 본회의에서 처리된 '미디어렙 법안'은 종합편성채널과 SBS 특혜의 완결판'이라는 비판적 시각을 제기하기도 했다(≪한겨레≫, 2012.2.9). 종교·지역 등 중소방송에 대한 지원책은 미비했다는 지적도 나왔다. 동종 크로스미디어 판매가 허용됨에 따라 비

지상파 계열인 일반 PP들의 우려도 존재했다.

당시 전국언론노조 등은 국회를 통과한 '미디어렙 법'을 비판하면서, 동일 서비스 동일 규제 원칙에 입각한 종합편성채널 특혜 해소, 지상파 계열 PP 등의 동종 크로스미디어 판매 금지, 민영 렙에 대한 최대 소유 지분 제한 강화 등을 중심으로 한 법 개정을 요구하기도 했다.

'미디어렙 법'이 국회를 통과함에 따라 방통위는 한국방송광고진흥공사 설립추진위원회 구성, 임원 공모 등 새 공사 설립 준비에 착수하는 한편, 시행령과 고시 제정, 민영 미디어렙 허가 신청 접수 공고, 허가 심사 및 허가 등의 일정을 거쳐 민영 미디어렙을 도입하는 작업을 본격화했다.

2012년 2월 9일 국회 본회의를 통과한 '방송광고판매대행 등에 관한 법률'과 2012년 5월 15일 국무회의 의결을 거친 동법 시행령 제정안은 2012년 5월 23일부로 시행되었다. 주요 내용을 보면, 광고판매대행자의 허가·변경허가·허가 취소 등에, 허가 세부 절차와 업무정지 기간의 가중·감경 사유, 위반 사항별 처분 기준 등 허가 취소·업무 정지의 세부 기준을 규정했다.

광고판매대행자의 소유제한과 관련해 '미디어렙 법'은 특수관계자가 소유하는 주식 또는 지분을 포함하여 허가받은 광고판매대행자의 주식 또는 지분 총수의 40/100을 초과하여 소유할 수 없도록 했다. 또한 기업집단 중 자산총액 등 대통령령으로 정하는 기준에 해당하는 기업집단에 속하는 회사와 그 계열회사, 일간신문을 경영하는 법인과 뉴스통신을 경영하는 법인은 광고판매대행자의 주식 또는 지분을 총수의 10/100을 초과하여 소유할 수 없도록 했다. 시행령에서는 특수관계자를 배우자, 친·인척, 임원, 계열사와 본인이 또는 본인에게 사실상 영향력을 행사하고 있는 자로 규정했고, 기업집단을 자산총액이 10조 원 이상인 기업집단 및 계열회사로 규정했다.

방송광고 수수료 비율은 지상파사업자가 광고판매대행자에게 지급하는 수탁수수료를 방송광고판매액의 13/100 이상 16/100 이내로, 광고판매대행자가 광고대행자에게 지급하는 대행수수료는 방송사에서 받은 수탁수수료의 70/100 이상 86/100 이내로 규정했다.

금지행위 세부 유형에는 광고판매대행자의 금지행위로 광고판매 거부·중단·해태, 차별 취급, 우월적 지위 남용 등을 규정하고, 방송사업자의 금지행위로는 경영 간섭, 거래 거절, 차별 취급 등을 규정했다.

중소지상파방송사의 광고판매대행자 지정에는 방통위에 광고판매대행자를 지정해달라고 요청한 중소방송사의 성격 및 광고매출 규모, 광고판매대행자의 방송광고 및 중소방송광고 대행 규모 등을 고려하여 광고판매대행자를 지정하도록 규정했다.

기타 법률 위임사항에는 방송광고균형발전위원회의 구성 및 운영, 한국방송광고진흥공사의 설립등기, 의무위탁의 예외 방송광고, 방송광고판매대행사업협회의 사업범위, 과징금·과태료의 부과 기준 등을 규정했다.

한편 방통위가 2012년 9월 5일 전체회의에서 의결한 방송광고 결합판매 지원고시 제정안에 따라, KBS·MBC를 대행하는 방송광고진흥공사가 EBS, 지역 MBC, 경인방송, 경기방송, CBS, 불교방송, 평화방송, 극동방송, 원음방송, YTN라디오, TBS-eFM, 부산영어방송, 광주영어방송의 광고 결합 판매를 담당하고, SBS를 대행하는 미디어크리에이트가 OBS를 비롯한 지역민방 광고 결합 판매를 맡았다.

한편 SBS는 '미디어렙 법'이 국회를 통과하기 이전부터 독자 렙 설립을 위한 준비에 착수했다. 독자 미디어렙 설립과 관련해 SBS 지주회사인 미디어홀딩스 이사회는 2011년 10월 27일 '광고판매대행사 미디어크리에이트 자회사 편입' 건을 의결했다. 당시 SBS는 '국회 입법만을 마냥 기다릴 수 없는 미디어환경'이라고 주장했다. 헌재는 2008년 11월 27일 한국방송광고공사의 방송광고 독점판매에 대해 헌법 불합치 결정을 내리고 대체입법 마련을 촉구하였으나, 상당 기간 무법적 상태가 지속되고 있었다. SBS는 광고 계약을 한국방송광고공사에 위임하라는 방통위의 (강제성 없는) 행정권고만을 따라야 하는 형국이었다. SBS의 독자 미디어렙 설립 결정은 종합편성채널 개국을 앞둔 상황이기도 하였지만, 무엇보다 광고영업을 안정적으로 관리하려는 의도였던 것으로 보인다.

한편, MBC는 방송광고판매대행법 개정안이 MBC에 한국방송광고공사에서 위탁하는 광고만 방송할 수 있도록 허용하자 '해당 법률이 MBC의 직업수행의 자유, 계약체결의 자유 및 평등권을 중대하게 침해하고, 헌재가 지난 2008년 한국방송광고공사에 광고를 위탁하도록 한 '방송법' 조항에 대해 헌법불합치 판결을 내린 취지와도 부합하지 않는다'면서 2012년 3월 16일 헌법소원을 청구했다. 하지만, 헌법재판소는 이 건에 대해 2013년 9월 26일 전원일치 의견으로 '합헌'을 결정했다. 헌재는 '공영방송 광고를 한국방송광고공사가 독점하도록 한 것은 미디어렙 경쟁체제에서 나타날 수 있는 방송 상업화 등 부작용을 방지하고, 공영방송에 대한 부당한 영향력 행사를 차단해 방송의 공공성과 공정성, 다양성을 확보하기 위한 것으로 불가피하다고 본다. 공영방송의 경우 그 존립 근거나 운영 주체의 특성상 상대적으로 더 높은 수준의 공공성을 요구받는다. 방송 광고 가격이나 총량을 통제해 지나치게 상업화하는 것을 막기 위해 공영 미디어렙을 통해 광고를 판매하도록 한 것은 지나친 제한이라고 볼 수 없다'고 판결 취지를 설명했다. 이와 함께, 헌재는 해당 법 조항이 옛 '방송법'(지상파방송 광고판매대행을 한국방송광고공사가 독점하는 것)에 대한 헌재의 2008년 헌법불합치 결정에 어긋난다는 MBC의 주장도 받아들이지 않았다. 헌재는 '옛 방송법에 대한 헌법불합치 결정은 한국방송광고공사가 독점 판매하는 구조를 제한적이나마 경쟁 구도로 바꿔야 한다는 취지였다면서, 민영 미디어렙도 허용한 만큼 해당 조항이 종전의 헌법 불합치 결정에 반하는 입법이라고 볼 수 없다'고 설명했다.

한편 '미디어렙 법' 제정에 따라 2012년 5월 23일 한국방송광고공사를 승계하는 한국방송광고진흥공사가 공식 출범했다. 정부가 전액 출자한 자본금 3000억 원으로 출발한 새 공사는 기존의 무자본 특수법인에서 주식회사 형태로 전환되었다. 사장 1명을 포함한 상임이사 5명과 비상임이사 6명 등 이사 11명과 감사 1명으로 구성되었다. 정원은 286명으로 기존 304명에서 18명(6%) 감원되었다. SBS 광고판매 기능 폐지에 따라 관련 영업·관리·지원 인력이 감축된 것과 광고 산업 발전 등을 위한 신규 진흥사업과 케이블방송, IPTV 등 신규 매체 대행 영역 확대 등에 따라 증가한 인력이 반영된 수치이다. 새 공사는 기존 한국방송광고공사의 모든 재산과 채권, 채무, 권리, 의무를 포괄 승계했다. 기존의 단일 영업본부를 KBS 등의 광고판매를 담당하는 영업1본부와 MBC 등의 광고판매를 담당하는 영업2본부 체제로 개편했다.

2) 가상·간접 광고 도입

2008년 12월 3일 당시 여당인 한나라당은 신문·방송 겸영 허용을 골자로 한 '미디어렙 법'을 국회에 제출하면서, 나경원 의원이 대표 발의한 '방송법 개정안'에 방송광고 관련 조항을 포함시켰다.[1] 이후 개정안이 2009년 7월 22일 국회 본회의에서 통과됨으로써 광고의 종류에 가상광고와 간접광고가 추가되었고, 가상광고와 간접광고 개념이 법으로 새로 규정되었다. 2010년 1월 19일 국무회의에서 '방송법 시행령 개정안'이 의결됨에 따라, 간접·가상광고가 해

1) 이 개정안은 2008년 12월 24 허원제 의원에 의해 수정 발의됨.

당 방송 시간의 5/100 이내에서, 화면 크기는 1/4 이내(자막으로 광고방송 표시)에서 허용되었다. 간접광고는 오락·교양 프로그램에서는 허용(직접 구매 권유는 금지)하되, 어린이·보도·시사·논평·토론 프로그램은 예외로 했다. 가상광고는 스포츠 중계에 한정해 허용했으며, 경기장 내 광고판을 대체하는 방식은 제외되었다.

2010년 3월 26일 SBS 세계 피겨 선수권대회 스포츠 중계에서의 김연아 선수의 쇼트 경기에 삽입된 5초짜리 삼성전자 광고가 지상파방송의 첫 가상광고로 기록되었다. 참고로 가상광고 패키지 유형은 3초, 5초, 10초, 15초 분량이었다.

2010년 간접광고가 제한적으로 허용된 이래로 간접광고가 빠르게 늘고 있는 가운데 규제 관련 세부 규정·기준 등에 미흡한 점이 지적되고 있다. 2012년 12월 10일 방송통신심의위가 주최한 '간접광고 실태와 대응방안' 세미나에서 김효규 동국대학교 교수는 "규정 위반 간접광고 사례가 오락, 드라마 외에 보도, 교양 프로그램에까지 확대되는 추세"라면서, 이는 '시행령상(간접광고 규제 근거가 있음에도) 실질적인 세부 규정과 기준 등의 미비에 기인한다'라고 지적했다.

민주당 최민희 의원도 2013년 3월 26일 광고제도 관련 '방송법 개정안'을 대표 발의하면서, 간접광고 허용 범위 및 내용 규제와 관련한 세부 기준을 심의규정화할 것, 간접광고 상품 등의 효능, 효과, 기능 장점 등의 소개를 금지할 것, 간접광고 상품명을 프로그램 시작 전 자막으로 표기하는 것을 의무화할 것, 협찬을 간접광고로 분류할 것, 간접광고를 미디어렙을 통해 판매할 것, 외주사에 간접광고를 허용할 것, 방송광고 관련 법규정 및 심의규정 위반행위에 대해 3000만 원 이하의 엄격한 과태료를 부과할 것, 방송광고 규제 체계(방송통신심의위원회·중앙전파관리소 이원적 구조)를 방통심의위로 일원화할 것 등을 주장했다.

한편 협찬 제도에도 변화가 있었다. 방통위는 2012년 2월 15일 전체회의에서 '협찬고지에 관한 규칙 일부 개정안'을 의결했다. 핵심은 서울권역 지상파방송 3사의 제작 협찬 허용 범위를 구체적으로 설정하는 것이었다. 규칙 개정안의 주요 내용은 회당 제작비(내부직원 인건비, 내부시설 및 장비 사용비용, 일반관리비 제외, 미술비만 포함) 2억 원 이상이거나 편성 횟수 110회 이상인 드라마의 제작협찬을 허용하여 외주제작 위주의 드라마시장에 방송사의 사체 제작이 가능하도록 함으로써 제작시장의 경쟁 활성화를 유도하고, 4부작 이하의 단막극에 제작협찬을 허용하여 연기자·작가·연출인력 등의 신규 제작인력을 육성한다는 것이었다. 또한 회당 제작비 7000만 원 이상인 예능 프로그램에 대한 제작협찬을 허용하여 K-POP 등 한류 확산에 기여할 수 있는 대형 예능 프로그램의 제작을 유도하고, 회당 제작비 5000만 원 이상인 교양 프로그램의 제작협찬을 허용하여 고품질 교양 프로그램 제작도 유도한다는 것이었다. 개정 규칙은 2011년 8월 19일 방송프로그램 제작 활성화를 위해 외주제작사에만 허용되었던 제작협찬을 방송사에도 허용하기로 한 결정에 기반을 둔 것으로서 문화부와의 협의 등을 거쳐 마련되었다.

3) 방송광고 심의제도 변화

방송광고 심의제도와 관련해서 '방송법' 제32조에 기초한 사전심의제도를 사후심의제도로 변경해야 한다는 주장이 업계를 중심으로 지속적으로 제기되었다. 이와 관련해 이명박 정부 인수위도 정책기조 면에서 친시장주의적 접근을 시사했다.

사후제도 찬성론자들은 표현의 자유, 광고시장 활성화, 다채널시대 광고물

량 증가 등을 언급하며 기존의 사전심의제도에 한계가 있음을 주장했다. 이들은 사전심의는 방송사 내부에서 자율적으로 심의하도록 하고, 사후심의는 방송통신심의위, 공정거래위, 법원 등을 통해 할 수 있다는 주장이었다. 반면 반대론자들은 비방·과대·과장·선정성 광고의 문제점 등을 지적하며, 사후심의제도로 전환했을 때의 사회적인 파장을 우려했다.

헌법재판소는 2006년 한 민간광고업체가 제출한 헌법소원에 대해 2008년 6월 27일 방송광고 사전심의제도 '위헌' 결정 판결을 내렸다. 표현의 자유를 침해하는 사전검열 행위라는 것이다. 이는 이명박 정부의 기본 입장, 그리고 광고주협회 등의 요구사항과 다르지 않은 것이었다. 이에 따라 지상파 방송사들이 속한 방송협회는 방송광고 심의와 관련해 2008년 11월 3일부터 협회 정책실 차원에서 33개 회원사 광고물 내용에 대해 사전자율심의를 실시하기 시작했다.

이와 관련해서 방통위는 2008년 11월 24일 전체회의에서 방송사업자에게 자체심의 또는 민간위탁심의 의무를 부여하는 내용의 '방송법 개정안'을 의결했다. 방통위는 또 2008년 12월 17일 전체회의에서 사전심의 금지, 시청자 오인광고 금지, 허위·과장 광고에 대한 과징금 부과 등을 내용으로 하는 '방송법 개정안'을 의결했다. 이에 기초하여 2010년 1월 19일 국무회의에서 '방송법 시행령 개정안'이 의결됨에 따라, 방송광고 사전심의 규정(시행령 제21조의 2)이 삭제되고, 허위·과장 광고 등 시청자 오인 방송 광고 시 최대 1000만 원의 과태료 부과, 심의규정·협찬고지 위반 시 (시청자 불만 처리결과 제재 필요 시) 최대 3000만 원의 과징금을 부과하는 법적 근거를 마련하게 되었다.

2. 박근혜 정부

박근혜 정부에서의 방송광고 정책의 핵심은 방송광고총량제가 도입되고, 가상·간접광고가 확대되었으며, 중간광고 허용 관련 논란이 지속되었다는 것이다. 박근혜 정부에서의 방송광고 시장 상황은 2012년 SBS 미디어렙에 이어 2014년에 종편 4사에 미디어렙이 허가됨으로써, 한국방송광고진흥공사 등 6사 간 경쟁 체제로 바뀌었다. 또, 인터넷·모바일 광고시장이 급성장하면서 방송광고 시장은 지속적으로 어려운 상황을 맞았다. 이번 장에서는 박근혜 정부에서 논의되었던 방송광고총량제와 중간광고, 가상·간접 광고와 협찬, 신유형광고 정책 등에 대해 살펴보고자 한다.

1) 방송광고총량제와 중간광고

박근혜 정부는 신문업계와 타 유료방송업계의 반발 속에 지상파 방송광고총량제를 도입했다. 방통위가 2015년 1월 27일 발표한 '2015 주요 업무계획'에 기초해 마련한 '방송법시행령 개정안'이 2015년 7월 14일 국무회의에서 의결됨으로써, 방송광고총량제가 도입된 것이다. 총량제 도입으로 기존의 광고 종류별 칸막이식 규제(프로그램 광고, 토막광고, 자막광고, 시보광고 등 유형별 광고시간 제한)가 폐지되고, 방송사가 광고의 종류와 시간 등을 상대적으로 자유롭게 편성할 수 있게 되었다. '총량제'는 1973년 광고종류별 칸막이 규제가 도입된 지 42년 만의 변화다. 총량제 도입으로 지상파방송은 방송프로그램 편성시간당 평균 15/100이내에서 최대 18/100의 광고총량을 허용했다. 다만 지상파TV의 프로그램광고 시간은 최대 15/100로 한정되었다. 유료방송 영역에는 기존 '시간당 총량제'에서 '방송프로그램 편성시간당 총량제'로 전환되고, 방송프로그램 편성시간당 평균 17/100이내, 최대 20/100의 광고총량이 허용되었다. 총량제 도입을 골자로 한 '방송법 시행령'은 2015년 9월 21일 자로 시행되었다.

한편, 총량제 도입 효과가 예상보다 크지 않다는 주장들이 계속되고 있다. 광고홍보학회가 2016년 9월 29일 주최한 '지상파광고 총량제 도입 효과 진단과 현실적 방안 모색' 세미나에서 최민음 동덕여대 박사는 '총량제 도입 후 방송광고의 변화와 문제점 진단' 발제를 통해 "유료방송의 경우, 총량제 도입 당시 이미 중간광고가 도입된 상황이었기에 총량제로 인한 긍정적 효과가 나타날 수 있었다. 지상파의 경우, 총량제가 도입되었지만 이는 공급만 증가시켜준 형국이 되었다. 지상파 광고에 대한 수요가 낮아지는 상황(지상파 광고판매율, 30~40% 선)에서 공급만 늘어날 경우, 결국 광고 수요가 더 하락하는 역효과가 발생한다. 방송광고 총량제는 효율성 면에서 중간광고가 전제가 되어야 한다"고 주장했다.

박근혜 정부에서 '중간광고 허용' 관련 논란은 지속되었으나, 결국 해결책을 찾지 못하고 차기 정부의 주요 정책과제로 이관된 양상이다. 지상파방송사들의 '중간광고 허용'을 요구하는 목소리가 지속되고 있다. 지상파 중간광고금지 조치는 1974년 '오일쇼크' 당시 에너지 절약과 과소비방 지 차원에서 시행되어 지금까지 계속되고 있다. 방송협회 등은 글로벌 기준의 관점에서 거리가 있는 제도라면서, '허용'을 요구하고 있다.

한국광고홍보학회가 2014년 11월 21일 주최한 추계학술대회 광고제도 관련 세미나에서 박원기 한국방송광고진흥공사 박사는 "지상파에 대한 광고규제가 지속될 경우 지상파뿐 아니라 유료방송의 위기도 불가피하다. 유료방송 콘텐츠의 60%가 국내 지상파의 콘텐츠이기 때문이다. 유료방송의 반대로 지상파의 중간광고 도입이 늦춰져 지상파가 위기를 맞을 경우 유료방송도 콘텐츠 수급의 위기를 맞게 될 것이다"라고 주장했다. 광고산업협회가 2016년 4월 28일 주최한 '지상파 중간광고 도입을 위한 특별세미나'에서 정두남 한국방송광고진흥공사 박사는 "시청권 훼손을 이유로 중간광고를 반대하고 있는데, 국민의 95%가 유료방송을 통해 방송을 시청하는 상황에서 지상파 중간광고는 시청권 훼손이고 유료방송 중간광고는 문제없다는 주장은 설득력이 약하다. 가상광고와 간접광고 규제가 완화된 상황에서 중간광고에 대한 규제가 유지될 필요가 있는지 의문이다. 지상파의 무료보편서비스 축소에 따른 유료 서비스 보편화는 글로벌 경쟁시대 콘텐츠산업 활성화와 시청자복지 구현에 역행한다"고 주장했다. 한편, 언론정보학회가 2016년 5월 12일 주최한 '중간광고와 방송 산업, 그리고 공공성' 세미나에서 강혜란 여성민우회 공동대표는 "시민단체 입장이 좀 복잡해 보인다. 우선 지상파만이라도 중간광고가 없는 영역이면 좋겠다는 의견이 있다. 반면, 지상파의 공적 책무 수행 능력을 고려할 때, 지상파 중간광고 허용이 불가피하다는 견해도 있다. 종편 약진 등 유료방송 중심의 방송 산업 구조개편 대응 차원에서 지상파에 대한 중간광고 허용을 검토할 수 있다고 본다"고 말했다. 방송학회가 2016년 9월 20일 주최한 '방송프로그램, 중간광고, 그리고 시청자' 세미나에서 홍원식 동덕여대 교수는 '시청자 인식조사 결과' 발제에서 "방송 산업의 기본적 목표는 시청자들에게 양질의 콘텐츠를 제공하는 것이다. 이는 곧 재원의 안정성이 중요하다는 것을 의미한다. 지상파의 경우, 광고 기반 모델이 붕괴되면 공적 서비스 수행에 한계가 불가피하다. 시청자 복지와 주권 문제는 단순한 구호로 해결될 수 있는 것이 아니라 시청자에게 돌아오는 편익과 그에 따른 기회비용에 대한 냉정한 평가로 이해되어야 할 사안이다"고 주장했다. (사)서울AP클럽이 2016년 9월 23일 주최한 '지상파 방송, 중간광고 허용해야 하나' 세미나에서 문철수 한신대 교수는 "이미 1994년에 '지상파 중간광고 금지'는 경제기획원으로부터 '광고 산업의 불합리한 관행'으로 지목된 바 있다. 광고를 방송 재원으로 활용하는 어느 나라에서건 광고총량 규제하에 광고 배치점을 결정하는 편성의 문제는 방송사가 갖는 고유 권한인이 보편적 상식이다. 현행 차별 규제는 상업적 이익만을 목적으로 하는 유료방송을 위해 공공서비스를 제공하는 지상파 방송의 원활한 재원 확보 방안을 정책적으로 틀어막고 있는 기형적 상황이다"라고 지적했다. 한편, 광고홍보학회가 2016년 11월 22일 주최한 '방송광고 총량제 1년 진단과 평가' 세미나에서 홍문기 한세대 교수는 "KBS2TV 〈태양의 후예〉와 tvN의 〈응답하라 1988〉을 비교해보면, 20~49세의 〈태양의 후예〉 시청률이 15.2%, (전후)광고시청률이 8.7%였다. 20~49세의 〈응답하라 1988〉 시청률은 8.4%, (전후)광고시청률은 4.8%, 중간광고 시청률은 8.4%였다. 이런 관계로 〈태양의 후예〉 15초 광고단가가 1300만 원, 패키지 광고가 8000만 원으로 형성된 반면, 〈응답하라 1988〉의 15초 광고단가는 2500만 원, 패키지 광고는 3~4억 원으로 형성되었다. 중간광고의 효과가 단적으로 나타나는 통계 수치다. 콘텐츠 제작 역량 강화 등의 차원에서 지상파 중간광고 허용이 필요한 시점이다"는 논리를 폈다. 이렇듯, 지상파 중간광고 찬성론자들은 유료방송과의 비대칭규제 개선, 시청자들의 유·무료방송 구분 없는 동일 시청 상황, 총량제 실효성 제고, 양질의 콘텐츠를 통한 시청자 복지 제고, 방송광고산업 활성화, 글로벌 스탠더드 부합 등의 논리로 지상파 중간광고 도입을 주장하고 있다. 이와 관련해 정준희(2016a)는 '지상파에 대한 차등 규제를 적용하는 것은 별다른 논리적 근거가 없이 기존 법제와 관행을 유지하려는 일종의 '현상 유지'(status quo) 전략에 불과하거나, 특정 사업자의 이해를 침해하지 않기 위해 다른 사업자의 불이익을 방치하는 무책임한 정책의 일환이다'고 주장한다.

이와 같은 지상파 중간광고의 찬성 기조 속에 신문협회와 타 유료방송업계 등에서는 지상파 중간광고 허용 이슈에 강력히 반대 입장을 견지하고 있다. 대표적인 반대 논거로는 시청자의 시청권 침해, 시청률 경쟁으로 인한 방송문화의 상업화 심화, 지상파에 광고 쏠림으로 인한 타 매체 생존 위협 등이 언급되고 있다. 하동근 한국케이블TV방송협회 PP협의회장은 2016년 11월 6일 자 ≪전자신문≫ 칼럼 '지상파 중간광고 도입 선결 과제'에서 "지상파 중간광고 허용의 전제로 지상파방송의 공·민영 역할 분담과 방송 구조 개편, 시청권 보호, 방송의 공공성 훼손 방지, 업계 균형 발전을 위한 비대칭 규제 등에 대한 논의가 선행되어야 한다. 구체적으로 지상파가 아닌 다른 방송채널사용자에 대한 지원이 검토돼야 한다. 큐톤 광고 문제의 해결, 의료와 의약품 등 방송광고 금지 품목의 일부 규제 완화, 캐릭터 광고와 공익광고 규제 완화 등 유료방송채널사업자를 위한 신규 광고 시장 확대 방안 등이 함께 추진돼야 지상파방송 중간광고 도입에 따른 관련 업계의 피해와 후유증을 그나마 일부 줄일 수 있다"고 주장했다.

한편, 한국PD연합회가 2016년 10월 12일 주최한 '협찬·PPL과 중간광고, 어떻게 풀 것인가' 정책토론회에서 정미정 공공미디어연구소 박사는 '지상파 중간광고의 도입과 상생의 조건' 발제에서 '중간광고 허용을 포함한 지상파 광고규제 개선과 가입료 인상 등 유료방송 재원 확충을 위한 규제 개선이 동시에 이뤄지는 방향으로의 정책논의가 필요하다'는 주장을 폈다. 이날 이채훈 PD연합회 정책위원은 '협찬·PPL과 중간광고에 대한 PD 인식 조사' 발제에서 '다수의 현직 PD들은 협찬·PPL의 증가가 방송 내용과 제작 여건에 큰 영향을 미친다고 보고 있으며, 이를 해소하기 위한 방안의 하나로 지상파 중간광고 허용을 원하고 있는 상황이다'고 말했다.

'지상파 중간광고' 이슈는 문재인 정부에서 출범하게 될 방통위 4기의 정책이슈로 넘어간 상황이다.

2) 가상·간접 광고 및 협찬

방통위가 2015년 1월 27일 발표한 '2015 주요 업무계획'에 기초해 마련한 '방송법시행령 개정안'이 2015년 7월 14일 국무회의에서 의결되었다. 골자는 방송광고 시장 활성화 차원에서 가상·간접 광고 및 협찬 규제를 완화하는 것이었다. 세부적으로, 개정안은 운동경기 중계에만 허용하던 가상광고를 오락·스포츠 분야 보도에 관한 방송프로그램에도 허용했다.[2] 유료방송의 경우, 가상·간접 광고의 허용 시간을 방송프로그램 시간의 5/100에서 7/100로 확대했다. 또 방송광고가 금지된 상품이나 용역을 제조, 판매 또는 제공하는 공공기관 또는 공익법인이 공익행사 협찬을 하는 경우에 협찬고지를 허용했다. 개정 '방송법 시행령'은 2015년 9월 21일 자로 시행되었다.

한편, 방통위는 2015년 9월 16일 전체회의에서 '가상광고 세부 기준 고시 제정안'을 의결했다. 이를 통해 '방송법시행령 개정안'에서 위임한 가상광고의 시간 및 방법, 1일방송시간의 세부 기준이 마련되었고, 이 기준도 시행령 개정안과 함께 9월 21일 자로 시행되었다. 고시에서는 가상광고의 종류를 소품형, 자막형, 동영상형 가상광고 및 그밖에 기술 발전에 따라 새롭게 등장하는 것 등으로 구분했다. 당초 행정예고안에 포함되어 있던 '음향 사용 가상광고'는 시청권 침해 및 방송법상 가상광고의 정의를 벗어날 우려가 있다는 시민단체의 의견 등을 반영하여 삭제되었다. 한편, '가상광고의 방법 제한' 측면에서 오락, 스포츠 분야의 보도에 관한 방송프로그램이 진행 중인

---

2) 이와 관련해 방통위가 2015년 8월 26일 개최한 토론회에서 윤정주 여성민우회 미디어운동본부 소장은 '스포츠 보도에 가상광고를 허용해 주는 것은 스포츠 보도를 보도 영역으로 볼 경우, 공정성과 객관성이 훼손될 여지가 있다고 주장했다.

때에는 시청권 보호를 위해 동영상형 가상광고를 제한하기로 했다. 운동경기 또는 관련 행사가 진행 중인 때에는 가상광고가 선수, 심판, 선수·심판의 장비 일부를 가려서는 안 되지만, 선수나 심판이 갑자기 이동하여 이미 노출된 가상광고에 의해 가려지는 등 예상치 못한 상황이 발생한 경우는 예외적으로 허용했다.

한편, 방심위는 2015년 10월 8일 심의 규정 개정안을 의결했다. 골자는 가상광고가 등장인물 등 사람 위에 노출될 경우 제재한다는 것이었다. 가상광고 이미지에 상품가격, 연락처 등을 함께 노출하는 것도 금지했다.

박근혜 정부에서는 외주제작사에 간접광고를 판매하는 것이 허용되었다. 2016년 1월 8일 국회 본회의를 통과한 방송법 개정안[3]은 "외주제작사 정의 규정을 신설하고, 외주제작사가 방송분쟁조정위원회의 조정 신청 당사자에 포함되도록 하며, 외주제작사에 간접광고 판매를 허용하되, 방송사업자와 외주제작사가 방송 심의규정 등 위반 여부에 대하여 합의하도록 함"을 골자로 했다. 그동안 방송광고의 주체가 방송사업자로만 규정되었으나, 방송법 개정으로 외주제작사가 방송프로그램의 제작주체로서 방송법 틀 내로 포섭되었다. 이 개정안은 7월 28일 자로 시행되었다. 2016년 7월 19일 국무회의에서는 외주사의 간접광고 판매 절차를 골자로 한 방송법시행령 개정안이 의결되었다. 주요 내용은 외주사가 간접광고를 판매할 경우 방송법령에 규정된 심의규정과 자체 심의기준을 위반하지 않도록 외주사는 방송사업자와 간접광고 상품, 노출 시간·횟수 등 간접광고의 내용 및 형태에 관한 사항을 서면으로 상호 합의하도록 규정했다. 또한, 외주사가 방송광고판매대행자에

3) 개정안은 9개 발의 법안(정부 및 박창식, 최민희, 홍문종, 류지영, 부좌현, 정희수, 우상호 의원 등)을 종합한 개정안(대안) 형식이었다.

게 광고판매를 위탁할 경우 방송광고 요금 및 간접광고의 판매 위탁 수수료 등에 관한 계약을 체결하도록 규정했다.

2015년 7월 14일 국무회의에서 의결된 '방송법시행령 개정안'에는 '협찬 규제 완화'와 관련된 내용도 포함되었다. 골자는 방송광고가 금지된 상품이나 용역을 제조, 판매 또는 제공하는 공공기관 또는 공익법인이 공익행사 협찬을 하는 경우에 협찬고지를 할 수 있다는 것이다. 이에 기초해 방통위는 2016년 2월 24일 전체회의에서 협찬고지에 관한 규칙 개정안을 의결했다. 주요 내용은 방송법 시행령 개정사항을 반영하여, 방송광고가 금지된 상품이나 용역을 제조·판매 또는 제공하는 공공기관·공익법인이 '협찬주명'을 고지할 경우 현행 공익성 캠페인에서 공익행사까지 확대 허용하고, 방송광고 금지품목과 허용품목을 함께 제공·판매 등을 하는 경우에는 허용품목에 한하여 협찬고지를 허용하되 '협찬주명'이 아닌, '상품명·용역명'만 고지하는 것을 허용했다. 또, 협찬의 투명성 제고를 위해 방송사업자가 협찬을 받아 협찬고지를 하는 경우에는 심의 절차 마련 등 투명한 집행을 위해 노력하고, 협찬주가 방송프로그램 내용·구성에 영향을 미치거나 편성의 독립성을 저해하는 행위를 금지했다. 협찬고지 내용은 협찬주명(로고 포함)·기업표어·상품명·상표 또는 위치 중에서 방송사가 자율적으로 선택하여 고지할 수 있게 했고, 고지 1건당 5초 제한시간을 폐지하는 등 형식 규제를 개선했다. 방송사업자가 캠페인 협찬을 받은 경우에는 시청권 보호를 위해 방송프로그램과 방송프로그램 사이에만 협찬고지를 할 수 있도록 규정을 신설하고, 방송사업자가 지방자치단체로부터 장소 협찬을 받은 경우 방송프로그램 내 해당 부분에서 '지방자치단체명'의 협찬주명 고지를 허용하여, 지역 균형 발전, 관광산업 활성화, 프로그램 해외 수출 시 해외 홍보 등이 가능하게 했다.

한편, 협찬과 관련해 유승희, 장병완, 최민희 의원 등의 법안 발의가 이어졌다. 유승희 의원은 2015년 9월 2일 대표 발의한 '방송법 개정안'에서 방통위의 협찬고지 규칙 개정 추진과 관련해 입법부의 협찬 규제 권한 강화가 필요하다면서, '협찬 및 협찬주의 개념을 '방송법'에 직접 규정하자'고 주장했다. 최민희 의원도 2015년 9월 7일 '방송법 개정안'과 '방송통신발전기본법 개정안'을 대표 발의했다. '방송법 개정안'에서 최 의원은 2000년 법제화되면서 양성화된 방송협찬이 지난 15년 동안 온갖 불법과 탈법 행위 속에 이뤄지고 있고, 이는 규제기관인 방통위가 애초 입법 목적을 망각한 채 사업자의 이해와 요구만 대변하면서 엄격한 법집행을 회피하고 있는 데서 많은 부분 기인하고 있는 실정이라면서, "협찬 기준과 방법을 하위 법령(시행령)이 아닌 '방송법'으로 규율하자"고 주장했다. 한편, '방송통신발전기본법 개정안'에서는 '협찬 수입에도 방송통신발전기금을 부과하자'고 최 의원은 제안했다. 제안 배경으로 최 의원은 '방송통신발전기금 분담금 징수 대상 사업자에게 징수금을 부과할 때, 방송사업자들의 주요한 수입원이 방송광고 외에도 협찬 수입이 있음에도 방송광고 매출액만을 기준으로 징수율을 정하고 있다. 상황이 이렇다보니 사업자들이 고의로 방송광고 매출액을 줄이고 협찬수입을 늘리는 등의 편법으로 방송통신발전기금 부과의 취지와 목적을 회피하고 있다'고 설명했다.

장병완 의원은 2015년 10월 19일 대표 발의한 방송법 개정안에서 시청자의 시청권 보호 및 방송의 공공성을 제고를 위해 '협찬고지에 관한 규칙' 중 방송프로그램 제목에 협찬주 이름 사용을 금지하는 내용을 법률에 규정하자'고 했다.

한편, 방심위가 2016년 12월 1일 주최한 '방송의 상업화와 시청자 권익보호 방향성 모색' 토론회에서 박종수 고려대 법학전문대학원 교수는 "프로그램과 광고가 혼동되지 않도록 해야 한다. 결국 재원의 문제라고 본다. 광고 하나만의 문제가 아니라는 뜻이다. (방송사업자의) 재원구조에 있어 전체적인 선순환 구조가 마련되어야 한다. 가이드라인은 규범력이 부재한 관계로, 규범 자체가 잘 세팅되어야 한다. 광고가 지속적으로 증가하는 상황에서 사업자들의 책임의식도 중요한 문제라고 본다"고 주장했다.

3) 신유형광고

박근혜 정부에서는 신유형광고에 관한 논의도 이어졌다. 방통위가 2016년 7월 6일 주최한 '신유형광고의 정책 마련을 위한 토론회'에서 박종구 한국방송광고진흥공사 박사는 '방송통신 융합시대의 신유형광고 법제 정비 방안' 발제에서 '방송통신 기술 발달로 신유형광고가 늘고 있다. 채널 변경(Zapping) 광고, EPG(Electronic Program Guide) 광고, 주문형비디오(VOD) 광고 등이 대표적이다. 산업 활성화와 시청자 권익 보호에 기초해 규제체계 마련이 필요한 시점이다. 현행 방송법상의 '방송' 및 '방송광고' 정의는 신유형광고를 포섭하지 못하고 있다. 이에 방송법과 시행령 개정이 필요하다'고 주장했다. 이에 대해 토론자로 참석한 유료방송 업계 관계자들은 '제재보다는 신유형광고 산업의 활성화 기조가 중요하다. 사업자 자율규제 정책기조가 필요하다'는 입장을 보였다. 반면, 노영란 매체비평우리스스로 국장은 '방송광고 증가와 시청자 권익이 양립되기 어렵다고 본다. 방송광고 증가로 시청자 권익이 어떻게 신장될 수 있는지, 업계는 구체적 설명을 내놓아야 한다. 중요한 기준은 시청자의 선택권 보장이다'는 입장을 밝혔다.

한편, 정호준 의원은 2016년 1월 6일 대표 발의한 '방송법 개정안'에서 "입법 미비로 인해 유료방송사업자들이 관행적으로 유료VOD에 대해서도 광고를 시청하도록 강제하고 있다'면서, 'VOD와 VOD 광고의 정의를 법률에 신설하고, VOD 광고의 허용 범위·시간·횟수 또는 방법에 대한 기준을 설정할 수 있도록 하며, 시청자가 유료 VOD의 광고를 보지 않고 넘길 수 있도록 선택권을 보장하자"고 주장했다.

국회입법조사처도 2016년 3월 9일 발표한 '주문형 비디오(VOD)서비스 관련 규제 현황 및 개선 방향' 보고서에서 '시장은 급성장하고 있지만 이를 관장하는 법률은 미비한 수준이다. 이러한 규제 공백은 VOD서비스의 광고규제에서도 마찬가지다. VOD서비스에 대한 법적 개념, 서비스 제공사업자의 의무, 규제기구, 광고·협찬 등이 명확히 정리되어야 한다'고 주장했다.

한편, 업계에서는 신유형광고 규제와 관련해 초창기 산업의 활성화 기조가 중시될 필요가 있고, 관련 법률 정비는 VOD 단편적 접근보다는 스마트미디어 산업 전반의 관점에서 이뤄질 필요가 있다는 입장을 견지 중이다.

이와 관련해 방통위가 2016년 12월 2일 주최한 '매체별 광고규제 개선안 마련을 위한 토론회'에서 황준호 KISDI 박사는 발제에서 "매체별, 부처별로 산재해 있는 복잡한 광고규제 내용을 통합 매뉴얼로 작성할 필요가 있다. 장기적으로는 현존 미디어에 국한하지 않는 유연한 형태의 매체 공통 광고 관리사항을 통합한 '광고 일반법'을 제정하고, 매체 공통 광고규제 사항을 통합적으로 관리하는 '규제기구'를 설립할 필요가 있다. 방송광고 종류를 단순화하여 신유형광고를 규제대상에 포함할 수 있도록 하고, 방송광고시장 활성화를 위한 규제 완화를 추진해야 한다. 금지품목 규제 완화, 지상파·유료방송 간 비대칭규제 완화 등이 필요하다"는 관점을 피력했다.

3. 소결

이명박 정부의 방송광고산업 활성화 정책에서는 민영 미디어렙의 등장과 한국방송광고진흥공사의 출범, 가상·간접광고 도입, 광고 심의 제도 변화 등이 주요 현안이었다.

2008년 헌법재판소의 '불합치판결'에 따라, 1981년부터 이어온 한국방송광고공사(KOBACO)의 독점적 방송광고 판매대행 체제가 종식되고, 한국방송광고진흥공사와 미디어크리에이트를 중심으로 한 공·민영 미디어렙 지형이 새롭게 형성되었다. 이 과정에서 국회가, 향후 '완전자율경쟁'체제로 미디어렙 제도가 발전해가는 것이 불가피하더라도, 우선 시장의 완충 등을 고려해 1공영 1민영, 즉 '제한경쟁'체제를 택한 것은 잘한 결정으로 판단된다. 법학자 성낙인 교수의 주장(≪서울신문≫, 2008.12.22)처럼, 균등한 수혜가 보장되지 않는 상황에서 일방적인 '다민영'은 방송광고시장의 경쟁체제 정립보다는 또 다른 독과점의 폐해를 야기할 수 있다. 방송통신의 융합에 따라 방송과 통신의 경계가 완전히 허물어지고, 지상파방송·케이블TV· IPTV·종편PP 등이 균형적 성장 구조를 확보할 때 비로소 미디어렙 정책도 시장경제원리에 따른 '완전경쟁'체제로 이행되는 것이 바람직하다고 하겠다.

이명박 정부에서는 가상광고와 간접광고 개념이 법으로 새로 규정되었고, 지상파방송에 대한 협찬 규제도 완화되었다. 또 방송광고 심의제도가 사후심의로 전환되었다.

박근혜 정부에서는 방송광고총량제가 도입되었다. 반면, 지상파가 강력하게 요구해온 중간광고 제도가 허용되지 않아 문재인 정부에서 주요 정책 의제가 될 것으로 보인다. 한편, 가상·간접 광고 허용 범위는 확대되었다. 박근혜 정부에서의 방송광고 시장상황은 2014년에 종편 4사에 미디어렙이 허가됨으로써, 한국방송광고진흥공사, 미디어크리에이트, 종편 4사 등 6사 간 경쟁 체제로 전환된 양상이다. 이 과정에서 인터넷·모바일 광고시장이 급성장하면서 방송광고 시장은 지속적으로 어려운 상황을 맞았다. 향후, 채널 변경(Zapping)광고, EPG 광고, VOD 광고 등 신유형 광고를 둘러싼 법제 정비 논의도 구체화 될 것으로 예상된다.

제9장

이명박·박근혜 정부 미디어 정책 평가와 결어

지금까지 살펴본 바와 같이 지난 이명박·박근혜 정부에서는 여러 유형의 미디어 정책이 수립·시행되었다. 이 과정에서 우리는 미디어에 대한 정치권과 자본, 시민사회, 학계, 기타 이해관계 집단 간의 견해와 입장 차이로 인한 여러 유형의 사회적 갈등을 경험했다. 미디어 정책이 정치·자본을 중심으로 한 제도권 권력지형의 한 핵심 축에 놓임으로써 사회적으로 미디어 정책이 갖는 순기능과 역기능이 동시에 나타난 것이다. 미디어 정책 주무 기관을 둘러싼 잡음, 공영방송 지배구조 논의, 종편PP 논쟁, 지상파 재송신 갈등, OTS· DCS, 디지털 전환, 700MHz 주파수, UHDTV, 광고제도 등 거의 모든 이슈가 예외가 아니었다.

우선 이명박 정부의 미디어 정책과 관련해서 보면, 산업 활성화 측면에서 일정 부분 긍정적 성과가 있었다는 의견과, 미디어가 갖는 공익성·공공성 측면에서 여러 부작용이 있었다는 의견이 공존한다. 한 가지 분명한 것은 이명박 정부가 미디어 정책의 핵심 기조를 성장 동력 중심의 규제 완화에 두었다는 점이다. 이 과정에서 정부의 미디어 정책은 수용자의 관점보다는 사업자의 관점을 상대적으로 더 중시하는 경향을 보이기도 했다. 미디어 정책 구현에 있어 공공성·공익성 개념보다는 미디어산업과 자본 중심의 시장원리 개념이 더 강하게 나타나기도 했다는 뜻이다.

미디어산업 활성화에 정책적 방점이 찍히면서 여러 유형의 분쟁이 야기되기도 했다. 일부 정책에서는 사업자 간 소송도 다양하게 나타났다. 또 국민들의 시청권이 위협받는 지경에 이르기도 했다. 이 과정에서 규제기관의 정치 독립성이 충분히 담보되지 못함으로써 미디어에 대한 권력의 '장악' 논란이 일기도 했다.

이명박 정부의 미디어 정책은 '사람의 문제'도 컸다. 대선 과정에서 활동했던 대통령의 최측근 인사들이 방송미디어 분야 요직들을 차지하면서 인사 문제가 사회적 갈등의 직접적인 불씨가 되기도 했다. 이러한 것들은 역대 과거 정부에서도 있었던 현상이라고 할 수도 있겠으나, 업계 종사자들이나 일반 국민들의 피로감과 상실감은 컸다. 결국 이러한 인사 문제의 구조적 산물들은 사회적으로 미디어에 대한 냉소주의를 키운 면도 있다. 산업화와 민주화를 지나 선진화 단계를 지향해나가겠다던 정권에서 일어난 이러한 미디어 분야의 '인사 정책'은 미디어 산업 발전을 촉진하는 과정에서 하나의 걸림돌이 되기도 했다.

박근혜 정부의 미디어 정책은 이명박 정부와 비교할 때 크게 두드러지는 특징적인 정책 이슈들이 그리 많지는 않았다. 그럼에도 여러 논쟁적 이슈들이 상존했다. 박근혜 정부는 미디어 정책 관련 정부 조직을 방통위와 미래부로 이원화했다. 이 과정에서 독임제 부처인 미래부가 유료방송 영역의 정책을 관장하게 됨으로써, 이 구조가 형식 면에서 이상적인 것인가에 대한 논란이 있었다. 또 방송통신 관련 업무가 두 개 기관으로 나눠짐으로써 종합적인 미디어 정책 수립과 집행의 효율성 문제에 대한 의문이 제기되기도 했다. 700MHz 주파수대역 분배 정책 등 일부 사안에 있어 양 부처 간의 정책 조정 과정이 결국 국회로 넘어가 정치 쟁점화되는 일도 있었다.

박근혜 정부는 자신들이 국정의 모토로 내세웠던 '창조경제' 이념의 가시적 성과를 확보하기 위해 PP 등 유료방송 산업 활성화에 정책적 역점을 두었던 것으로 보인다. 이 과정에서 8VSB, DCS, MMS, UHD 등 신기술 서비스 정책이 강조되기도 했다.

박근혜 정부에서는 이명박 정부와 비교할 때, 공영방송 등 지상파방송 정책에 있어 그리 적극적인 모습을 보이지 않았다. 일각에서는 이를 정수장학회 문제와 연결해서 해석하기도 한다. 그럼에도 공영방송 지배구조 이슈는 박근혜 정부에서 뜨거운 쟁점이었으며, 공영방송 종사자들의 '내적 자율성'을 요구하는 목소리는 지속되었다.

지난 9년 동안 미디어 제도상의 여러 오류들을 지적하는 목소리가 꾸준히 제기되었다. 방송학회 미디어제도개선특별위원회가 2017년 1월 13일 주최한 '미디어 구조개편' 토론회에서 안정상 더불어민주당 수석전문위원은 '지난 9년간의 미디어 정책은 방송의 공정성과 공익성이 훼손돼 실패했다'면서, '진흥과 규제는 한 기구에서 전담하고, 지상파(방통위)와 유료방송(미래부)을 분리해 관장하는 것은 바람직하지 않다'고 주장했다. 정부 조직 체계와 관련해 최성준 방통위원장도 자신의 임기 만료 하루 전인 2017년 4월 6일 출입기자단 간담회에서 '방송과 통신 각 분야의 융·복합이 빠르게 진행되는 상황에서 산업 진흥과 규제를, 방송과 통신 정책을 한 기관에서 관할하는 것이 바람직하다'는 의견을 피력했다. 하지만 실상은 '제도'의 문제뿐만이 아니라 '운영'의 문제도 컸다고 본다. 방통위 구조도 그렇고, 공영방송 구조도 그러했다. 권력 지향적이고 사익 추구적인 일부 인사들의 전횡에 의해서 미디어 규제 체계와 공적 미디어 분야의 '판' 자체가 흔들리면서 여러 유형의 부작용이 나타났다는 뜻이다. 이런 측면에서 이명박·박근혜 정부의 미디어 문화는 일부 소모적 시기를 겪었다고도 볼 수 있다. 미디어계에 대한 외부 정치권의 직간접적 관여 의지는 미디어 내부 조직 문화에도 외부의 정쟁적 요소들이 침투하게 함으로써 다소 갈등적이고, 소모적인 측면을 야기했다.

지난 9년 동안 여러 산업 활성화 정책 추진 과정에서 이에 상응하는 법과 제도의 정비가 충분히 이뤄지지 못했다는 것도 문제점으로 지적된다. 수없이 많은 의원입법 발의와 정부입법 발의가 있었지만 그만큼 법안 처리가 원활했는지에 대해서는 회의적이다.

이명박 정부에서 디지털화, 다채널화, 개인화, 글로벌화 등으로 표현되던 미디어 환경이 박근혜 정부에서는 인공지능, 빅데이터, 가상현실, 음성인식, 사물인터넷 등으로 대체되어 표현되었다. 이제 미디어계의 새로운 '미래비전'이 요구되는 시점이라 하겠다. 인터넷·모바일 등에 기반하는 미래 방송통신서비스의 키워드는 연결성과 개인화 등의 개념과 직결될 것으로 전망된다. 여기서 한 가지 유의할 점은 신기술 패러다임이 '공익'으로 연결되기 위해서는 '정교한 정책'이 필수적 조건이라는 것이다.

우리가 직면하고 있는 현재의 다플랫폼·다채널 미디어산업 지형하에서 우리 사회 미디어 정책 이슈들은 다원적 구조화되고 있다. 실타래처럼 얽혀 있는 미디어 정책 이슈들을 합리적으로 해소하고 건강한 미디어 생태계를 조성하기 위해서는 무엇보다 정부가 국민여론을 충분히 수렴하고 종합적인 안목으로 책임 있는 정책을 펴나가는 것이 중요하다. 특히 미디어 정책이 정치적으로 종속될 경우, 정책의 합리성이 훼손될 개연성이 높다는 점에 유념할 필요가 있다.

그동안 우리 사회에서 미디어 정책 실패의 귀책성 문제는 사실 사회적으로 크게 인식되지 못했다. 이는 5년 주기 대통령 단임제의 한국 정치제도상의 문제에 기인하는 면도 컸다. 이런 면에서 향후 미디어 정책의 책임 소재 문제는 좀 더 명확해질 필요가 있어 보인다. 점차 복잡해지는 사업자 간 경쟁구조와 이로 인한 여러 유형의 이해관계 충돌은 시장실패를 유발하거나 시청자권익 훼손으로 이어지기 때문이다. 새로운 유형의 기술과 서비스가 빠르게 증가하는 상황에서, 정책 과오 및 실패 부분에 대한 책임 소재를 좀 더 명확히 하는 것은 정책 리스크 관리에도 도움이 될 것이다.

TV매체, 지상파, 공영방송의 위기를 예언하는 목소리들이 지속되고 있다. 지난 2007년 1월 스위스 다보스 포럼에서 빌 게이츠 마이크로소프트사 회장은 'TV 혁명'을 예견했다. 그는 인터넷이 수년 내에 TV서비스 구조를 획기적으로 변화시킬 것이라고 주장했다. 인터넷의 발달로 TV매체 소비 방식이 급변할 것이라는 관점이었다. 결과적으로 그의 '인터넷과 TV의 융합서비스' 주장은 선견지명이었다. IPTV, 스마트TV, N스크린 서비스 등이 이미 오래전에 일상의 현실이 되었기 때문이다.

2011년 1월 SBS 윤세영 회장은 시무식 발언을 통해 지상파방송의 황금시대가 이미 끝나가고 있음을 지적했다. 그는 '지상파방송 독과점 시대의 조직문화를 넘어서는 발상과 행동의 대전환이 요구되는 시점'이라고 말했다.

2011년 11월 방송문화진흥회가 주최한 '국제방송포럼'에 초청받은 그렉 다이크(Greg Dyke) 전 BBC 사장은 기조 발제에서 "공영방송이 여러 면에서 큰 도전에 처해 있다. 기존의 제도권 안주를 버리고 미래를 위해 혁신해야 한다. 공영방송의 불편부당성, 자정 기능에 대한 외부의 불신이 증대되고 있다. 공영방송의 경쟁력을 위협하는 인터넷 등의 대안매체가 증가하고 있다. 수신료 수입의 한계 등으로 공영방송의 재정 압박이 커지고 있다"라고 말했다. 이어 그는 "공영방송의 존립 기반은 국민의 신뢰에 있다. 공정성과 불편부당성, 정직성 등을 담보해나가야 한다. 20년 후에도 공영방송은 존재할 것이나 그 영향력은 현저히 축소될 것이다. 관료주의를 타파하고 조직 효율성을 높여 양질의 콘텐츠를 제공해야 한다. 빠르게 움직여야 한다"라고 충고했다.

이 같은 주장과 예언들은 우리가 직면하고 있는 미디어산업, 지상파방송, 공영방송 제도 전반에 많은 시사점을 준다.

최근에는 리니어(linear) TV가 머지않아 사라질 것이라는 전망도 나온다. 세계 최대 온라인 스트리밍 회사인 '넷플릭스' CEO인 리드 헤이스팅스는 TV의 미래와 관련해 VOD 소비가 증가하고 모바일 개인화 현상이 심화되면서 기존의 리니어 TV가 10~20년 후에는 사라질 것으로 전망한다. 지금까지의 TV가 앞으로는 유선전화와 같은 운명을 맞을 수도 있다는 예측이다.

한편, 지난 이명박·박근혜 정부 9년 동안 미디어의 비판·감시 기능이 제대로 작동했는가에 대한 비판의 목소리도 대두된다. 이러한 비판 기류는 박근혜 정부에서 최순실 게이트를 거치면서 더욱 증폭되었다. 헌법재판소는 2017년 3월 10일 박근혜 대통령 탄핵심판 선고문에서 다음과 같이 주장했다.

> 피청구인(박근혜 대통령)은 최서원(최순실)의 국정 개입 사실을 철저히 숨겼고, 그에 관한 의혹이 제기될 때마다 이를 부인하며 오히려 의혹 제기를 비난하였습니다. 이로 인해 국회 등 헌법기관에 의한 견제나 언론에 의한 감시 장치가 제대로 작동될 수 없었습니다.

헌재 선고문은 언론의 '비판감시' 기능의 오작동을 우회적으로 말하고 있는 것으로 보인다. 언론도 박근혜 대통령 탄핵 사태의 책임으로부터 완전히 자유로울 수 없다는 뜻일 것이다. 언론의 사회적 기능과 역할에 대한 책무

인식을 다시금 되새겨야 보아야 할 시점이다.[1)]

조항제(2017)는 한국 언론 역사를 회고하면서, "노태우·김영삼 정부에서는 권력과 언론 관계가 자율적 친화기였다. 김대중·노무현 정부에서는 진보 정부와 언론이 확실한 긴장관계를 형성했다. 이명박 정부에서는 종편 도입 등으로 기왕의 정치·언론 연합이 확대되었다. 방송에서는 정치적 후견주의가 복원되었다. 또 기존 미디어 질서에 SNS가 새롭게 등장했다. 박근혜 정부에서는 기왕의 정치·언론 연합이 건재했지만, 임기 후반기에는 균열이 발생했다"고 표현한다. 지난 30여 년 동안 한국 사회에서의 정부와 언론과의 관계를 꿰뚫는 통찰이라 하겠다.

스마트 미디어 기반의 대안매체가 급성장하면서 기존 미디어 제도의 사회적 영향력이 하락하고 있다는 주장들이 설득력을 얻는다. 2017년 5월 19일 열린 언론학회 춘계학술대회 'Post-truth 시대의 언론 윤리' 세션에서 손석희 jtbc 사장은 발제를 통해 "SNS 시대에 올드 미디어의 대응이 결코 쉽지 않을 것이다. '절대적 진실 제공'만이 살길이다"고 주장한다.

스마트 미디어 소비환경에서 '콘텐츠'의 범람 현상이 나타나고 있다. 이러한 상황에서 권력과 자본의 영향력으로부터 상대적으로 더 자유로울 수 있는 공영방송의 올바른 정보 제공, 비판 감시, 여론 형성 기능이 더욱 강조된다. 공영방송 제도의 기능과 역할 담보 측면에서 지배구조와 운영(재원)구조의 안정성이 필수적 조건으로 보인다. 지배구조와 운영(재원)구조의 안정성 문제는 방송문화 전반의 본질적 가치 보호 차원에서 하나의 바로미터가 되

1) 국경없는기자회의 '세계언론자유지수' 통계에 따르면, 노무현 정부 시절인 2006년에 한국의 순위는 31위였으나, 이후 계속해서 하락해 박근혜 정부 시절인 2016년에는 70위로 떨어졌다. 국제인권단체인 프리덤하우스의 '2016 언론자유 보고서'에서도 한국의 언론자유 지수는 66위로 평가되었다.

기 때문이다. 현행 방송법상 공영방송의 개념 규정이 부재한 상황이다. 공영방송의 법적 근거와 지원 범위, 책무 영역을 좀 더 명확히 할 필요성이 제기된다. 또한 무료방송과 유료방송에 대한 관점이 정책적인 면에서 좀 더 명확해질 필요도 있다. 특히 공영방송 그룹과 민영·유료 방송 영역을 동일한 잣대에서 규제·감독하는 것이 과연 바람직한 구조인가에 대한 성찰이 필요해 보인다. 또한, OTT 등 신규 서비스를 포괄하는 법·제도 정비도 향후 미디어 정책의 주요 과제가 될 전망이다.

기성 정치권은 원칙적인 면에서는 미디어의 독립성과 자율성을 중요한 가치로 내세우는 듯하다. 하지만 정치권 내부의 셈법은 권력의 역학 구조 특성상 복잡다단할 수 있다. 일례로, 2013년 박근혜 정부 출범 당시 나타났던 여야 간 정부 조직개편 협상 과정은 큰 시사점을 주었다. 방송과 통신 관련 정부 조직 개편 방향이 첨예한 정치사회적 이슈로 부각되면서 일반 국민들의 뇌리에 미디어와 권력의 상관적 구조가 현실에서 얼마나 중요한 사안인가를 각인시켜주었기 때문이다. 이런 면에서 본다면 미디어 스스로, 미디어계 종사자들 스스로가 미디어의 독립성과 자율성을 강화해나가려는 노력을 기울이는 것이 가장 현실적이고 실질적인 방법이 될 수 있을 것이다.

지금까지 이명박·박근혜 정부가 추진해온 주요 미디어 정책을 정치, 자본 권력과의 구조적 관점에서 살펴보았다. 정책에는 숙성의 시간이 필요하고, 정책의 평가에는 어느 정도 호흡이 필요하다고 본다. 이런 측면에서 단정적 평가보다는 좀 더 유연한 관점에서 정책 사안들을 살펴보고자 했다. 하지만 많은 부족함이 있을 것으로 사료된다. 앞으로 이 책의 내용들은 매 정권 교체기에 맞춰 주기적으로 수정, 보완될 것이다. 또 개별 정책 사안들에 대한 필자의 구체적인 입장과 견해는 후일 별도로 기술할 기회가 있을 것으로 본다. 기록(記錄)은 쌓이면서 빛을 발한다는 믿음으로 소고(小考)를 마무리한다.

참고문헌

강명현. 2016. 「지상파방송과 유료방송 영역의 재원구조 특성과 개선 방향」. 한국언론학회 방송 산업 활성화를 위한 중장기 방송 재원 정책 제언 세미나 발제문(2016.12.7).

강상현. 2012. 「공영방송의 미래와 비전」. KBS-언론학회-방송학회-언론정보학회(편). 『공영방송의 이해』. 한울.

강준만. 2017. 『손석희 현상』. 인물과 사상사.

강준석. 2016. 「방송시장 환경 변화와 지상파방송 부문의 위상 변동: 현황과 요인」. ≪방송문화연구≫, 제28권 제2호, 7~46쪽.

강형철. 2012a. 『공영방송 재창조』. 나남.

_____. 2012b. 「융합미디어 시대 ICT 거버넌스」. 정보통신정책학회 특별세미나 발제문(2012.7.4).

_____. 2012c. 「공영방송 거버넌스」. 방송통신 3학회 공동 심포지엄 '방송통신미디어 생태계와 거버넌스' 발제문(2012.9.7).

_____. 2013. 「융합시대 방송의 공적 가치와 정책」. 언론3학회 공동주최 긴급세미나 '정부조직개편논의와 방송정책의 방향' 발표문(2013.2.13).

_____. 2016. 『융합 미디어와 공익: 방송통신 규제의 역사와 미래』. 나남.

강혜란. 2017. 「시청자-이용자 관점의 방송통신정책 및 기구 개편」. 추혜선 의원 등 주최 세미나 '시청자-이용자 중심의 방송통신정책 및 기구 개편' 발제문(2017.4.10).

고민수. 2013. 「새 정부의 방송법제 개선방향에 대한 평가와 전망」. 언론정보학회 세미나 '새 정부 방송정책, 담론과 법제를 통해 본 전망과 제언' 발표문(2013.5.24).

_____. 2016. 「방송편성규약의 법적 성질에 관한 헌법적 고찰」. KBS 8개 협회 현안 토론 '공영방송 독립을 위한 방송법개정' 발표문(2016.6.21).

고찬수. 2011. 『스마트TV혁명』. 21세기북스.

공공미디어연구소. 2016. 「통합시청률 조사: 현황과 쟁점」. ≪커뮤니케이션 리포트≫, 제16호(2016.5.25).

권남훈. 2012. 「ICT 생태계 발전을 위한 정책 거버넌스」. 정보통신정책학회 특별세미나 발제문(2012.7.4).

권상희. 2011. 「스마트TV 등장과 콘텐츠의 변화」. 방송정책포럼 발표문(2011.7.15).

권호영. 2016. 「방송 콘텐츠 가치 보호 방안」. 한국방송학회 '한류 시대 방송 콘텐츠 가치 보호를 위한 모색과 전망' 세미나 발표문(2016.3.16).

김경환. 2014. “2기 방통위의 방송정책 평가와 3기 쟁점 전망”, 방송인총연합회, 전국언론노조, 유승희 의원 주최 방송정책토론회 발표문, 2014.2.6.
_____. 2016. 「지상파방송 UHD방송의 주요쟁점과 수신환경 보장」. 한국방송학회 ‘지상파 UHD방송 시청권 확보를 위한 정책적 지원 방안’ 세미나 발표문(2016.10.7).
김관규. 2013. 「종합편성채널의 평가와 향후 방향」. 한국언론인협회 ‘종편 개국 이후의 공과와 향후 발전 방향’세미나 발표문(2013.6.14).
김광호. 2011. 「국내 디지털 전환 정책 현안 및 발전 방향」. 미래방송연구회 주최 세미나 발표문(2011.6.27).
_____. 2013a. 「700MHz 주파수 대역의 합리적 활용 방안」. 주파수 정책 합리성 제고를 위한 방송통신3학회 심포지엄 발표문(2013.6.13).
_____. 2013b. 「디지털 전환 이후 지상파 플랫폼의 역할과 과제」. 방송학회 주최 ‘디지털 전환 이후 지상파방송의 활성화를 위한 전략과 과제’ 세미나 발표문(2013.8.29).
_____. 2016. 「지상파 UHD방송의 성공적 도입을 위한 정책 과제와 현안」. 한국방송학회 주최 ‘시청자가 원하는 지상파 UHD방송과 정책적 지원 방안’ 세미나 발표문(2016.4.5).
김도연. 2012. 「2012년 방송영상산업 결산」. 문화부 주최 ‘2012 방송영상리더스 포럼 하반기 세미나’ 발표문(2012.11.29).
김대호 외. 2012. 『미디어생태계』. 커뮤니케이션북스.
김대호. 2013. 「새 정부 미디어 정책의 방향과 기대」. ≪신문과 방송≫, 2013년 4월호.
김동규. 2017. 「미디어 공공성 강화를 위한 정부 조직개편 방안」. 국회 교육문화체육관광위원회·신문협회 주최 세미나 ‘미디어 공공성 강화를 위한 정부 조직개편 방안’ 발표문(2017.4.12).
김동욱. 2009. 「융합과 경쟁 환경에서의 방송통신 규제정책」. ≪Telecommunications review≫, 제19권 제1호.
김동원. 2016. 「미디어 자본의 형태 변화와 공공성」. 언론정보학회 세미나 ‘방송통신 기업의 인수합병 심사와 공적 가치, 방송정책의 새로운 경로 형성’ 발제문(2016.3.23).
김동준. 2015. 「방송의 비대칭 규제현황과 문제점」. 방송학회 세미나 ‘방송시장과 공정규제’ 발제문(2015.10.30).
김봉철. 2014. 「지상파 방송 중간광고 도입과 산업적 가치」. 광고학회 기획세미나 발제문(2014.9.19).
김성철. 2012. 「정보통신산업진흥을 위한 바람직한 정부 조직 개편 방향」. 방송통신 3학회 공동 심포지엄 ‘방송통신미디어 생태계와 거버넌스’ 발제문(2012.9.7).
_____. 2016. 「콘텐츠산업 리딩 전략」. 케이블TV방송협회 KCTA SHOW 2016 미래전략 세미나 ‘케이블, 창조적 파괴로 도약하라’ 발제문(2016.3.25).
_____. 2017. 「미디어의 자유와 혁신을 보장하는 정부 조직 개편 방안」. 방송학회 미디어제도개선연구특위 연속세미나 제2차 ‘미디어 구조개편을 위한 정부와 공공부문의 대응’

세미나 발표문(2017.1.13).
김승수. 2010.『미디어시장과 공공성』. 한울아카데미.
김인규. 2005.『공영방송 특강』. 박영률출판사.
김재영. 2013.「새 정부의 방송정책 담론을 통해 본 과제와 전망」. 언론정보학회 세미나 '새 정부 방송정책, 담론과 법제를 통해 본 전망과 제언' 발표문(2013.5.24).
김진권. 2011.「스마트TV 창조론과 진화론 그 사이에서」.≪방송과 기술≫, 184호.
김창조. 2012.「세대에 따른 방송 콘텐츠의 이용 패턴 분석과 편성전략」. 방송학회 편성연구회 세미나 발표문(2012.11.09).
김현경·이영주. 2014.「온라인 동영상 플랫폼에 대한 비대칭적 법적 규제 및 차별적 콘텐츠 수급 전략의 쟁점과 과제」. 방송학회 세미나 '방송통신 융합환경에서 스마트미디어에 대한 규제가 국내 광고 및 동영상 시장에 미치는 영향' 발제문(2014.5.22).
김효규. 2015.「방송광고의 가치 재조명과 활성화를 위한 정책 과제」. 방송학회·광고학회 공동 특별세미나 '창조경제시대 방송광고 산업의 역할' 발제문(2015.4.30).
김희경. 2009.「유료방송을 통한 지상파 재전송 유료화의 전제조건」.≪한국방송학보≫, 제24권 제4호, 49~87쪽.
_____. 2016.「직접수신 환경 개선을 위한 안테나 장착 필요성과 그 효과」. 방송학회 세미나 '시청자 중심의 지상파 UHD방송 수신환경 조성' 발제문(2016.6.10).
노기영·김대규. 2011.「경쟁정책으로서 지상파방송 재송신 정책」.≪방송과 커뮤니케이션≫ 제12권 제2호, 39~79쪽.
문재완. 2012.「공영방송 지배구조의 법적 문제」. 한국언론법학회 2012 학술대회 토론문(2012.12.27).
_____. 2013.「MBC 지배구조」. 공발연 세미나 '공영방송 지배구조, 이제는 바꾸자' 발제문(2013.5.9).
미래창조과학부. 2014.「'PP산업 발전전략' 마련을 위한 공개토론회 자료집」.
박상호. 2016.「한중 FTA 발효에 따른 방송산업의 파급효과와 대응방안」. 한림 ICT세미나 '미디어 융합시대 방송콘텐츠 산업 활성화를 위한 정책 방안' 발표문(2016.4.29).
박성규. 2013.「지상파방송과 UHD방송 서비스」. 방송학회 주최 '디지털 전환 이후 지상파방송의 활성화를 위한 전략과 과제' 세미나 발표문(2013.8.29).
박성철. 2011.「스마트TV도입과 미디어산업 지형의 변화」. 방송통신법포럼 발제문(2011.6.28).
박웅기. 2014.「미디어 소비 패턴의 변화와 문화경제적 함의」. 언론정보학회 '모바일 콘텐츠 환경에서 지상파방송의 플랫폼 전략과 시청자 복지' 세미나 발제문(2014.4.29).
박종구. 2016.「방송통신 융합시대의 신유형광고 법제 정비방안 연구」. 방송통신위원회 '신유형광고 정책 마련을 위한 토론회' 발제문(2016.7.6).
박현수. 2015.「한류 확산과 콘텐츠 경쟁력 제고를 위한 지상파 방송광고 제도의 개선 방안」.

방송학회 '한류 콘텐츠의 경쟁력 강화를 위한 대토론회' 발제문(2015.4.8).
방송통신위원회. 2014. 「방송광고시장 활성화 방안 의견수렴을 위한 토론회 자료집」. (2014.1.23).
서지희. 2016. 「제로 TV 시대 지상파 콘텐츠와 플랫폼: KBS 뉴미디어 서비스를 중심으로」. ≪한국문화≫, 402호(2015년 가을호).
성욱제. 2015. 「통합시청점유율 합산 및 활용방안」. 방송통신위원회·방송학회 세미나 '스마트미디어 시대, 시청점유율 조사의 현황과 과제' 발제문(2015.1.29).
손금주. 2014. 「방송시장의 현황과 공정경쟁 규제」. 방송통신법포럼 4월 월례발표회 발제문 (2014.4.28).
손영준. 2011. 「방송보도 공정성에 대한 이론적 논의」. 공발연 창립 6주년 기념세미나 발제문 (2011.11.23).
송민정. 2011. 『스마트TV 시대의 빅뱅과 미디어 생태계』. KT경제경영연구소.
신태섭. 2013. 「정권 홍보방송으로 전락한 KBS, 수신료 인상은 불가하다」. 민주언론시민연합·언론소비자주권국민캠페인·전국언론노동조합 공동주최 'KBS 수신료 인상 해법 모색을 위한 토론회' 발제문(2013.7.9).
심미선. 2016. 「매체융합시대의 방송언어 사용실태와 개선 방안 모색: 청소년 언어문화, 이대로 좋은가?」. 방송통신심의위원회·방송학회 세미나 발표문(2016.10.18).
심영섭. 2016. 「방송통신 기업 간 인수합병에 따른 유료방송시장의 경쟁상황 변화와 전망」. 이재영 국회의원 주최 세미나 발제문(2016.1.26).
_____. 2017. 「포용과 통합, 공공성 회복: 차기 정부의 미디어 담당 부서 개혁과 역할」. 언론정보학회 '차기 정부의 바람직한 미디어 정책 방향과 조직개편 방안' 세미나 발표문, (2017.1.19).
안순태. 2012. 「행동 기반 자율형 광고의 자율규제에 관한 연구」. ≪방송통신연구≫, 2012년 겨울호, 156~181쪽.
안재형. 2016. 「방송시장 균형발전과 방송광고 제도」. 방송통신법포럼 9월 월례발표회 발제문(2016.9.29).
안정민·최세정. 2014. 「검색광고의 이용자 인식과 규제에 대한 고찰」. 방송학회 세미나 '방송통신 융합환경에서 스마트미디어에 대한 규제가 국내 광고 및 동영상 시장에 미치는 영향' 발제문(2014.5.22).
오준근. 2013. 「정부 조직개편에 대한 입법정책적 고찰」. ≪한국행정학보≫, 제47권 제3호.
우형진. 2016. 「공영방송 KBS의 사회적 책임에 대한 시청자 평가가 KBS 선호도 및 적정 수신료 부담액에 미치는 영향에 관한 연구」. ≪한국방송학보≫, 제30권 제3호.
원용진. 2011. 「KBS의 공적 책무 수행의 현실과 문제점 평가」. 방송학회 '공영방송과 공공성 이념의 과거, 현재 그리고 미래' 세미나 발제문 2011.3.4.
유세경·표시영. 2016. 「채널 증가에 따른 예능 프로그램의 포맷 다양성 변화 연구」. ≪한국방송학보≫, 제30권 제1호, 137~168쪽.

유의선. 2012. 「차기정부의 방송통신정책의 과제와 전망」, 한국언론법학회 2012년 제11회 철우언론법상 기념학술대회 '방송통신정책의 법적 과제에 대한 진단과 전망' 발제문 2012.8.28.

윤석민. 2011. 『한국사회 소통의 위기와 미디어』. 나남.

_____. 2012a. 「멀티플랫폼 시대, 방송의 공익성과 공영방송의 역할」. 방송학회 '멀티플랫폼 환경에서 공영방송서비스 혁신방향' 특별세미나 발제문(2012.08.31).

_____. 2012b. 「공영방송 지배구조의 법적 문제」. 한국언론법학회 2012 학술대회 발제문 (2012.12.27).

윤석민·이현우. 2008. 「이명박 정부하의 방송통신 정책결정체계 재편과 방송정책의 변화방향」. ≪방송문화연구≫, 제20권 제1호.

윤성옥. 2016. 「지상파방송 중간광고 규제정책의 법적 검토」. 언론정보학회 세미나 '방송정책과 중간광고, 분절과 접합에 대한 평가와 모색' 발제문(2016.6.17).

_____. 2017. 「표현의 자유 확대를 위한 심의제도 개선 방안」. 방송학회·언론학회·언론정보학회 등 주최 세미나 '미디어 주권자의 권리—표현의 자유와 심의제도' 발제문 (2017.3.17).

이남표. 2014. 「방송규제 현황과 문제점」. 언론법학회 학술세미나 '방송 규제를 생각한다' 발제문(2014.5.9).

이만제. 2015. 「방통위 출범 7년, 방송정책의 철학과 목표에 대한 성찰」. 언론정보학회 세미나 '방송정책의 비판과 성찰' 발표문(2015.4.16).

이문행. 2014. 「유료방송의 시장점유율 규제가 방송산업의 경쟁 활성화에 미치는 영향」. 언론학회 2014 봄철 정기학술대회 특별세션 '유료방송 시장점유율 규제정책의 평가 및 개선 방안' 발제문(2014.5.16).

이상진. 2016. 「지상파 UHD 방송서비스 추진 현황 및 진단」. 언론학회 '온전한 지상파 UHD 서비스 도입을 위한 추진사항 진단 및 정책적 제언' 세미나 발표문(2016.11.2).

이승선. 2016. 「공영방송의 독립과 언론자유 확보를 위한 개선 방안」. 방송학회·언론정보학회 '무절제한 정치권력, 흔들리는 공영방송: 공영방송의 독립과 언론자유 확보를 위한 개선 방안 논의' 세미나 발제문(2016.7.21).

이시훈. 2016. 「방송 중간광고에 대한 광고주 인식 조사」. 방송학회 '방송 프로그램, 중간광고, 그리고 시청자' 세미나 발제문(2016.9.20).

이영주. 2016. 「M&A와 방송시장의 경쟁」. 사이버커뮤니케이션학회 특별세미나 '글로벌 융합 환경하에서의 방송통신 산업 발전방향 모색' 발제문(2016.2.16).

이원. 2013. 「프랑스의 공영방송 개혁론과 수신료 제도의 변화」. 언론3학회·KBS 공동 심포지엄 '공영방송의 공적 책무와 재원적 기초' 발제문(2013.4.11).

이원우. 2009. 「행정조직의 구성 및 운영절차에 관한 법원리: 방송통신위원회의 조직성격에 따른 운영 및 집행절차의 쟁점을 중심으로」. ≪경제규제와 법≫, 제2권 제2호.
이인호. 2012. 「이명박정부 방송통신정책의 현황과 평가」. 한국언론법학회 2012년 제11회 철우언론법상 기념학술대회 '방송통신정책의 법적 과제에 대한 진단과 전망' 발제문(2012.8.28).
이종관. 2015. 「매체경제학적 관점에서 본 방송통신망간 합병이 가져올 미디어 시장 변화」. 언론학회 기획학술세미나 '방송통신플랫폼간 융합과 방송시장의 변화' 발제문(2015.12.4).
_____. 2016. 「케이블산업 가치 진단, 그리고 미래」. 케이블TV방송협회 KCTA SHOW 2016 미래전략 세미나 '케이블, 창조적 파괴로 도약하라' 발제문(2016.3.25).
이종원. 2014. 「유료방송 규제체계 정비 방향(안)」. 방송학회 주최 세미나 '유료방송 규제체계 정비 방안 마련을 위한 토론회' 발표문(2014.10.28).
이준웅. 2013. 「박근혜 정부의 공영방송 규제와 지배구조 개선 임무」. 언론3학회 공동주최 긴급세미나 '정부 조직개편 논의와 방송정책의 방향' 발표문(2013.2.13).
_____. 2017a. 「미디어 공공서비스와 공영방송의 진로」. 방송학회 미디어제도개선연구특위 연속세미나 제2차 '미디어 구조개편을 위한 정부와 공공부문의 대응' 세미나 발표문, (2017.1.13).
_____. 2017b. 「탈-비정상 정부의 매체정책 방향」. 언론정보학회 '차기 정부의 바람직한 미디어 정책 방향과 조직개편 방안' 세미나 발표문(2017.1.19).
이진로. 2016. 「지상파 다채널방송 도입이 방송시장에 미치는 영향과 전망」. 언론학회 세미나 '지상파 다채널방송 도입의 쟁점과 전망' 발제문(2016.3.3).
이창근. 2015. 「BBC 자율성의 제도적 기원: 공사(public corporation) 조직의 역사적 형성을 중심으로」. ≪방송문화연구≫, 제27권 제2호, 123~158쪽.
이희복. 2016. 「방송광고 산업의 규제와 진흥」. 한국광고산업협회 주최 '지상파 중간광고 도입을 위한 특별세미나' 발표문(2016.4.28).
임정수. 2016. 「방송콘텐츠 산업의 중심이동과 성장요건」. 한림 ICT세미나 '미디어 융합시대 방송콘텐츠 산업 활성화를 위한 정책 방안' 발표문(2016.4.29).
임주환. 2012. 「MB정부의 ICT정책평가 및 미래지향적인 ICT정부 조직 개편방향」. 방송통신 3학회 공동 심포지엄 '방송통신미디어 생태계와 거버넌스' 발제문(2012.9.7).
전범수. 2016. 「방송콘텐츠 생산 및 유통 산업의 시너지 확보를 위한 정책 대안」. 언론학회 세미나 '방송콘텐츠 산업의 국제 경쟁력 확보를 위한 정책 및 전략' 발제문(2016.3.11).
전종우. 2013. 「지상파방송 재원 구조와 변화의 전망」. 방송학회 세미나 '위기의 지상파 방송 활로의 모색' 발표문(2013.10.10).
정두남. 2011. 「스마트TV 국내 시장 확산 가능성에 관한 연구」. 방송학회 춘계학술대회 발표문(2011.4.22).
_____. 2015. 「해외 방송광고 동향 및 시사점」. 한국언론법학회 제14회 철우언론법상 시상

식 및 학술세미나 '방송광고 규제의 정당성과 정책과제' 발제(2015.8.28).
정미정. 2016. 「지상파 중간광고와 방송 공공성의 재검토」. 한국언론정보학회 '중간광고와 방송산업, 그리고 공공성' 세미나 발표문(2016.5.12).
정수영. 2013. 「해외 주요 국가의 수신료 제도를 통해 본 한국적 함의」. 언론3학회·KBS 공동 심포지엄 '공영방송의 공적 책무와 재원적 기초' 발제문(2013.4.11).
정연우. 2016. 「한국 언론과 민주주의, 길을 묻다」. 미디어공공성포럼·6월민주포럼·바꿈 주최 세미나 '이명박, 박근혜 정권의 언론과 민주주의' 발표문(2016.05.26).
정용준. 2011. 「한국 방송 공공성 이념의 역사적 변화 과정」. 방송학회 '공영방송과 공공성 이념의 과거, 현재 그리고 미래' 세미나 발제문(2011.3.4).
정용찬. 2015. 「해외 사례를 통해 본 통합 시청조사 현황 및 시사점」. 방송통신위원회·방송학회 세미나 '스마트미디어 시대, 시청점유율 조사의 현황과 과제' 발제문(2015.1.29).
정윤식. 2012. 「멀티플랫폼 시대 공영방송의 역할」. 방송학회 '멀티플랫폼 환경에서 공영방송 서비스 혁신 방향' 특별세미나 발제문(2012.08.31).
_____. 2014. 「미디어 환경변화와 유료방송 규제체계의 재정립」. 방송학회 '유료방송법제 통합의 기본원칙과 방향' 기획세미나 발제문(2014.06.25).
_____. 2016. 「산업 간 융합과 글로벌화 트렌드에서 방송통신 산업 발전 방향」. 사이버커뮤니케이션학회 특별세미나 '글로벌 융합 환경하에서의 방송통신 산업 발전 방향 모색' 발제문(2016.2.16).
정윤재·최지윤·이희복. 2017. 「지상파TV 중간광고 규제완화의 근거와 허용방안」. 한국광고학회 2017 춘계학술대회 발제문(2017.4.1).
정인숙. 2009. 「지상파 재전송 정책의 변화 방향과 정책목표에 대한 평가 연구」. ≪한국언론학보≫, 제50권 제2호, 174~189쪽.
_____. 2013a. 「공영방송의 수신료 제도 개선을 위한 정책 방안」. 언론3학회·KBS 공동 심포지엄 '공영방송의 공적 책무와 재원적 기초' 발제문(2013.4.11).
_____. 2013b. 「주파수 정책의 합리성 제고 방안」. 주파수 정책 합리성 제고를 위한 방송통신3학회 심포지엄 발표문(2013.6.13).
정준희. 2014. 「지상파방송의 플랫폼 전략과 시청자 복지」. 언론정보학회 '모바일 콘텐츠 환경에서 지상파방송의 플랫폼 전략과 시청자 복지' 세미나 발제문(2014.4.29).
_____. 2015. 「플랫폼 사업의 공정경쟁 환경 정착 및 콘텐츠 가치 정상화 방안」. 방송학회 '미디어 콘텐츠 가치 정상화 방안' 세미나 발표문(2015.7.23).
_____. 2016a. 「미디어 환경과 공영방송 정체성의 변화」. 방송학회 2016 봄철학술대회 KBS 기획세션 '공영방송의 미래와 공공서비스 미디어' 발제문(2016.4.22).
_____. 2016b. 「해외 주요국의 방송중간광고 규제방향과 시사점」. ≪방송문화≫, 405호.
조성동. 2016. 「방송통신의 발전을 위한 방송통신발전기금 징수제도 개선 방안 제언」. 언론학회 '방송통신발전기금 운용의 합리적 정책방안 제언' 세미나 발제문(2016.11.16).

조영신. 2010. 「스마트TV: 가능성과 한계」. 『2010 해외 미디어 동향』. 언론진흥재단.
조항제. 2008. 『한국방송의 이론과 역사』. 논형.
_____. 2014. 『한국 공영방송의 정체성』. 컬처룩.
_____. 2015. 「한국 공영방송의 발전과정」. 한국언론학회·일본매스커뮤니케이션학회 한일 국제심포지엄 '공영방송의 정체성과 역할: 역사적 성찰을 통한 현재 진단과 미래 전망' 발제문(2015.8.22).
_____. 2017. 「한국의 민주주의와 미디어: 민주화 이후 30년」. 사단법인 언론과 사회 기획세미나 '민주화 30년의 한국 언론: 비판과 성찰' 발제문(2017.5.12).
주정민. 2012. 「공영방송의 거버넌스 개편방안」. 미디어미래연구소 차기정부 방송통신 정책 포럼2 '공영방송 거버넌스 개혁·TV수신료 개혁' 발제문(2012.8.28).
_____. 2016a. 「스마트미디어 시대의 콘텐츠 경쟁력과 이용자 복지」. 사이버커뮤니케이션학회 특별세미나 '글로벌 융합 환경 하에서의 방송통신 산업 발전방향 모색' 발제문(2016.2.16).
_____. 2016b. 「국내 UHD방송 활성화를 위한 정책 방안」. 한국방송학회 'UHD 방송정책' 세미나 발제문(2016.12.12).
지성우. 2012. 「공영방송 지배구조 개선 방안」. 방송통신 3학회 공동 심포지엄 '방송통신미디어 생태계와 거버넌스' 발제문(2012.9.7).
최경진. 2017. 「ICT New Normal을 대비한 규제체계 개편 방안」. 김성태 의원실 주최 '뉴노멀 시대의 ICT 규제체계 개편' 정책토론회 발제문(2017.3.8).
최선규. 2013. 「KBS 지배구조」. 공발연 세미나 '공영방송 지배구조, 이제는 바꾸자' 발제문(2013.5.9).
최세경. 2015. 「매체균형발전론의 이념과 실제에 대한 비판적 분석」. 언론정보학회 세미나 '방송정책의 비판과 성찰' 발표문(2015.4.16).
_____. 2016. 「미디어 트렌드 변화와 국내 방송콘텐츠 시장의 변화」. 언론학회 세미나 '방송콘텐츠 산업의 국제 경쟁력 확보를 위한 정책 및 전략' 발제문(2016.3.11).
최영묵. 2010. 『한국방송정책론』. 논형.
최용준·오경수. 2016. 「방송의 상업화와 시청자 권익보호 방향성 모색: 간접광고·가상광고와 프로그램 질 제고」. 방송통신심의위원회 토론회 발제문(2016.12.1).
최우정. 2013. 「지상파방송에 대한 의무재송신의 타당성과 범위결정에 관한 법적 문제점」. 공공미디어연구소 주최 지상파방송 재송신제도 쟁점과 해결방안 발표문(2013.4.24).
_____. 2016a. 「방송사업의 인수, 합병과 방송의 공공성 확보」. 언론법학회 '미디어기업의 인수 합병과 방송법' 학술대회 발제문(2016.1.21).
_____. 2016b. 「방송통신발전기금 운용의 법적 문제점과 개선 방안」. 언론학회 '방송통신발전기금 운용의 합리적 정책방안 제언' 세미나 발제문(2016.11.16).
최진봉. 2016. 「공영방송과 정치권력의 관계에 대한 성찰」. 방송학회·언론정보학회 '무절제한 정치권력, 흔들리는 공영방송: 공영방송의 독립과 언론자유 확보를 위한 개선 방안 논의' 세미나 발제문(2016.7.21).
탁재택. 2011a. 「미디어렙(Media Representative) 논의」. ≪KBS경영협회보≫.
_____. 2011b. 「지상파방송 입장에서 본 스마트TV」. 방송학회 주최 세미나 발표문(2011. 9.2).
_____. 2012. 「수신료 산정을 위한 제도개선 고찰」. ≪KBS경영협회보≫.
_____. 2013. 『미디어와 권력』. 한울아카데미.
하주용. 2013. 「종합편성채널 선정과정의 분석과 재허가 심사안 방향」. 한국언론인협회 '종편 개국 이후의 공과와 향후 발전 방향' 세미나 발표문(2013.6.14).
_____. 2015. 「방송콘텐츠 해외유통 환경변화와 대응과제 그리고 전략」. 한국방송학회 '플랫폼 환경 변화에 따른 방송콘텐츠 해외유통의 새로운 패러다임 모색 세미나' 발제문(2015.11.27).
한광석. 2016. 「해외 방송광고 총량제 운영 실태와 국내 적용 방안」. 한국광고홍보학회 '지상파방송 광고총량제 도입 1년 진단과 평가 그리고 과제' 특별세미나 발표문(2016.11. 22).
한국언론진흥재단. 2016a. 「PPL 찬반논란, 시청자 기준은 콘텐츠 품질이다」. ≪Media Issue≫, 2권 5호.
_____. 2016b. 「한국 뉴스 생태계의 현주소를 보여주는 10가지 지표」. ≪Media Issue≫, 2권 6호.
한진만. 2002. 『방송론』. 커뮤니케이션북스.
현대원. 2013. 「박근혜 정부의 방송정책, 무엇이 문제인가?」. 한국방송비평학회 창립기념 심포지엄 발표문(2013.10.24).
홍경수. 2015. 「젊은 시청자와 멀어지는 공영방송」. 한국언론학회·일본매스커뮤니케이션학회 2015 제21회 한일국제심포지엄 '공영방송의 정체성과 역할' 발제문(2015.8.22).
홍대식. 2013. 「수평적 규제체계에 따른 통합방송법 제정 방안」. 미디어미래연구소 주최 2020 미래방송포럼 발표문(2013.5.9).
홍문기. 2016a. 「방송광고 법제의 사전 비대칭 규제의 문제점과 개선 방안」. 방송학회 '방송광고 법제의 합리화를 위한 정책 방향 제언' 발제문(2016.7.5).
_____. 2016b. 「지상파 방송광고총량제 도입 1년 진단·평가·과제」. 한국광고홍보학회 '지상파방송 광고총량제 도입 1년 진단과 평가 그리고 과제' 특별세미나 발표문(2016. 11.22).
홍석현. 2016. 『우리가 있기에 내가 있습니다』. 쌤앤파커스.
홍원식. 2016. 「지상파 중간광고와 방송산업의 미래」. 한국언론정보학회 '중간광고와 방송산업, 그리고 공공성' 세미나 발표문(2016.5.12).
홍종윤. 2016. 「미디어 생태계 변동 시기 방송 시장의 지형 경쟁」. 언론학회 기획학술세미나

'2016년 방송산업 전망과 방송정책의 과제: 도전과 해법' 발제문(2016.2.12).
황근. 2012. 「미디어컨버전스 시대 공영방송의 역할과 규제체계」. ≪경제규제와 법≫, 제3권 제2호, 224~247쪽.
_____. 2015. 「사회적, 정책적 관점에서 본 방송통신망간 합병이 가져올 미디어 시장 변화와 이용자 복지」, 언론학회 기획학술세미나 '방송통신플랫폼 간 융합과 방송시장의 변화' 발제문(2015.12.4).
_____. 2016. 「지상파 다채널방송 정책 평가」. 언론학회 세미나 '지상파 다채널방송 도입의 쟁점과 전망' 발제문(2016.3.3).
황성연. 2011. 「스마트TV 출현에 따른 방송환경 변화와 전망」. 언론인협회 주최 토론회 발표문(2011.6.29).
황준호. 2010. 「스마트 TV가 방송시장에 미치는 영향」. ≪KISDI Premium Report≫, 10-3.

www.assembly.go.kr
www.kcc.go.kr

찾아보기

지은이

탁재택

독일 뮌헨대학교를 졸업했으며 언론학(전공), 사회학·정치학(부전공)으로 석사·박사학위를 받았다. 현재 KBS에서 20여 년째 방송정책 관련 일을 하고 있다. 이화여대, 숙명여대, 연세대, 서강대, 세종대, 단국대, 건국대, 중앙대, 경희대, 외국어대, 한양대, 성균관대, 고려대 등에서 학생들을 가르쳤고, 민주평화통일자문회의 자문위원, 학술진흥재단 자문위원, 한국언론학회 이사, 한국방송학회 이사 등을 역임했다. 저서로 『미디어와 권력』 등이, 역서로 『바이츠제커 회고록: 우리는 이렇게 통일했다』 등이 있다.

한울아카데미 2032

미디어와 권력
방송통신정책적 접근(개정판)

지은이 **탁재택**
펴낸이 **김종수**
펴낸곳 **한울엠플러스(주)**
편집 **김경희**

초판 1쇄 인쇄 **2017년 8월 18일**
초판 1쇄 발행 **2017년 8월 31일**

주소 **10881 경기도 파주시 광인사길 153 한울시소빌딩 3층**
전화 **031-955-0655**
팩스 **031-955-0656**
홈페이지 **www.hanulmplus.kr**
등록번호 **제406-2015-000143호**

Printed in Korea.
ISBN 978-89-460-7032-5 93070(양장)
978-89-460-6376-1 93070(학생판)

* 책값은 겉표지에 표시되어 있습니다.
* 이 책은 강의를 위한 학생판 교재를 따로 준비했습니다.
강의 교재로 사용하실 때에는 본사로 연락해주십시오.